KB179712

공자는 허풍쟁이, 조조는 멋쟁이로 본 마오쩌둥의 인물관

공자는 허풍쟁이,
조조는 멋쟁이로 본
마오쩌둥의 인물관

초판 1쇄	인쇄	2018년 5월 20일
초판 1쇄	발행	2018년 5월 26일
지 은 이	김승일	
발 행 인	김승일	
디 자 인	조경미	
펴 낸 곳	경지출판사	
출판등록	제2015-000026호	

판매 및 공급처   도서출판 징검다리
주소 경기도 파주시 산남로 85-8
Tel : 031-957-3890~1 Fax : 031-957-3889 e-mail : zinggumdari@hanmail.net

ISBN 979-11-88783-44-1 03910

공자는 허풍쟁이,

조조는 멋쟁이로 본

마오쩌둥의 인물관

김승일 지음

경지출판사

머리말

우리는 왜 마오쩌동이
평한 인물론에 대해 열광하는가?

역사적 인물에 대한 평가는 시대에 따라, 또 평가하는 사람의 인식에 따라 각각 다르기 마련이다. 이렇게 서로 다르게 평가된 결과 가운데서 대체적으로 비슷하게 평가되어지는 어느 인물의 전형이 바로 그에 대한 진정한 역사적 평가가 될 수 있는 것이다. 그러나 역사적 인물을 평가하기 위해서는 평가 대상 인물이 살았던 시대에 대한 역사적 상황을 충분히 이해하지 못하고서는 불가능한 것이며, 동시에 전체 역사에 대한 나름대로의 역사적 관점이 서 있지 않으면 불가능한 것이다. 그렇기 때문에 역사 인물에 대한 평가는 엄청난 역사적 지식이 요구되어지는 것이고, 조심스럽고 함부로 이루어지는 것이 아니다.

그럼에도 불구하고 역사학자도 아닌 정치가 마오쩌동이 역사인물들에 대한 평가가 동시대를 살았던 우리들에게 관심을 끄는 것은, 마오쩌동 자신의 특이한 주관적 관점이 눈에 띄기 때문이다. 즉 그 평가기준이 일반 역사학자들의 평가기준과는 상당히 다른 독특한 역사관과 인물관에 기초하여 평가한 경우가 많고, 그러한 관점에서의 용인술이 결과적으로 성공을 거두었기 때문이라는 점이다. 다시 말해서 중국혁명을 성공적으로 이끌고 8억 인구를 천당에서 지옥으로까지 이끌었으면서도 여전히 오늘날까지 전 중국인의 애틋한 사랑을 받고 있는 마오쩌동이라는 인물의 매력이 바로 이러한 사람 보는 안목으로 선발한 인재들을 적재적소에 잘 썼던 용인술에서 비롯되고 있다는 사실이다.

즉 그처럼 지옥 같았던 문화대혁명이라는 10년 기간 동안 핍박과 고난을 받았던 무수한 위대한 공산주의자들도, 이러한 그의 사람 보는 마법 같은 안목 때문에 그를 원망하지도 않은 채 그가 생각한 대로 오늘의 중국을 이끌어오고 있다는 사실에 대해 우리는 예의 주시하지 않으면 안 되는 것이다. 또한 오늘날 중국에서 벌어지고 있는 모든 것들이, 그가 주도한 이론과 실천의 범위를 벗어나지 못하고 있다는 현실을 직시한다면 그의 영향력이 얼마나 큰 것인가를 보다 더 명확하게 알 수 있는 것이다.

따라서 그의 사람 보는 안목과 이를 통해 사람을 다루는 그의 리더십을 살펴보는 것은, 오늘날 우리기 바라고 있는 올바른 정치가의 출현을 가능케 하는 중요한 모범 답안을 얻을 수도 있는 것이다. 우리가 역사에서 배운 것과는 다른 시각, 즉 공자를 "반은 성인, 반은 허풍장이"로 본 것이나, 조조를 "간웅이 아니라 진정한 남자"로 본 것이나, 당태종을 "반은 성인, 반은 멍청이"로 본 것 등은 분명히 우리의 평가 잣대와는 다른 것이었다.

물론 이러한 그의 평가를 모두 맞는다고는 할 수 없다. 그러나 시대를 영도하는 지휘자라면 응당 자신이 처한 환경에 맞게 모든 것을 평가하고 그에 합당하는 자를 선별하여 쓴다는 것은 당연한 일이라는 점에서 마오쩌둥의 지혜를 눈여겨 볼 필요가 있다는 것이다. 그런 점에서 우리도 이러한 혼란한 내외국면을 잘 타도해 갈 수 있는 인물들을 선출하여 우리의 지도자로 영접하는 것은 우리의 책임이라고 할 수 있으므로 감히 이 책을 소개하려는 것이다. 대신 저자의 관점과 뜻을 달리하는 모든 분들의 지적과 채찍도 고대하여 마지않는다.

2018년 5월 구포재(九苞齋)에서

目次 ^{목차}

공자는 허풍쟁이, 조조는 멋쟁이로 본
마오쩌둥毛澤東의 인물관

공자孔子
반은 성인, 반은 허풍쟁이

학생시절 마오쩌동의 유가(儒家)에 대한 평가

중국에서는 공자를 천고의 성인이라 하여 그 직계 자손에 대해서까지 명예와 재산을 부여해 주며 대우해 주고 있다. 즉 그 자손들에게 벼슬을 주거나, 전답을 주는 등 역대 왕조별로 대우를 해주었을 정도로 숭모해 주었다. 그리고 공자를 조상으로 둔 후예들은 자신들의 가문을 위해서 죽어서도 같은 자리에 묻히기를 원했기에 산동 곡부에 있는 공자의 고향을 가면 공씨 성을 가진 사람들의 무덤만 10여 만 기가 넘는 것을 볼 수 있다.

그러나 그러한 공자지만 그를 존경하는 자와 반대하는 자는 언제나 있었다. 이러한 공자에 대해 마오쩌동은 "어떤 평가를 내렸을까?" 하는 것은 그의 통치스타일과 그의 이념을 가장 극명하게 보여주는 하나의 기준이 되지 않을까 한다.

마오쩌동은 어릴 때부터 유가 제 파의 경전을 많이 읽었고, 그들의 영향 하에서 이루어진 중국의 전통문화에 대해서도 넓고 깊게 이해하고 있었다. 그것은 마오쩌동이 어릴 때부터 그들을 존경해서라기보다도 공부의 기준이 이들 유가의 책을 읽고 외우고 하는 것이 전부였기 때문이었다. 이처럼 유가사상과 이념은 모든 중국인들에게 엄청난 영향을 주었던 것이고, 그 결과 가장 보편화된 사상으로 천착되었던 것이다.

마오쩌동은 중국 농촌 출신의 지식인으로서 19세기 말에 출생하여 5.4운동 전에 성인이 되었으므로 당시까지 그가 받은 교육은 중국의 전통문화 교육이 전부였다.

그러므로 그가 유가학설과 사상에 대해서 잘 아는 것은 말할 필요도 없는 것이다. 그렇기 때문에 그는 종종 공자의 사상을 운용하기도 했지만, 만년에는 공자에 대해 과학적인 분석을 통하여 정치적 투쟁을 함에 있어 필요에 따라 공자를 비난하기도 했고, 또는 부정하기도 했다. 이러한 그의 공자에 대한 평가를 여러 가지 각도에서 살펴보는 것은 마오쩌동을 이해하는 하나의 방법이 될 것이다.

마오쩌동이 어려서부터 배운 것은 사서오경을 중심으로 한 공맹의 도였다. 호남 제1사범학교에서 공부하던 전반기에도 그는 비교적 많은 시간을 중국 고전을 읽는 데 할애했다. 이런 것은 현존해 있는 서류 문장 독후감 등을 통해서 알 수 있다.

그러나 1916년《신청년》이 북경에서 출판되기 시작한 후부터 이를 대하고 난 마오 쩌동은 독서에 대한 흥미를 이 간행물이 제시한 새로운 조류와 이원론적 철학 쪽으로 빨려 들어가기 시작했다. 그렇다고 그가 중국의 유가학설을 완전히 배척한 것은 아니었다. 예를 들면 1915년 6월 25일 마오쩌동은 상생(湘生)에게 보내는 편지에서 이렇게 말했다.

> "자술(自述)한 글 중 좋은 글을 들라면 나는 강유위(康有爲)와 양계초(梁啓超) 두 사람을 들 것이다. 강유위는 자술에서 '나는 40살 전에 중국 학문을 다 배우고, 40살 후에는 서양 학문의 정수를 배웠다'고 하였고, 양계초는 '어려서부터 조상들의 학문을 배우고, 나중에 서양의 백과문화를 배웠다. 모든 학문은 모두가 문학을 기초로 한다. …… 장래의 중국은 옛날보다 더 어려울 것이다. 이는 바로 훌륭한 인재가 나타나지 않는 한은 나라를 구할 수 없다는 말이고, 훌륭한 인재는 반드시 중국과 서양의 학술을 통해야 하나, 우선은 국학에 통달해야 된다'는 것을 말해준다"

고 한 사실에서도 알 수 있다.

마오쩌동은 1915년 9월 6일 소자승(蕭子升)에게 보내는 편지의 서두에서도 이렇게 말했다.

"나는 《중용》을 읽고 날이 갈수록 박식하게 되었다. 주자는 《대학》을 보충하여 설명할 때 이렇게 말했다. '세상의 사물들은 모두 그 도리를 알게 됨으로써 더욱 깊이 알게 된다. 그 도리는 닿지 않는 곳이 없으며, 어디에 쓰든지 다 통한다. 이것은 당연한 것이며, 학자들은 모두 이를 명심해야 하고 따라야 한다'고 했다"

그는 이 편지에서 소자승에게 《군학사언(群學肆言)·선성편(繕性篇)》을 읽으라고 말해주면서 전통 각과(各科)의 연구법 등을 말해주었다. 그리고 그 다음에는 "더욱 중요한 것이 있다면 그것은 바로 국학이다"라고 하면서 국학의 중요성을 강조하였다.

1916년 2월 29일 소자승에게 보낸 다른 편지에서, 마오쩌둥은 읽어야 할 경(經), 사(史), 자(子), 집(集) 등의 서목을 열거하였는데, 즉 "경(經)의 유형으로 13종, 사(史)의 유형으로 16종, 자(子)의 유형으로 22종, 집(集)의 유형으로 26종 등 모두 77종이다. 지금의 안목에서 보더라도 중국에서 반드시 읽어야 할 책은 이 정도이다. 학문에 뜻을 둔 사람이라면 꼭 읽어야 할 책들이다. 그러나 이들 책을 읽으려면 10년 이상이 걸릴 것이고, 2백 냥의 돈이 없으면 살 수가 없다"고 했다. 그가 이들 책을 선정한 것은 나름대로 자신의 경험과 독서를 통한 주관적 판단 하에서 결정한 것이라 볼 수 있다. 다만 편지의 일부분이 없어지는 바람에 그가 열거한 책 목록이 보존되지 못하고 있는 것은 매우 아쉬운 점이 아닐 수 없다.

공산당원이 된 이후 공자에 대한 평가

마오쩌둥은 북경에 처음 왔을 때 마르크스주의와 여러 가지 유파의 사회주의 사조와 접하기 시작하였다. 「5.4운동」의 충격은 그의 공맹학설에 대한 견해를 빠르게 변화시켰다. 이러한 점은 그가 주도하여 새로운 사상을 전파시키기 위해 간행했던 《상강평론(湘江評論)》에서 엿볼 수 있다. 1919년 7월 14일 간행된 창간호의 〈창간 선언〉에서 그는 이렇게 말했다. "학술 면에서는 철저히 연구하고, 일체의 전통과 미신의 속박을 받지 않으며, 무엇이 진리인가를 찾아야 한다." 이어 다른 두 개의 글에서는 강유위가 공자의 존엄성을 보호해야 한다고 한 견해에 대해 비판하였다. 이어서 7월 21일 출간한 '임시 증간' 제1호의 〈건학회(健學會)의 성립과 진행〉이라는 글에서는 자신이 영향 받은 바 있는 무술변법 이래의 유신사조에 대해 철저히 비판하였다. 예를 들면 "그 때의 사상은 자신만을 내세우는 사상이었고, 공허한 사상이었다. 실질적인 인생을 거의 경험하지 않은 말들뿐이었다", 그러나 건학회의 '공약' 중에 있는 "학술을 자유롭게 토론하자"라는 조항에 대해서는 매우 칭찬하였다. 즉 그는 "이 말은 사상자유와 언론자유의 원칙에 아주 잘 부합된다. 인류에게서 가장 소중하고 자유롭다고 할 수 있는 점이 바로 여기에 있다. 학술연구에서는 연역식의 독단적인 태도를 가장 꺼려야 한다"고 하였다. 그러면서 그는 "종파나 파벌 등은 모두 '독단적인 태도'라는 큰 병에 걸려 있음을 의미하고, 이러한 것은 모두 사상계의 강권이므로 무조건 타파해야 한다. 우리가 공자를 반대하는 데는 많은 이유가 있지만, 그중에서도 특히 그가 우리의 사상계로 하여금 자유롭지 못하게 하고, 2천 년 동안 우상의 노예가 되도록 하였다는 점에서 그를 반대하지 않을 수 없는 것이다"라고 비판하였다.[01]

이러한 견해는 마오쩌둥의 공자에 대한 비판 중 비교적 초기의 언론에서 볼 수 있다. 1920년 4월 마오쩌둥은 북경에서 상해로 가는 도중에 하차하여 곡부(曲阜)로 가서 공묘(孔廟)와 옛집을 돌아보았다. 그 당시의 방문 소감에 대해서 그는 비교적 자

---

01) "곡부는 공자의 고향이다. 그는 여기에 학교를 설립하고 오랜 시간에 걸쳐 많은 인재들을 가르쳤다. 그러나 그는 인민들의 경제생활에 대해서는 그다지 관심을 두지 않았다. 그의 학생 번지(樊遲)가 농사짓는 법을 물었을 때, 그는 거들떠보지도 않았을 뿐만 아니라, 오히려 번지를 '소인'이라고 욕했다. 지금 그의 고향사람들은 사회주의합작사를 경영하고 있다. 2천 년 동안 가난하기만 하던 인민들은 합작사를 경영한 지 3년 만에 경제생활과 문화생활 면에서 그 면모를 일신하기 시작하였다. 이처럼 지금의 사회주의는 지금까지 그 누구도 실험해본 적이 없는 유일한 것임을 증명해 주고 있다. 사회주의는 공자가 쓴 '경서(經書)'보다도 훨씬 더 좋은 것이다. 공묘(孔墓), 공림(孔林)에 관심이 있어 그곳에 가보는 사람들은 가는 길에 이 합작사에도 들러보기를 권하는 바이다."1955년 12월에 쓴 〈3년 내 67% 증산할 수 있는 농업생산합작사〉 라는 문장 중에서 발췌함, 毛澤東, 《毛澤東選集》 第2卷, 北京人民出版社, 1998.

세히 기억하고 있었다. 그것은 그로부터 16년이 지난 후에 에드가 스노우와 이야기할 때 당시의 상황을 매우 자세히 이야기한 데서 알 수 있다. 그는 당시의 소감을 다음과 같이 피력했다. "남경에 갈 때 나는 곡부에서 잠깐 머물러 공자의 묘를 보았고, 공자가 어린 시절에 살던 작은 집을 보았다. 공묘 부근에 있는 한 그루의 유명한 나무는 공자가 심은 것이라고 전해졌는데 그것도 보았다. 나는 또한 공자의 저명한 제자 안회(顏回)가 살았던 강가에도 잠깐 머물렀고, 맹자의 출생지도 가 보았다." 이러한 그의 회고는 그가 단순히 이 지역을 관광하려 했던 것이 아니라, 공자에 대한 존경심을 갖고 방문했었던 것임을 시사해 준다고 하겠다.

마오쩌동이 공산주의 세계관을 받아들이고 중국 공산당원이 된 후 마르크스-레닌주의가 그의 지도사상이 되었을 때에도 그는 공자를 잊지 않고 있었다. 그는 오히려 어려서부터 읽고 이해한 공맹학설을 시대와 환경의 필요에 따라 수시로 인용하곤 하였던 것이다.

마오쩌동에 대해 연구를 해온 이예(李銳)의 통계에 의하면, 《모택동선집》 전체에서 마르크스-엥겔스의 저작은 거의 인용하지 않고 있고, 레닌 저작도 철학적인 부분에서만 국한하여 이용하였으며, 스탈린의 저작을 인용한 곳은 아주 약간 있을 뿐이다. 그러나 중국의 고전은 많이 인용하였는데, 예를 들면 '사서오경', '제자백가', '24사', 《자치통감》에서부터 시사곡부(時詞曲部), 역사소설, 명인의 문집에 이르기까지 인용하고 있으며, 고사성어만도 몇 백 개나 인용하고 있다는 데서도 이를 알 수 있다.

혁명시기 마오쩌동의 공자에 대한 평가

따라서 중국의 전통문화는 마오쩌동의 중요한 사상적 토양이 되었다고 말할 수 있다. 그가 인용한 책 중 30회 이상 인용한 책으로는 《좌전》이 있고, 20번에서 30번 이르는 책으로는 《논어》, 《맹자》, 《사기》, 《한서》, 《주자어류》 등이 있으며, 기타 10번 이상 인용한 것으로는 《대학》, 《중용》, 《전국책》, 《후한서》, 《삼국지》, 《손자병법》, 《시경), 《진서》, 《상서》, 《노자》, 《역경》, 《국어》 등이 있다.

연안에 있을 때 마오쩌동은 장문천(張聞天)에게 보낸 두 통의 편지에서 공자의 철학사상에 대해 다음과 같이 말했다. "즉 '명분이 바르지 않으면 말이 바르지 않고, 말이 바르지 않으면 명분을 얻을 수 없다' 《논어》〈자로〉의 글은 공자의 사상체계가 관념론임을 알 수 있다", "명분을 바로잡는 일은 공자만이 아니라 우리도 할 수 있다. 공자는 봉건질서의 명분을 바로잡고자 했으나, 우리는 혁명질서의 명분을 바로잡을 수 있다. 그러나 공자는 명분을 주된 것으로 생각했지만, 우리의 주된 것은 실질적인 것이다. 이것이 공자와 우리들 간의 차이점이다. 그러나 공자의 관념철학에는 장점이 하나 있으니, 바로 주관적 능동성을 강조했다는 점이다. 공자가 바로 이러했기 때문에 사람들로부터 호응을 받을 수 있었다. 이러한 주관적 능동성을 소홀히 하면 기계적 유물론이 관념론을 극복할 수 없는 것이다. 우리는 공자의 이러한 장점을 강조해야 한다"고 하였다.

이러한 점은 1938년 6중 전회의 보고에서도 확인할 수 있다. 즉 그는 전 당원이 마르크스주의를 배우는 동시에 우리의 역사유산을 배워야 한다고 호소하였다. 그는 "우리 민족은 수천 년의 역사를 갖고 있는데, 매 역사마다 특징이 있고 많은 소중한 것들이 있다. 이런 것들을 아는데 대해 우리는 아직까지 초등학생 수준에 불과하다. 오늘의 중국은 역사적인 중국 발전과정 가운데서 한 단계에 불과하다. 우리는 마르크스주의의 역사주의자로서 역사를 단절시키지 말아야 한다. 공자에서 손문에 이르기까지 우리는 전체를 이해해야 하고, 이 소중한 유산을 계승해야 한다. 이것이 현재 우리 눈앞에서 전개되고 있는 위대한 운동을 지도하는데 중요한 도움이 되는 것이다"라고 했던 것이다.[02]

---

02) "우리 공산당원들은 공자의 역사적 위치를 당연히 인정해야만 한다. 왜냐하면 우리는 역사주의자이기 때문이다." 〈1958년 11월 무창(武昌)에서 열린 회의 상에서 한 강화〉 속에서 발췌, 石玉山 《毛澤東怎樣讀書》, 中國大百科全書出版社, 1991, 76쪽

혁명 성공 후 마오쩌둥의 공자에 대한 평가

그러나 중국혁명을 성공으로 이끈 후부터, 마오쩌둥은 공자에 대해 비평하는 일이 많아졌고, 긍정적으로 평하는 일이 적어졌다. 1953년 9월 마오쩌둥은 중앙인민정부 위원회 제27차 회의 기간에 양수명(梁漱溟)을 비판하는 과정에서 다음과 같이 말했다.

"공자의 단점에 대해 말할 때마다 나는 그가 민주주의적이 아니고, 자기 비판정신이 없다는 점을 강조하곤 한다. 이는 양수명 선생과 비슷하다고 생각한다. 즉 공자는 '나는 자로(子路)라는 좋은 학생을 얻었기 때문에 반대의견이 귀에 들어오지 않는다'고 했는데, 이는 악질적인 토호의 작풍과 파시스트적인 냄새를 풍기는 말이라고 생각되기에, 나는 양수명 선생이 공자의 이런 면을 배우지 않는 것이 좋을 것이라고 권고하고 싶다"

1956년 11월 15일 중앙 8기 2중 전회에서 마오쩌둥은 다음과 같이 말했다. "공자가 말하기를 그가 '70세가 되니 무엇을 하든지 모두 객관적 법칙에 부합되었다'고 했는데 나는 이 말을 믿을 수가 없다. 이 말이 너무나 허풍스럽기 때문이다."[03]

1957년 1월 27일 성시자치구 당위서기회의에서 한 강연에서는 또 이렇게 말했다. "나는 여기에 계시는 동지들에게 당신들이 만일 유물론과 변증법을 안다면, 그와 대립되는 측면의 유물론과 형이상학을 보충하여 배울 필요가 있다고 권고하는 바이다. 칸트와 헤겔, 공자와 장개석의 책 등이 바로 이런 반면교사적인 것들이다."

---

03) "청년은 착오를 범할 수가 있다. 노인도 착오를 범하지 않는가? 공자가 말하기를 그가 70세가 되었을 때 무엇을 하든지 간에 모두가 다 객관적 법칙에 부합되었다고 하였는데, 나는 이를 믿지 않는다. 그것은 허풍이라고 할 수 있다."〈1956년 11월 15일 중국공산당 제8회 2중 전회 상에서 한 강화〉 속에서 발췌함, 黃麗鏞 편저, 《毛澤東讀古書實錄》, 上海人民出版社, 1994, 228쪽.

이러한 말을 보면 마오쩌동이 공자의 학설을 "반면교사적인 것"으로 보았음을 알수 있는데, 이러한 비평은 매우 강도 높은 비판이라 할 수 있다.

1956년 12월 5일 마오쩌동은 중남해(中南海)에서 모원휘(毛遠輝), 모원상(毛遠翔) 형제를 접견하면서 담화를 나눴는데, 그는 어린 시절의 생활과 고향에서의 지나간 일들을 회고하면서 많은 이야기를 나누었다. 동시에 국내외의 적지 않은 일들에 대해서도 담론하였다. 그 때 그가 마지막으로 한 말 중에 이런 말이 있었다. "공자가 말하기를 70이 넘어야 법에 어긋나지 않는 행동을 할 수 있다고 했는데, 나는 반드시 그렇지 않다고 생각한다. 왜냐하면 사람들의 경험이란 언제나 부족한 것이기 때문이다. 또 공자는 30살에 자립(自立)한다고 했는데 그것도 내가 보기에는 믿을 수 없는 말이다. 왜냐하면 서른이 넘어서도 건들거리며 배회하는 자들이 많기 때문이다." 이러한 평가는 물론 현대적 역사인식과는 상당히 다른 측면의 평가임을 알 수 있는데, 그러한 평가의 잘잘못을 가리는 것은 차치하고, 이러한 평가는 마오쩌동 자신의 역사인식에 근거한 평가라는 점에서, 그의 경험론이 그의 인식에서 많이 작용하고 있다는 점을 엿보게 한다고 볼 수 있다.

마오쩌동 말년의 공자에 대한 평가

1964년 2월 13일 마오쩌동은 설날 좌담회에서 한 교육제도의 개혁문제에 대해 이야기한 적이 있는데, 이때 공자의 교육방식에 대해 긍정적으로 토로한 적이 있다. 즉 그는 "교과목은 절반으로 줄일 수 있다. 공자는 예(禮), 악(樂), 사(射), 어(御), 서(書), 수(數) 등 6개 과목만 가르쳤지만, 안자(顔子), 증자(曾子), 순자(荀子), 맹자(孟子) 등 4대 현인을 길러냈다"고 했다. 즉 "지금은 많은 과목을 가르치는 방법으로 교육을 하고 있는데, 이는 오히려 인재를 짓밟고 청년을 짓밟는 일이므로 나는 이런 방법에 찬성하지 않는다. 이처럼 많은 책을 읽게 하고 시험을 치는 것은 사람을 해치는 일이므로 속히 중단해야 한다. 공자는 이런 방법을 사용하지 않았다. 공자는 6개 과목만 가르쳤다. 더구나 공자는 빈농출신이고 양치기를 했으며 대학도 나오지 않았다. 젊었을 때는 누구 집에 사람이 죽으면 가서 북 치고 나팔을 불었던 사람이었다. 그는 회계원이 된 적도 있고, 활을 쏘고 마차도 모는 등 어려서부터 대중들 속에서 살았기 때문에 대중의 괴로움을 잘 알고 있었다. 공자가 가르친 6개 과목은 예, 악, 사, 어, 서, 수인데, '어'는 탱크를 몰고 자동차를 모는 것이고, '서'는 역사이며, '수'는 수학이고, '악'은 첼로, 바이올린, 튜바, 트럼펫 같은 악기를 다루는 것이다. 지금은 공자의 전통을 모두 버리고 죽은 글만 읽고 있다"면서 당시의 교육 방법을 비판했다.

이처럼 마오쩌동은 교육에 대해 말할 때, 공자학설 중에서 취해 사용하다가도 곧바로 비판적인 어투로 바뀌면서 말하곤 하였다. 곧 "공자의 가르침에도 문제는 있다. 그것은 당시 공업과 농업 노동을 하지 않았기 때문에, 사지를 부지런히 사용하지도 않은데다가 오곡조차 가릴 줄을 몰랐으니 가르침에 문제가 있었던 것이다"라고 했던 것이다.

1964년에도 마오쩌동은 공자를 진시황에 비교해서 말한 적이 있는데, "공자는 공자대로 장점이 있기는 하지만 그렇다고 모두 좋다는 것은 아니다. 우리는 공정하게 평가해야 한다. 공자는 빈말을 많이 했던 사람이다. 그런 점에서 진시황은 공자보다도 훨씬 위대하다. 진시황은 처음으로 중국을 통일했는데, 이는 정치상에서의 통일이었을 뿐만 아니라, 문자와 도량형 등 각종 제도도 통일시켰다. 이들 제도 중 어떤 제도는 청 말까지도 줄곧 시행되어 왔다. 중국 과거의 봉건군주 가운데서 아직까지 그를 능가하는 공적을 남긴 사람은 없다"고 평하였다.

이러한 마오쩌동의 인물 평가를 가장 악랄하게 이용한 사람이 강청(姜靑)을 비롯한 4인방이었다. 임표(林彪)가 도주한 사건이 일어난 후, 이들은 임표의 거처에서 임표가 공자 맹자 등을 좋게 평가한 글을 발견하고 이를 마오쩌동에게 보냈고, 그로부터 임표의 정치노선이 공자학설의 문화전통과 서로 연결되어 있었다고 비방하며 임표를 비판하고 공자를 비판하는 정치운동을 전개했던 것이다. 이것이 문화대혁명 전 기간에 걸쳐서 외쳐댔던 "비림비공(批林批孔) 정풍운동"이다.

이러한 "비림비공 정풍운동"에 불이 붙여진 것은 1973년 8월 5일 마오쩌둥이 강청에게 한 말 때문이었다. 즉 "역대 정치가들 중에서 공적이 있는 사람들은 모두가 법가들이었다. 유가들은 입으로는 인의도덕을 부르짖으면서도 마음속에는 나쁜 생각으로 가득 차 있었다"고 하자, 법가를 좋게 평가하고 유가를 비판하는 논조가 서로 결합되어 신속히 전국적으로 파급되었고, 이러한 풍조는 1975년 말에서 1976년 초까지 계속되었다.

이처럼 말년으로 갈수록 마오쩌둥의 공자를 비판하는 목소리가 높아진 것은 사실이지만, 전체적으로 볼 때 그는 공자에 대해 긍정적으로 평가했다고 할 수 있다. 1959년 8월 29일, 이민(李敏 : 마오쩌둥의 큰 딸)과 공령화(孔令華)가 결혼식을 올릴 때, 마오쩌둥은 공령화의 부친 공종주(孔從周)에게 중남해에 와서 자식들의 결혼식을 축하해주라고 청했다. 그 때 식후 담화하는 과정에서 마오쩌둥은 공종주가 자신이 수학을 매우 못한다고 하자, "당신의 조상인 공자는 위대한 정치가이고, 사상가이며, 교육가입니다. 내가 어렸을 때 자주 읽은 책이 바로 논어인데, 그 첫머리에 '때로 배우고 익히면 즐겁지 아니한가'라고 했지요. 공자가 아니었더라면 나는 글도 몰랐을 것입니다. 그 분이 가르친 '예, 악, 사, 어, 서, 수' 등 여섯 가지 과목 중에 수학이 있지 않습니까? 당신은 반드시 수학을 잘 할 수 있을 겁니다"라고 한데서 알 수 있다.

마오쩌둥의 이 말은 소박하면서도 자연스럽게 공자를 좋게 평가한 것인데, 그의 사돈이 공 씨라서 그런 것보다도, 자신의 내면에 잠재되어 있는 유가에서 받은 영향을 긍정적으로 생각하고 있음을 나타낸 것이라 할 수 있다. 결국 서구적 사조의 일환인 마르크스-레닌주의를 기반으로 중국혁명을 성공적으로 이끈 그였지만, 이러한 사고는 외면적인 것이고, 그의 내면적인 사고의 원천은 중국의 전통사상에 근거하고 있었다고 평가할 수 있을 것이다. 이러한 마오쩌둥의 사고가 곧 오늘날 일컬어지고 있는 중국식 사회주의의 모체가 되고 있는 것이다.

상앙商鞅
중국 최고의 법제자

상앙 평가에 대한 분석

상앙은 전국시기 진나라의 정치가였다. 그가 유명하게 된 일화가 있는데, 그 내용은 다음과 같다.

"전국시대 진나라는 중국 서쪽의 변경지대에 있던 아주 빈약한 부족국가였다. 이러한 가운데 효공(孝公)이 등장해서 상앙을 등용시켜 정치개혁을 실시하고자 하였다. 상앙은 위(衛)나라의 몰락 귀족으로 원래 이름은 공손앙(公孫鞅)이었다. 처음에는 위나라에서 일을 했지만 인정받지를 못하고 있었다. 마침 그때 효공이 유능한 인재를 찾는다고 해서 진나라로 와서 법률제도를 변혁하는 일에 참여하게 되었다. 당시 상앙이 목표로 하는 변법의 목적은 부국강병이었다. 그것은 국내의 중앙집권과 군주권의 확립을 도모하기 위함이었다. 그가 위나라에서 일할 때 이러한 개혁을 통해 위나라의 국력이 대약진하는 것을 보고 이를 줄곧 연구해 왔기 때문이었다. 그런데 문제는 이러한 새로운 법을 실제로 실행할 것인지 아닌지를 일반 백성들에게 알리는 일이 가장 시급했다. 그래서 그는 생각하기를 수도인 남문에다 높이 3장이나 되는 기둥을 세워놓았다. 그리고는 사람들에게 이 기둥을 북쪽으로 옮겨다 놓으면 10금(金)을 주겠다고 선포하였다. 당시 10금은 황금 3.5킬로그램으로 상당한 돈이었다. 상금이 너무나 크기 때문에 사람들은 혹시 무슨 잘못이라도 저지르는 것은 아닌가 두려워해서 어느 누구도 기둥을 옮기려 하지 않았다. 그러자 상앙은 다시 상금을 50금으로 올렸다.

그러자 어느 한 남자가 이래저래 죽을 바에야 황금이라도 실컷 구경하고 죽자는 생각으로 기둥을 북쪽으로 옮겨다 놓았다. 그러자 상앙은 두 말 없이 그에게 상금 50금을 주었다. 그러자 사람들은 그의 말이 거짓이 아님을 알고 땅을 치며 아쉬워했다. 이렇게 하여 사람들이 그가 하는 말을 믿게 되자 그는 제1차 변법을 실행하여 성공을 거둠으로써 제2차 변법까지 실행하여 후에 진나라가 전국을 통일하는 밑거름이 되게 했던 것이다."

이처럼 저명한 개혁가이고 그 공적이 혁혁하였으나 개인의 운명은 매우 비참하였다. 그는 자기의 든든한 후원자였던 효공이 사망하자, 평소 그를 미워하던 귀족들의 모함에 의해 모반죄가 씌워져 마차 4대가 사지를 끌어당겨 끊어 죽이는 형벌에 처해졌고, 그의 가족들은 몰살당했다.

이러한 역사적 사실을 알게 된 마오쩌둥은 19살 학생시절 상앙에 대해 작문을 지어 그를 찬양하면서 민족의 문화와 도덕을 우려하는 글을 제출했다. 작문의 제목은 《상앙사목입신론(商鞅徙木立信論)》이다. 그 주요 내용은 다음과 같다.

"상앙이 나무를 옮겨 신망을 얻은 이야기를 역사에서 읽고, 우리 국민의 우매함을 개탄하지 않을 수 없으나 집권자들은 온갖 방법을 다 쓰면서 이를 깨우치려고 한 것에 감탄했다. 또 수천 년 이래 국민의 문화수준이 너무 낮아서 나라가 여러 번이나 멸망하는 상황에까지 이르렀다고 생각한다. 법령이라는 것은 행복을 창조하는 도구이다. 법령이 좋으면 우리 백성에게 필연적으로 많은 행복을 가져다 줄 것이다. 그렇기 때문에 우리 백성들은 이런 법령을 발표 하지 않을까 봐 두려워하는 것이다. 혹은 효력이 발생하지 않을까 두려워하는 것이다. 그래서 온힘을 다해 이런 법률을 보장하고 유지하기 위해 노력하며 완벽하게 목적을 도달하기까지 멈춰서는 안 된다. 정부와 백성들이 서로 의지한다면 어찌 믿지 않을 수가 있겠는가? 법령이 완전하지 못하면 행복은 말할 것도 없고 오히려 위해가 많아질까 두려워진다. 이렇게 되면 우리 백성들은 이런 법령을 막으려고 힘을 다하게 될 것이다. 상앙의 법은 좋은 법이다. 지금 4천 년 역사를 펼쳐보면 나라와 인민에게 이로움을 준 위대한 정치가들 중에서 상앙은 첫째라고 할 수 있다.[04] 상앙이 있던 시대는 진효공이 집정한 때였는데 중원이 혼잡하고 전쟁이 많아 나라의 형편이 말로 다 형용할 수 없을 정도로 어려운 상황이었다. 그러므로 여러 나라를 이기고 중원을 통일하는 일이란 극히 어려운 일이었다. 그래서 변법을 실행했으며 그 법은 나쁜 사람들을 징벌하고 좋은 사람들을 보호하였고, 농업과 수공업을 장려하여 잘살게 하였으며, 군대에서 공을 세우면 이를 장려하여 나라의 위엄을 세웠다. 그리고 탐욕스럽고 게으른 사람들을 억압하여 낭비를 줄이게 하였다. 이것은 전에 없었던 정책이었는데 국민들이 무슨 이유로 믿지를 않았는지 알 수가 없다. 그렇기 때문에 나무를 옮기게 하여 포상함으로써 신망을 얻고자 하는 집권자들의 고심을 알았고, 국민의 우매함을 알았으며, 수천 년 이래 국민의 문화수준이 너무 낮아 나라가 몇 번이나 멸망할 상황에까지 전락하게 된 원인을 알게 되었다. 일반적이지 않은 것은 백성들이 두려워한다. 백성들은 계속 같은 사람이고 법은 다른 것이니 어찌 그것이 이상하다고 할 수 있겠는가? 내가 나무를 옮겨 신망을 얻은 이 이야기를 동 서방 각 문명국가에 알린다면, 그들은 반드시 배를 잡고 웃을 것이며 비웃을 것이다. 아! 그래도 나는 할 말이 없는 것이다.”

이 작문은 마오쩌둥이 호남전성고등중학교에서 공부할 때 지은 것이나 원문을 쓴

04) 毛澤東,〈商鞅徙木立信論〉(《毛澤東早期文稿》第2版, 湖南出版社, 1990.)

시간은 밝혀지지 않고 있다. 다만 원고지에 "호남전성고등중학교"라는 글자가 적혀 있고, 제목아래에 "보구(普區)1반 마오쩌동"이라는 일곱 글자가 쓰여 있을 뿐이다.

마오쩌동은 1912년 장사(長沙)·신군(新軍)에서 탈퇴한 후 호남전성고등중학교에 시험을 쳐 합격했다. 같은 해 가을에 퇴학하고 독학을 하기 시작하였는데, 이 글은 1912년 상반기에 쓴 것으로 그의 정치사상을 처음으로 내보인 글이다. 요즘도 그를 평가하는데 있어서 이 글은 중요한 근거가 되고 있다. 당시 작문 선생은 그의 글에 100점을 주었다고 한다. 이것은 마오쩌동이 쓴 첫 번째 친필원고로, 당시 그의 나이 19살이었다.

상앙에 관한 이 이야기에 대해 역대 문필가들은 모두 한 마디씩 했는데, 그중 송나라 개혁가 왕안석(王安石)의 평이 대표적이다. "자고로 백성을 다스리려면 믿음을 주어야 한다. 한 마디 말은 천금보다 더 무거운 것이다. 지금 우리들은 상앙을 비난할 수 없다. 상앙은 일을 해냈기 때문이다"라고 평했다.

이후 마오쩌동은 두 가지 방면에서 상앙에 대해 평했는데, 한 방면은 상앙이고, 다른 한 방면은 민중의 입장에서였다. 먼저 그는 상앙이 중국 4천여 년의 역사에서 "첫째가는 나라와 인민에 이로운 위대한 정치가"라고 인정하였다. 그는 그의 새 정책에 대해 "우리나라에 없었던 큰 정책"이라고 칭송하고, 상앙의 법은 "여러 나라에 승리하고 중원을 통일하기 위해 기초를 쌓은 좋은 법"이라고 하였다.

그러는 한편 민중적 입장에서 마오쩌동은 다음과 같이 평했다. "이러한 새 법은 민중의 이해와 신임, 그리고 지지를 받아 완벽하게 본래의 목적에 도달할 때까지 끝까지 추진해야 했다"고 했다. "그럼에도 사실은 현상금을 걸고 나무를 옮기는 것으로 사람들의 신용을 얻고 나서야 새 법을 실행할 수 있었다고 하는 것은 인민들의 소질이 너무 낮다는데 있었다"고 하며 개탄하였다. 이 이야기를 통해 나는 "우리나라 인민의 우매함을 알게 되었고, 수천 년 이래 인민의 문화수준이 너무 낮아 나라가 여러 번 멸망지경에 빠졌던 원인이 되었음을 알게 되었다."고 하였다.

그는 또한 이러한 결론을 내렸다. "중국은 여러 차례 멸망할 수 있는 상황에까지 전락하였는데, 그 원천은 수천 년간 인민들의 문화수준이 너무 낮은데 있었다." 이것은 청년 마오쩌동의 유심론적 역사관을 반영한 것이고, 또한 국민성을 개혁해야 한다는 신해혁명 이후의 지식계와 사상계의 공통된 인식을 반영한 것이다. 루쉰이 바로 이러한 국민성을 개조하기 위해 힘쓴 사람이었음은 잘 알려진 사실이다.[05] 그는 하층 노동인민의 비참한 운명에 비애를 느끼며, 그들 스스로 자신들의 기개를 펼치지 않는 것에 분노했던 것이다.

마오쩌동이 당시에 "우리나라 국민의 우매함"을 이렇게 한탄한 것은 양계초의 영향을 받았을 가능성이 있다. 그는 일찍이 양계초가 《신민총보》에 발표한 《신민론》이라는 글을 열심히 읽었었다. 이 글에서 양계초는 "새로운 국민이 있어야만 새로운 정치가 있다"고 주장하였다. 즉 "국민의 문명정도가 낮으면 현명한 군주가 통치하더라도 그 국민이 망하고, 따라서 나라도 망한다", "오늘날 국민의 도덕수준, 문화수준을 가지고는 설령 좋은 영도자가 있더라도 잘 될 수 없다", "새로운 국민이 있는데도 새로운 제도가 없고, 새로운 정부가 없고, 새로운 국가가 없을까봐 걱정하겠는가?", "우리나라가 유신하려면 먼저 우리 국민을 유신시켜야 한다." 양계초의 이러한 글에 나타난 시각은 당시 사회에 큰 영향을 끼쳤다. 청년 마오쩌동이 그의 영향을 받는 것은 매우 자연스러운 일이었다. 그러나 당시 마오쩌동의 사고가 비록 양계초의 사상으로부터 출발했다고 할 수 있지만, 마오쩌동의 역사와 현실에 대한 사고는 이미 깊이가 있었고, 식견 또한 대단한 것이었다. 그는 국민의 소질을 높이고 잘못된 정치를 제거하고 새로운 법을 실시하는 것이 역대 통치자의 중요한 임무였다고 늘 상 외쳤던 것이다.

19살 때 지은 마오쩌동의 상앙에 대한 작문은 571자밖에 안 되는 짧은 글이었지만, 이 글에 대한 작문 선생님의 평가는 150자나 되었다. 그 내용은 다음과 같았다.

---

05) "공자는 봉건사회의 성인이고, 루쉰은 현대중국의 성인이다."1937년 10월 19일 연안 섬북공학(工學)에서 한 루쉰 서거를 위한 기념대회에서 한 강화 속에서 발췌함, 黃麗鏞 편저, 《毛澤東讀古書實錄》, 上海人民出版社, 1994, 106쪽.

"사회적 현상에 근접하여 이론을 세웠고, 안광이 예리하며, 문장이 대범하고, 그 깊은 뜻은 고대의 유명한 글에도 손색이 없다. 정돈된 글에 나타나는 명확한 논지는 전에 못 보던 것이다. 문법과 논점이 새로우며 힘이 있게 쓰여 졌다. 이 학생이 쓴 글들을 보면 매우 독특하다. 큰일을 할 인재이니 조금만 더 공들여 가르치면 무한한 발전이 있을 것이다. 문장력이 엄청나고 그 논리적 근거가 풍부하다".

평론 끝에는 이러한 총평으로 끝나고 있다. "법률지식을 갖고 있고 철학적 이치로 무장된 사상을 구비하고 있다. 상앙의 법을 지금까지 있어본 적이 없는 큰 정책이라고 평가했는데, 사용하는 단어가 깔끔하고 사회에 매우 유익한 글이다." 평론을 내린 선생님의 낙관에는 "척암(滌盦) 6월 28일"이라고 쓰여 있었다. 이 "척암 선생"은 안목이 있는 사람이었다. 그는 마오쩌둥이 "큰일을 할 인재이다. 조금만 더 공을 들이면 전도가 무한할 것이다"라고 예견하였는데, 이 예언은 후에 정확히 들어맞았던 것이다.

이처럼 마오쩌둥의 역사적 관점은 이미 많은 독서를 통해서 자신의 것을 확립하고 있었고, 그러한 인식을 깔끔한 문장력으로 표현해 낼 수 있었으며, 또한 힘 있는 필체로 보는 이들로 하여금 대성할 인물이었음을 일찍부터 내비치고 있었던 것이다.

진시황 秦始皇
공자보다 나은 황제

중국혁명 후 현실문제 해결에 매달려야 했던 시점에서의 평가

중국 서안에 있는 진시황의 병마용은 아직까지도 그 전체의 모습을 추측만 하게 할 뿐 좀처럼 진도가 나가지 못하고 있는 실정이다. 지금까지 발견된 것의 몇 십 배나 큰 병마용이 아직도 지하에 매몰되어 있다고 하는 소식을 들을 때마다 과연 얼마나 크길래 저러는 걸까 하고 의구심만 더 키우곤 한다.

"어떤 인물이기에 2250년 전인데도 그러한 부와 권력을 휘두를 수 있었단 말인가!"하고 저절로 감탄사가 나오지 않을 수 없다. 실로 진시황은 스케일과 카리스마라는 차원에서는 인류 역사상 그 누구도 추종할 수 없는 엄청난 제왕이라 할 수 있을 것이다. 황제라는 이름도 그가 천하를 통일한 후 그에 걸 맞는 호칭을 찾던 중 중국 고대의 3황5제의 '황' 자와 '제' 자를 따서 '황제'라고 칭한 것이라고 하니, 과연 진정한 황제라고 할 수 있지 않겠는가 말이다.

그러나 비록 이러한 대 군주라고는 하지만, 그에 대한 역사적 평가는 보는 이에 따라 크게 다른데, 그를 칭송하는 사람들은 그를 "천고의 대 황제"라고 부르나, 그를 깎아 내리는 사람들은 그를 "폭군의 우두머리"로 본다는 점이다. 이러한 상반된 평가는 그의 행적을 어떻게 보느냐에 따라서 달라지는 것인데, 그를 좋게 평가하는 대표적인 인물 중의 한 사람이 바로 마오쩌둥이었다. 마오쩌둥은 진시황에 대해 "현재의 것을 중시하고 옛 것을 경시한다"는 그의 관점을 높이 평가하였다. 그리고는 한

발 더 나아가 "마르크스에다 진시황을 더하는 일을 하자"고 주장하였다.

아마도 이러한 마오쩌동의 평가는 중화민족을 통일했다는 점에서 그에게 후한 점수를 주었기 때문이 아닌가 한다. 마오쩌동은 "6나라를 통일하는 일이 얼마나 위대한 일인가!"라는 이태백의 시를 언제나 애송했는데, 이러한 점을 보더라도 그의 진시황에 대한 일차적인 평가는 무엇보다도 그의 통일 사업을 염두에 둔 평가였음을 알수 있다.

1964년 6월 24일 마오쩌동은 외국의 귀빈을 접견하면서 이렇게 말했다.

> "진시황은 공자보다도 훨씬 위대합니다. 공자는 쓸데없는 소리를 많이 한 사람이나, 진시황은 중국을 처음으로 통일한 사람으로서 그의 통일은 정치적인 통일뿐만이 아니라, 중국의 글자, 중국의 여러 제도(예를 들면, 도량형 등)를 통일시켰고, 그 중 어떤 제도는 그 후에도 계속해서 사용되어져 오늘에 이르고 있는 것도 있습니다.[06] 중국의 봉건군주들 중에서 그를 뛰어넘을 만한 사람은 없습니다. 그렇지만 사람들에게 몇 천 년 동안을 욕먹으며 오늘에 이르고 있는 자도 진시황인데, 그 원인에는 두 가지가 있으니, 하나는 460여 명의 지식인을 죽였다는 것과 다른 하나는 일부의 책들을 불태워 버렸다는 데 있습니다"

라고 하였다.

같은 해 8월 30일 황하유역의 수리건설을 지도하면서, 마오쩌동은 또 다른 각도에서 진시황을 평했다.

---

06) "나는 곽말약의 역사적 시기구분법을 찬성한다. 그가 춘추전국시대를 경계로 해서 노예제시대를 구분했기 때문이다. 그러나 진시황만은 욕할 수 없는 인물이다. 몇 십 년 전부터 중국의 교과서에서는 수레바퀴·문자·도량형을 통일시킨 진시황을 긍정적으로 서술해 온 것에서도 알 수 있다." 毛澤東〈1973年 7月 4日 王洪文, 張春橋와 한 談話〉,《中國共産黨執政四十年》中共黨史資料出版社, 1989

"제나라 환공(桓公)이 제후들을 규합하고 5개 항목의 조약을 세웠으나, 그 중 수리에 관한 한 가지 항목은 실시하지를 못했었는데, 진시황이 중국을 통일한 후에야 이 문제가 실현되었다. 그런 점에서 진시황은 매우 훌륭한 황제라고 할 수 있다. 비록 분서갱유에서 460명을 생매장하는 일을 저지르기는 했지만 그들은 다 공자와 같은 자들이 아니겠는가? 그리고 그들을 다 생매장한 것도 아니었다. 예를 들면 숙손통(叔孫通)[07] 같은 사람은 안 죽지 않았던가? 맹자 일파는 선왕(先王)의 법을 따라야 한다고 주장하면서, 옛 것만을 중시하고 현재의 것을 경시하며 진시황을 반대한데 대해서, 이사(李斯)는 진시황을 옹호하였고, 순자(荀子) 일파도 이사의 편에 서서 후왕(後王)의 법을 따르자고 주장하였는데, 후왕이란 바로 제(齊)의 환공(桓公), 진(晉)의 문공(文公)을 말하는 것이지만, 진시황도 그에 속했던 것이다."

'문화대혁명' 후기에 강청(江靑) 등 4인방을 중심으로 전국에서는 임표(林彪)를 비판하고 공자를 비판했으며, 법가(法家)를 높이 평가하는 대신 유가(儒家)를 비판하는 운동, 즉 '비림비공(批林批孔)'운동을 일으켰는데, 이는 마오쩌둥이 공자를 비판한데서 비롯된 것이었다. 1973년 7월 4일, 그는 왕홍문(王洪文), 장춘교(張春橋)와 담화하는 중에 "곽말약(郭沫若)은 공자를 존경하고 법가를 반대하였는데, 이건 국민당과 같은 생각이 아닌가! 임표도 마찬가지다! 나는 노예제 시대를 춘추전국시대를 경계로 하여 나누는 곽말약의 역사구분법에는 찬성한다. 하지만 진시황을 크게 욕해서는 안 될 것이다."

---

07) 진시황 때 숙손통은 박사(博士) 벼슬에 있었다. 진시황의 잔인하고 폭력적인 모습을 본 그는 모든 입장에서 너무 나서지 않고 눈에 띄지 않도록 조심했다. 그의 친구가 그에게 충고했다. "나라가 통일되었는데 우리처럼 박식한 사람들이 나서지 않아서야 되겠는가? 게다가 승부욕이 강하고 남의 지배를 받지 않으려는 것이 원래 자네의 성격이 아닌가? 요즘은 어째서 이러는가?" 숙손통은 어쩔 수 없이 입을 뗐다. "내가 보건대, 시황제(始皇帝)는 우리 글 읽는 사람을 진심으로 중시하는 것 같지가 않네. 이러니 내 어찌 나설 수 있겠는가? 무슨 변수라도 생기면 기필코 일을 당하고 말 걸세." 친구는 숙손통이 나약한 인간이라고 생각해서 아예 관계를 끊어 버렸다. 숙손통은 안타깝게 생각했으나 전보다 더욱 신중을 기하고 친구들과 왕래도 줄였다. 그의 조심성은 과연 헛되지 않았다. 진시황이 분서갱유를 할 때 매장당한 박사들은 460여 명에 달했으나, 그는 그 화를 면할 수 있었다.

같은 해 9월 23일 마오쩌동은 이집트 부총리 소피아 여사를 접견했을 때도

"진시황은 중국 봉건사회에서 첫째가는 황제인데, 나도 진시황과 같은 사람입니다. 임표는 나를 진시황 같은 사람이라고 욕하지만, 중국은 예로부터 두 개 파로 나뉘어서 한 파는 진시황이 좋다고 했고, 다른 한 파는 진시황이 나쁘다고 했습니다. 나는 진시황을 찬성하고 공자를 찬성하지 않습니다. 왜냐하면 진시황은 처음으로 중국을 통일하고 문자를 통일하였으며, 넓은 길을 닦고, 한 나라 안에 또 다른 나라가 있도록 하지 않았으며, 중앙집권제를 실시하여 중앙정부로부터 사람을 각지에 파견하여 몇 년에 한 번씩 교대케 하면서 세습 제도를 허용하지 않았기 때문입니다."

이러한 평가에는 중국혁명 이후 현실적으로 해야 할 일들에 대한 여러 가지 이견을 잠재우고자 하는 마오쩌동의 목적의식이 반영되어 있었다고 할 수 있고, 현실적인 점에 관심을 두고 있던 당시 마오쩌동의 마음을 읽을 수 있는 중요한 근거가 된다고 볼 수 있다.

현실적 이해관계와 역사인식의 충돌로써 괴로워했을 마오쩌동의 말년

그러나 그가 진시황에 대해서 이처럼 일방적으로 좋게만 평가한 것은 아니었다. 1975년 여름, 마오쩌동 옆에서 그를 위해 책을 읽던 호적(胡適)[08]이 그에게 "진시황에 대해 어떻게 생각하십니까?"하고 물은 적이 있다. 그러자 마오쩌동은 이렇게 말했다. "진시황을 역사적인 인물로 평가하려면 두 가지 방향에서 평가해야 한다. 즉 진시황의 역사발전 과정에서 보여 준 진보적인 역할은 긍정해 주어야 한다. 그러나 그

---

08) 호적 : 1922년 백화(白話)가 공식 문어로 정착되는 데 공헌했다. 또한 미국의 실용주의적 방법론을 널리 전파한 영향력 있는 교육가였다. 중화민국 수립 후에는 정치적 혁명이 아니라 대중교육을 통해서 새로운 중국을 건설해야 한다고 역설한 자유주의적 입장의 정치가로 활약했다.

가 6나라를 통일한 후 진취적인 면을 잃어버리고, 그저 만족하여 안일하게 즐기는데 빠져 신선에게 빌기나 하고, 궁전이나 지으며, 인민을 참혹하게 핍박하면서 여기저기로 놀러 다니며 시간을 흘려보냈던 일은 아주 잘못된 행동이었다. 진승(陳勝)과 오광(吳廣)이 일어나 진나라의 폭정에 항거한 이유는 바로 진시황에 대한 저항이었다. 이들의 저항은 진정으로 정의로운 것이었다. 이 전쟁은 우리나라 봉건사회에서 규모가 큰 농민전쟁의 서막이었고, 역사적으로 큰 의의를 갖는 농민의 저항이었다." 그러면서 "역사인물들을 평가하려면 각 인물의 큰 부분과 주요한 면을 보아야 하며, 시대를 위하여 새로운 것을 제공하였는지, 사회적 진보를 추진하였는지를 보아야 한다. 진시황에 대해서는 논쟁이 많은데, 어떤 사람은 그를 "천고의 황제"라고 부르고, 어떤 사람은 그를 "폭군의 우두머리"라고 부르고 있다. 그러면 진시황과 같은 이런 인물에 대해서는 어떻게 평가해야 하는 것이 옳은가?"라며 인물을 평가하는 방법까지 알려주고 있다. 이러한 마오쩌둥의 입장과 관점, 그리고 그 방법은 사람들에게 여러 가지 일깨움을 준다고 하겠다.

1958년 2월 23일 중앙정치국 확대회의에서 마오쩌둥은 이런 말을 한 적이 있다.

"한 줄기 실바람이 불어왔다. 바람이 분다는 것은 기본적으로 기분이 좋은 일이지만, 사람에 따라 나쁘다고 말할 수도 있다. 이런 것과 마찬가지로 본래는 기본적으로 좋은 사람인데도 그를 나쁜 사람이라고 말하는 사람도 있는 것이다. 예를 들어 진시황은 우리에게 있어서 좋은 황제일 수도 있고, 좋지 않은 황제가 될 수도 있다. 2천여 년 동안의 봉건사회에서 아무도 그를 좋다고 하는 사람은 없었다. 그러다가 자본주의가 흥성하면서부터 진시황을 좋은 황제라고 평하기 시작하였다. 그러나 공산주의자들은 아직까지는 진시황에 대해 어떤 장점이 있다고 말하지 않고 있으나, 모든 이들이 다 그렇게 생각하는 것도 아니다. 진시황의 단점은 아마 세 손가락을 꼽을 정도일 것이다. 그 중 중요한 잘못은 무엇보다도 분서갱유라고 할 수 있다. 다른 사람들은 공산당을 진시황과 같다고 말하는데 그것은 잘못된 것이다."

아마도 마오쩌둥이 진시황을 숭배했던 것은 자신이 헌신하고 있는 위대한 사업에 대해 충성토록 하기 위한 명분 쌓기였는지도 모른다. 마오쩌둥은 자신의 역사적인 사명을 완성하기 위해서는 일체의 착취계급을 궤멸시켜야만 했는데,[09] 그러기 위해서는 철면피가 될 정도로 강인해야 한다고 생각했을지도 모르기 때문이다. 이것이 '폭군'라 불리 우는 진시황을 숭배한 원인 중 하나라고 할 수 있다. 이러한 점을 알게 해주는 것으로 다음과 같은 그의 말을 들 수 있다. "마르크스와 진시황을 결합시켜야 한다." 이 말은 바로 대다수 사람의 이익을 위해서는 적에게 절대로 자선을 베풀어서는 안 되며, 또한 비록 타격을 주었더라도 구석에 숨어서 완강히 저항하는 적을 절대로 용서해도 안 된다는 의미이다. 특히 "남은 적들을 끝까지 궤멸시켜야 한다"는 말은 그가 일관되게 주장하는 말이고, "물에 빠진 개를 실컷 때리는 것"도 그가 일관적으로 주장해 온 말이다.

그러나 정권을 빼앗으려 하고, 파괴적으로 나오는 반대계급을 대적하기 위해서는 진시황처럼 무자비한 척결도 필요했지만, 사회주의제도가 이미 확립되어 있고 인민이 나라의 주인이 되어 계급적 모순도 이미 없어진 지 오래된 상황에서, 4인방이 문화대혁명을 일으켜 폭풍우와 같은 계급투쟁을 조장하고 인정사정 두지 않는 수단으로 계급투쟁을 확대시켜 나가는데도 묵묵부답으로 일관했던 마오쩌둥의 만년행동은 그 자신의 역사인식 및 철학 사상에 반하는 것이었기에, 그 스스로가 느껴야 했던 비극은 두 말할 필요도 없을 것이다.

---

09) "착취계급이 대중의 대표를 맡고 있을 때는 약간이나마 진리를 말할 수 있다. 예를 들면 공자나 소크라테스 등 성인으로 불리어지고 있는 자산계급이 그 대표적인 인물들이다. 이렇게 보는 것이 역사적인 시각이다. 그들이 말한 것을 전부 부정하는 것은 비역사적인 시각이다."1943년 6월에 쓴 〈인성(人性) 문제에 대한 통신상의 견해〉에서 발췌, 黃麗鏞 편저, 《毛澤東讀古書實錄》, 上海人民出版社, 1994, 150쪽.

유방劉邦
용인술의 교과서

같은 촌놈이라는 동질성에 매료

용인술의 귀재였던 한 고조 유방이 용인술의 달인이던 마오쩌둥에게 높게 평가되는 일은 지극히 당연한 일이라고 하겠다. 그러나 가장 중요한 것은 인재를 잘 활용해서 새 왕조를 건국했다는 차원에서가 아니라, 마오쩌둥 자신처럼 아주 비천한 신분에서 일약 새 왕조의 창조주가 됐다는 데서 오는 동질감 내지 카타르시즘 같은 측면을 그에게서 느꼈기 때문일 것이다. 특히 마오쩌둥 자신이 아무 것도 없는 토대 하에서 일어났을 때, 그에게 용기를 주고 그가 나아갈 방법과 방향을 잡아주는데 본보기가 되었던 인물이었다는 것이 더욱 타당한 말이 아닐까 한다.

이처럼 유방은 약한 군사를 가지고 상대였던 천하무적 초패왕 항우를 이겨 한 왕조를 세웠으니, 이는 귀족에 대한 평민의 승리이고, 자본가 계층에 대한 노동자계층의 승리였다고 얼마든지 주장할 수 있는 마오쩌둥의 이론적 배경이 될 수 있었던 것이다.

사마천은 《사기》〈고조본기〉에서 "유방은 하찮은데서 일어났다"는 사실을 여러 번 강조했다. 그리고 그가 일찍부터 고향 시골에서는 꽤나 유명한 망나니였음을 묘사하고 있다. 예를 들면 "가족들이 몸이 부서져라 일하고 있는 데도 그는 노동일은 전혀 하지 않았다", "오히려 술과 여색을 좋아했다"는 기록 등에서 알 수 있다. 그러나 다른 한편으로 유방은 "마음이 어질고 사람들을 사랑했으며, 남에게 베풀기를 즐겨하였고, 뜻이 크고 대범하였다"고 묘사하였다.[10] 고매한 사마천이 이처럼 한 인물에 대해 전혀 다른 평가를 하나의 문장 속에서 했다는 것은 사실 불가사의한 일이라고도 할 수 있다. 유방은 그야말로 하찮고, 비천했지만, 자신의 의지를 향해 무작정 나아가려 했던 고집쟁이 같은 스타일이 그의 본색이었다.

이러한 시골출신의 멋스러움에 공감한 것이 마오쩌동이었다고 하겠다. 그렇기 때문에 마오쩌동은 유방이라는 이 인물을 매우 흠모하였고, 그의 생애, 분투, 열정, 재덕, 품격에 대해 자세하게 파악하였으며, 이것을 거울로 삼아 자신을 다듬어 갔고, 그의 부하 간부들을 교육하는데 지표로 삼았던 것이다.

인민들이 원하는 바를 잘 이해했던 두 사람

마오쩌동은 유방이 승리할 수 있었던 중요한 요소를 나름대로 깊숙이 파악하였다. 먼저 유방은 "사회생활에 익숙하였고, 덕분에 인민들의 심리를 잘 알고 있었다"고 평했는데, 이는 유방이 인민들의 질곡을 잘 알았고, 또한 그러한 정황을 동정하고 있었다는 사실을 꿰뚫고 있었던 것이다. 이러한 유방의 능력이 가장 잘 표현된 것이, 그가 맨 먼저 관중(關中)에 입성한 후 진나라 백성들에게 베푼 조치였다. 원래 유방은 항우 등 여러 제후들과 함께 "먼저 관중을 뺏는 사람이 왕이 될 수 있다"고 하는 약속을 체결한 후, 당시의 정세를 정확히 판단하고는 가장 먼저 관중에 들어가 자신의 것으로 만들었던 것이다.

그는 관중에 들어간 후 백성들에게 "여러분들은 진나라의 통치를 받은 지 오래 되었지만, 내가 여기에 온 것은 당신들을 위해 해를 제거코자 온 것이니 무서워하지 말라"고 했다. 그러면서 3장의 법을 지킬 것을 약속하였다. 즉 "살인한 자는 죽이고, 사람을 다치게 한 자와 물건을 훔친 자는 죄에 따라 처벌한다. 그리고 진나라의 법은

---

10) "유방이 항우를 이길 수 있었던 것은 귀족출신인 항우와 달리 사회생활을 잘 알았고, 인민들의 마음을 잘 알았기 때문이다."《毛澤東著作選讀》下, 中央文獻出版社, 1993.

폐지한다"는 내용이었다. 이러한 그의 조치와 실행에 감동한 진나라 백성들은 술과 소·양의 고기를 들고 그의 군대를 찾아와 위문하려 했지만, 그는 일체 받아들이지를 않았다. 그리고는 "식량이 많더라도 낭비는 하지 말아야 한다."고 타일렀다. 그러자 진나라 사람들은 진정으로 "유방이 진나라 왕이 되지 못할까봐 오히려 걱정하였다"고 한다.

이에 비해 항우는 용맹하고 싸움을 잘 했고 군사력도 유방보다 강했지만, 포악한 성격으로 인해 이르는 곳마다 불태우고 죽이고 빼앗는 바람에 "진나라 사람들은 크게 실망하면서도 두려워서 복종하지 않을 수 없었다."

유방은 황제가 된 후 진나라의 봉건통치제도를 계속해서 그대로 실시하였다. 하지만 그는 백성을 먼저 생각하는 정책을 실행하였다. 그리하여 대내적으로는 율령·군법·예의를 정비했고, 근검절약할 것을 호소했으며, 대외적으로는 흉노의 선우와 화친하여 변방의 평안을 도모하였다. 이런 것들은 모두 한 왕조가 전성기를 구가할 수 있는 기반을 닦아놓았던 것이다.

남의 말을 잘 경청했던 유방의 처세를 흠모하다

유방이 그 어려운 환경에서 한 왕조를 세우기까지 가장 좋은 장점으로, 마오쩌둥은 "유방은 활달하고 대범하며 간언을 잘 받아들였다"고 평했다.[11] 즉 유방이 자신의 고집만을 주장하지 않고 다른 사람의 말을 잘 들었다는 것이고, 동시에 그런 간언을 할 수 있는 인물들을 기용했다는데 큰 점수를 주었던 것이다. 《사기》에서도 이러한 유방의 특징을 여러 차례 기록하고 있는 것을 보면 마오쩌둥의 유방에 대한 평은 정확한 것으로 볼 수 있다.

유방이 부하의 간언을 잘 들었던 예로 대표적인 것이 한신을 기용한 사실이다. 유

---

11) "유방은 역사학자들로부터 '대범하고 활달하며, 간언을 잘 받아들이는 영웅'으로 불리었다. 유방은 항우와 수년간을 싸워서 이겼는데, 이는 우연한 일이 아니다." 吳冷西,〈新聞的階級性及其他-毛主席幾次談話的回憶〉《緬懷毛澤東》上, 中央文獻出版社, 1993.

방은 장량(張良)의 권고를 듣고 실력이 막강한 한신(韓信)을 제왕(齊王)으로 봉한 것이 그 하나이고, 다른 하나는 초나라와 한나라 사이에 국경을 정한 후 장량과 진평(陳平)의 권고를 듣고 병사를 끌고 동쪽으로 가는 항우를 승전의 기세에 편승하여 추격한 것이다. 또 다른 예로는 유방이 황제가 된 후 낙양에 서울을 정하려고 했다가 제나라 사람 유경(劉敬)의 건의를 받아들여 관중의 장안(長安)에다 수도를 정했다는 점이다. 이런 정확한 행동들은 유방으로 하여금 계속해서 승리를 거둘 수 있는 견인차 역할을 하게 했다.

한편 유방은 역식기(酈食其)의 의견을 들어 진류(陳留)를 공격하여 취하였는데, 이에 대해서 마오쩌둥은 1962년 1월 30일에 중앙업무회의의 확대회의에서 이 사실을 매우 생동적으로 이야기한 적이 있다.

"옛날에 초패왕 항우라는 사람이 있었습니다. 그는 다른 사람들의 의견을 듣는 것을 몹시 싫어했지요. 그러한 그에게 범증(范增)이라는 사람이 있어 그에게 많은 조언을 해주었으나 항우는 범증의 말을 전혀 듣지 않았습니다. 그러나 또 한 사람 한고조 유방은 자신의 의견과 다른 의견을 비교적 잘 받아들였습니다. 당시 역식기라는 지식인이 유방을 만나러 가서 자신은 유가를 공부하는 사람이라고 했습니다. 그랬더니 지금은 전쟁시기라서 유생은 만나지 않겠다는 대답을 들어야 했지요. 그러자 역식기는 화가 나서 문지기에게 말했습니다. '나는 고양(高陽)의 술주정뱅이지 유생이 아니다'라고 냉큼 들어가서 전하라고 했습니다. 문지기는 들어가서 그대로 보고했습니다. 그러자 유방은 '그래, 그럼 좋다. 가서 들어오라고 하게', 그렇게 해서 역식기가 방에 들어가니 마침 유방이 발을 씻고 있었습니다. 유방은 짐짓 그를 반겨 맞는 척했지만 역식기는 유생을 만나지 않겠다고 한 유방의 말에 아직화가 가시지를 않았기에 한바탕 불만을 늘어놓았습니다.

'당신은 도대체 천하를 얻으려는 마음이 있는 것입니까, 아닙니까? 왜 나이 먹은 사람을 무시하는 거지요?' 당시 역식기의 나이는 60살이 넘었기에 젊은 유방에게 스스로 연장자라고 하였던 것입니다. 유방은 그의 빈정거림을 듣고는 그가 보통사람이 아니라고 생각한 후에 자신의 잘못에 대해 양해를 구한 다음 그의 말을 경청하였습니다. 역식기는 유방의 태도변화를 보면서 진류를 공격해서 탈취하라는 의견을 제시했고, 유방은 이런 그의 의견을 받아들였던 것입니다."[12]

이러한 이야기를 들려주면서 마오쩌둥은 "유방은 역사학자들로부터 '활달하고 대범'하고 간언을 잘 받아들이는 영웅으로 평가되었다"며 이러한 유방이었기에 "항우와 몇 년간을 싸우면서도 우세한 전력의 항우를 이길 수 있었다. 이러한 것은 결코 우연이 아니다"라고 강조했던 것이다.

인재를 믿고 아끼는 유방의 용인술을 경탄하다

이처럼 유방은 다른 사람의 간언을 잘 듣기도 했지만, 더욱 중요한 것은 사람의 능력에 따라 제대로 사용했다는 점이라고 마오쩌둥은 평가했다. 한나라를 세운 후 유방은 대신들을 모아놓고 자신이 항우를 이기게 된 원인에 대해 토론한 적이 있었다. 각 대신들은 나름대로 그 원인을 분석하였는데, 유방은 그들의 의견을 모두 뿌리친 채 자기의 견해를 토론 말미에 내비쳤다. "나는 방안에서 계책을 세워 천리 밖에서 승리를 하는 자방(子房)보다 못하고, 나라를 안정시키고 백성을 어루만지며 식량이 떨어지지 않게 하는 데는 소하(蕭何)보다 못하며, 싸우면 반드시 승전하고 공을 얻는 데는 한신보다 못하다. 이 세 사람은 모두가 영웅 중의 영웅이다. 그런데 내가 이들을 쓸 수 있었기에 천하를 얻을 수 있었던 것이다.[13] 그러나 항우는 범증(范增)이 있었

---

12) 《사기·역생육가열전(酈生陸賈列傳)》
13) "한고조 유방은 초패왕 항우보다 강했다. 그가 천하를 얻은 이유 중의 하나는 방법적으로 결정하는 바가 적절했고, 다른

음에도 그를 제대로 쓰지 못하는 바람에 나에게 지게 된 것이다"라고 하자, 여러 대신들은 그를 다시 한 번 존경하며 복종할 것을 맹약하였던 것이다.

유방이 제위에 오른 후 옛 공신이었던 회음후(淮陰侯) 한신과 회남왕(淮南王) 경포(鯨布) 등이 반란을 일으켰다. 그러자 유방은 친히 군사를 이끌고 나가 그들을 정벌하였다. 그리고는 고향 패현(沛縣)에 들러 고향사람들과 술을 마셨는데, 이때 《대풍가(大風歌)》라는 시 한 수를 지었다. 이 시의 내용은 다음과 같다.

"큰바람이 불고 구름이 날리네,

위엄을 사위(四圍)에 떨치고 고향에 돌아왔건만,

어찌 용사들을 잃고서 나라를 지킬 수 있다 하는가!"

이 시는 바로 자신이 아끼던 인재들을 잃고 난 후 자신의 아픈 심정을 진실하게 노래한 것이다. 즉 영웅호걸의 기질이 그대로 풍겨 나오고 있으며, 구름과 바람을 마음대로 주물러대는 호방한 정이 흐르고 있을 뿐만 아니라, 환난을 함께 하던 훌륭한 인재를 잃고 난 후 의지할 데 없는 공허한 마음을 그대로 읊어낸 것이다. 마오쩌둥은 이 시에 대해 "이 시는 기백이 넘쳐흐르는 매우 잘 쓴 시이다"라고 평가했다. 그러면서 "그는 공부도 얼마 하지 않은 그가 어찌 이렇게 좋은 시를 쓸 수 있었는지 정말 신기한 일이 아니고 무엇이겠는가?"라고 덧붙였다.

무식쟁이를 경시해서는 안 된다

마오쩌둥은 이러한 유방에 대해 최종적으로 다음과 같은 결론을 내렸다.

"무식쟁이 가운데 인물이 나온다. 자고로 능력 있는 황제의 대부분은 무

하나는 인재를 적절하게 활용했기 때문이다."《毛澤東讀文史古籍批語集》中央文獻出版社, 1993.

식쟁이 출신이었다. 한나라의 유방은 봉건 황제들 중에서 가장 형편없는 무식쟁이 중의 한 사람이었다. 남북조시대의 송(宋), 제(齊), 양(梁), 진(陳) 네 나라와, 5대(五代)의 양(梁), 당(唐), 진(陳), 한(漢), 주(周) 등 나라에는 모두 무식쟁이 제왕들이 있었다. 물론 무식쟁이가 아닌 사람 중에서 좋은 황제가 된 자도 몇 명은 있었다. 예를 들면 당 태종 이세민 같은 사람이다."

마오쩌둥은 만년에 들수록 역사 이야기를 할 때마다 이러한 자신의 관점을 강조하곤 하였다. 1964년 3월 24일 그는 어느 담화문에서 "무식쟁이를 경시해서는 안 된다. 오히려 지식인의 전도가 더 없다. 역사상 수많은 황제들 중에는 많은 지식인이 있었지만 그들이 세운 업적은 거의 없었다. 예를 들면 수양제는 문장과 시사(詩詞)를 지을 줄 알았고, 진후주(陳后主), 이후주(李后主)는 시와 부(賦)를 지을 줄 알았으며, 송 휘종은 시와 그림을 그릴 줄 알았으나 제대로 어떤 특별한 업적을 이루지는 못했다. 그러나 징기스칸, 유방, 주원장 같은 무식쟁이들은 큰일을 하지 않았는가!"

같은 해 5월 12일에 한 어느 담화에서도 마오쩌둥은 《명사(明史)》를 보고 나는 상당히 화를 낸 적이 있었다. 명나라에서는 글을 몰랐던 태조 주원장과 성조(成祖) 두 황제가 큰 업적을 세웠고, 그 외에 무종(武宗)과 영종(英宗)이 조금 괜찮았던 것 외에는 모두가 나쁜 일만 하였다는 것을 알았기 때문이다"하고 말했다.

마오쩌둥이 열거한 이런 사례들은 "영도자는 반드시 공부를 한 사람만이 되는 것은 아니다"라는 것을 강조한 말이었다. 물론 책을 적게 읽었거나 아예 읽지 않은 "무식쟁이"가 항상 대업을 이룬다는 말은 아니다. 다만 마오쩌둥의 생각은 무식쟁이 리더자는 대범할 수가 있고, 또한 그러한 배짱으로 밀고나가 대업을 이룰 수 있었다는 것이다. 물론 이때 가장 중요한 것은 독서인 출신의 필요한 인재를 등용하여 잘 이용할 수 있으면 된다는 의견이 수반되었던 것이고, 동시에 이들과의 관계를 잘 유지하기 위한 유화정책도 중요하다고 하였다. 유방이 그러했고, 유비가 그러했으며, 이세민이 그러했고, 주원장은 더욱 그러했다는 것이었다.

마오쩌둥은 언제나 간부들을 교육시킬 때면, 유방과 항우의 사례를 들곤 했다. 어느 한 회의에서 민주집중제에 대해 말할 때 그는 다음과 같이 말했다. "당 위원회의 영도는 집단영도이지, 제1서기 혼자서 독단적으로 영도하는 것이 아니다. 만일 민주주의가 실현되지 못한다면 한 사람이 패권을 쥔 것이라 할 수 있다. 이런 패권을 사용하는 제1서기는 초패왕 항우같은 존재이지, 민주집중제를 영도해 가는 리더는 아니다"고 날카롭게 지적하였다. 그러면서 "현재 우리 당의 어떤 제1서기는 봉건시대의 유방보다도 못한 자가 있다. 항우와 비슷한 자라고 할 수 있다. 이런 동지들이 만일 그런 버릇을 고치지 않는다면 종국에 우리 당은 와해되고 말 것이다. 《패왕별희(覇王別姬)》라는 극이 있지 않은가? 이런 동지들이 만일 끝까지 거듭나지 않는다면, 어느 날인가 그는 '별희'와 같은 존재가 될 것이다. 여러분은 내가 왜 이런 심한 말을 하는지 아십니까? 나는 이런 버릇을 가진 동지들에게 마음 찔리는 말을 하여 2, 3일 동안 잠을 못 자게하고 싶어서입니다. 그들이 만일 이런 말을 듣고서도 잠을 제대로 잔다면 나는 불쾌하기 짝이 없을 것입니다"고 자신의 속내까지 내보였을 정도로 화를 냈던 것이다.

　종합해 보면 마오쩌둥은 항우가 다른 사람의 의견을 듣는 것을 싫어하여 실패로 끝났다고 비평한 것이고, 유방의 "활달하고 대범하며 간언을 잘 받아들였던 사실"을 평가하고, 유방은 "사회생활에 익숙해 있었고, 인민의 마음을 잘 알고 있었다"는 점을 교훈으로 받아들이고 있었으며, 또한 "자신이 나아갈 방향을 결정한 것이 잘 맞아떨어졌고", "인재를 적재적소에 잘 활용했음"을 찬양한 것이라고 볼 수 있다.[14]

---

14) "항우는 정치가라 할 수 없고, 유방은 훌륭한 정치가라고 할 수 있다."《黨的文獻》, 1994년, 제5기.

항우項羽
실패한 영웅은 좋은 참고서

곽말약《역사소품》속에 그려진 항우 모습

우리나라에도 영화로 소개된 적이 있는《패왕별희》는 원래 중국의 유명한 연극이다. 그 내용은 항우가 싸움에서 패하고 군영 장막 안에서 밤에 술을 마시며 자신이 사랑하던 여인 우미인(虞美人)과 비가(悲歌)를 부르다 결국에는 자살하고 마는 이야기를 소재로 한 극이다. 항우에게는 추(騅)라고 부르는 준마와, 우미인 이라는 절세의 여인이 있었는데, 이 두 보물을 옆에 놓고 자신의 비참한 신세를 되돌아보며 눈물과 탄식으로 읊은 비가(悲歌)는 다음과 같다.

> "力拔山兮氣蓋世 힘은 산을 뽑아낼 듯하고, 기운은 세상을 덮을만하네
> 時不利兮騅不逝 그러나 때가 불리하니 나의 애마 추는 가지를 않는구나
> 騅不逝兮可奈何 추가 가지를 않는 것은 그래도 괜찮건만
> 虞兮虞兮奈若何 우미인이여, 우미인이여! 어찌하면 좋겠는가?

"비통함에 겨워 부르짖는 항우의 노래 소리에 그를 달래듯 우미인이 화답하니 항왕은 그저 눈물만 흘릴 뿐이었다. 이런 모습을 보는 주위의 사람들도 다 같이 눈물을 흘리며 서로를 쳐다보지 못했다. 그런 상황에서 항우는 결국 검을 뽑아 자살을 하니, 한 많은 그의 인생은 이렇게 종지부를 찍은 것이다"라는 내용으로 『패왕별희』

는 끝을 맺는다. 보는 이로 하여금 역사의 희생물이면서도 그에게 동정을 보내야 하는 아이러니의 최고 걸작품은 이런 실제 역사의 내용을 소재로 만들어졌던 것이다.

이러한 《패왕별희》보다도 더욱 그러한 아이러니의 패러독스를 잘 그려낸 것은 곽말약의 《역사소품》 중 하나인 〈항우의 자살〉이다. 곽말약은 항우의 영웅적인 기개가 손상되지 않으면서도 항우의 인간애를 비장하게 잘 그려내고 있다. 곽말약은 이 글의 끝말에 항우의 부하인 종리매라는 자와 항우를 구하기 위해 나타나는 극중의 인물인 정장과의 대화를 통해서 항우에 대한 인물평을 하고 있다. 즉,

"온 백성들은 항 왕에게 좋은 감정을 갖고 있는 사람은 없습니다. 즉 그분은 스스로 민심을 잃어버린 것입니다. 그분은 처음에는 아주 좋은 분이였지요. 덕분에 크게 민심을 얻기도 했습니다. 우리들은 진시황제의 폭정에 아주 시달려왔기 때문에 천하의 사람들은 모두 진나라가 전복되기를 원했던 것이죠. 그러한 민의를 따를 수 있었던 항 왕은 천하 사람들의 뜻을 대신 이룰 수 있는 분으로 추앙되었습니다. 그래서 사람들은 몸도 생명도 아끼지 않고 원조하고 옹호를 했던 것이지요. 그래서 2년도 채 되지 않아 진의 폭정을 전복시킬 수 있었던 것입니다. 그러나 이러한 진정한 힘은 누구의 힘이겠습니까? 당신은 지금도 항 왕이라는 사람이 초인적이고 영웅적인 힘을 가진 사람이었다고 생각하실지 모르겠습니다만, 한 영웅의 말로가 어떻게 되는지를 금방 보지 않았는지요? 항 왕은 너무 빨리 성공을 거두었기에 자신이 무슨 위대한 사람인 양 환상을 갖게 되어 힘이 산을 빼어들 만큼 세고 세상을 뒤덮을 만한 기세로 진을 멸망시켰다고 생각하게 된 것입니다. 진의 폭정이 전복된 후 그의 행동은 완전히 변하고 말았지요. 그는 함양에 진주하자마자 진의 궁전과 전적을 모두 태워버렸고, 많은 민가도 함께 태워버렸습니다. 또 많은 재물과 부녀자들을 빼앗아서 함곡관(函谷關)으로 데리고 갔습니다. 이것은 지시황의 분서보다도 더 지독한 짓이었지요. 그는 또 진나

라의 포로 20만 명을 신안(新安)의 굴에다 파묻어버렸습니다. 이는 진나라 군사들을 구덩이에 파묻어버림으로써 후환을 없애자고 한 짓입니다만, 후에는 자신의 군대에 저항해 온 항복한 군사들을 파묻지 않았습니까? 이는 진시황의 분서갱유보다도 더한 것이지요…… 그러다 보니 누구나가 저 사람을 타도할 수만 있는 사람이라면 백성들은 그의 편에 설 그런 상황이 되고 말았지요. 그런데 저는 조금 전 항 왕이 죽는 것을 보면서 이런 생각을 하게 됐습니다. 그는 너무나 단순하다는 것이지요. 그리고 너무 젊다는 것입니다. 이는 무식하고 꾀가 없다는 말이기도 합니다. 그의 숙부인 항량이 그를 공부시키려고 무던히도 노력했지만, 결국 스스로 공부를 포기하는 바람에 저런 실패를 하게 된 거지요. 숙부 항량이 또한 빨리 죽는 바람에 그를 제어할 수 없었던 것도 그에게는 불행이지요. 그 불행은 항 왕 자신만의 불행이 아니라 중국과 온 백성들의 불행이 되었지요. 그는 대장 정도나 할 그릇이었지 천하를 제패할 수 있는 인물은 아니었습니다. 그러나 오늘 나는 항 왕이 유방보다 더 훌륭한 인자스런 품성을 보았습니다. 자신이 생사기로에 있으면서도 친구를 먼저 생각하는 그런 마음을 보았던 것입니다.

항 왕이 처음부터 그런 마음을 가지고 통치를 했더라면 그는 아마도 유방을 이겼을 것입니다. 그러나 그는 마지막까지 자신의 이러한 마음을 느끼지는 못했던 것 같습니다. 그는 자신이 망한 것을 하느님이 운명 지어 줬기 때문이라고 생각한 것 같습니다. 그러니 자신의 부족함을 스스로 느낄 수가 없었던 것이지요. 인간에게서 가장 무서운 것은 깨닫지를 못한다는 것이지요. 깨닫게 되면 구원을 받을 수가 있는데 말입니다. 항 왕은 죽음을 두려워하지 않았습니다. 또 죽음을 어떻게 활용해야 하는지에 대해서도 알고 있었습니다. 그러나 그가 했던 죽음의 활용이란 자기 하나만을 영웅으로 만드는데 불과했습니다. 그는 죽을 때까지 철저하게 자기만을 생각했던 것이지요. 지금처럼 흉노들이 날뛰어 나라가 위급할 때에 항왕처럼 죽음을 두려워하지 않는 장군이 필요한데 항왕은 자신의 죽음을 너무 자기만을 위해 써 버렸습니다."

이 얼마나 항우의 됨됨이를 잘 묘사한 글인가? 곽말약의 문학적 감성은 누구도 따를 수 없는 것이 바로 이런데 있는 것이지만, 특히 역사적 지식을 통한 인물평은 군계일학이었던 것이다. 그러기에 마오쩌동도 곽말약에게서는 배워야 한다고 했던 것이다.

실패 속의 교훈

그러면 마오쩌동은 항우를 어떻게 평가했는지 살펴보도록 하자. "항우는 실패하고 자살하였지만 그래도 영웅적인 기개는 있었다. 항우는 실패하였지만, 그래도 배울 부분이 있다"라고 항우를 평가했다. 그리고 항우에게서 배운 교훈을 해방군 100만 대군이 장강을 넘을 때 마오쩌동은 전술전략을 세우는데 이용하기도 했던 것이다.

마오쩌동의 항우에 대한 평가는 항우 한 사람에게 초점을 맞출 때도 있고, 유방과 함께 평가할 때도 있었다. 유방과 비교하며 평가할 때는 실패자의 교훈으로써 이용했고, 단독적으로 평가할 때는 항우의 용감성을 높이 추켜세웠다. 그러나 마오쩌동의 종합적인 관점은 항우가 자기의 용맹만을 믿고 신하의 충고를 받아들이지 않고 허황된 명예만 쫓다가 마침내 실패하고 말았다는 것이다.[15]

1963년 1월 7일 마오쩌동은 한 담화에서 항우의 실수 3개를 말한 적이 있다. 그것은 홍문연(鴻門宴)에서 범증의 말을 듣지 않고 유방을 놓아 보낸 것과, 초나라와 한나라가 홍구협정(鴻溝協定)을 체결한 적이 있는데, 항우는 이를 진짜로 믿었다는 점이다. 그러나 유방은 이를 개의치 않고 얼마 지나지 않아 협정을 위반하고 동쪽으로

---

15) "항우는 유명한 영웅이긴 하나, 더 이상 해결방법이 없자 자살했다. 그러나 왕정위(王精衛)나 장국도(張國燾)보다는 훨씬 훌륭한 인물이다. 예전에 어느 한 사람이 시를 통해 '강동(江東)에 가서 8천 명의 군사를 모집하면 큰 뜻을 이룩할 수 있었는데 왜 자살했느냐?'고 항우에게 묻는 내용이 있다. 우리는 항우의 영웅적 기개는 따라 배우되 자살은 하지 말고 끝까지 임무를 완성해야 한다." 毛澤東, 〈七律·人民解放軍占領南京〉, 《毛澤東詩詞集》, 中央文獻出版社, 1996.

나아가 초나라를 공격하였던 것이다. 마지막 하나는 그가 서주(徐州)에 수도를 세웠는데 위치를 잘 선택하지 못했다는 점이다.

이러한 지적은 아주 적절한 것이라고 할 수 있는데, 그러나 마오쩌둥이 가장 크게 질책한 항우의 단점은 "다른 사람의 의견을 듣기 싫어했다"는 점이라고 했다. 즉 사람을 알지 못하고, 사람을 제대로 쓰지 못하고, 간언을 받아들이지 않고, 모사(謀師) 범증의 의견을 듣지 않았다는 것이다. 홍문연에서 유방을 죽이라는 말과 승전의 기세를 타 한용도(漢甬道)를 탈취해야 한다는 범증의 간언을 듣지 않은 것이 바로 실패한 최대의 원인이었다는 것이다.

사마천은 《사기·회음후열전(淮陰侯列傳)》에서 항우는 "여인과 같은 착한 마음을 가진 자"라고 평했다. 마오쩌둥도 이러한 항우의 약한 마음을 혹평하였다. 즉 항우가 군사를 거느리고 고전한 끝에 진나라 주력 군대를 격파하고 관중에 들어온 후, 먼저 도착한 유방의 부대와 충돌하게 되었는데, "마음이 약한" 항우는 홍구협정을 지키지 않으면 "정의롭지 못하다"라는 오명을 쓰지 않으려고 40만 대 10만의 군사적인 우세에도 불구하고 유방을 궤멸시키지 않았고, 심지어 홍문연에서는 자기의 부하가 유방을 죽이려 하자 이를 저지시키기까지 했던 것이다.

또 다른 항우의 결점은 관용이 지나쳤다는 점이라고 마오쩌둥은 지적했다. 즉 항우의 초나라와 유방의 한나라가 가장 격렬하게 전쟁을 하고 있을 때 두 군대는 형양(衡陽)에서 대치하고 있었는데, 초나라 군대가 유방의 식량수송로를 단절시키자 겁이 난 유방이 휴전하자고 청하면서 형양을 내준다고 하였다. 그러자 놀랍게도 항우가 이에 동의하려 하자 범증이 결사적으로 반대하였다. 범증은 한나라를 궤멸시키는 승리가 가까이 왔는데 이를 포기한다면 후에 반드시 후회하게 될 것이라고 주장했던 것이다. 그러자 항우도 할 수 없이 재차 형양을 포위하고 공격하였다. 그러자 자신에게 간섭하는 범증을 좋지 않게 생각하고 있는 항우의 속뜻을 읽은 유방은 이간책을 써서 항우가 범증에게 의심을 품게 하였다. 범증은 핍박을 못 이겨 결국 사직하였고 화가 난 그는 그 화가 종창(腫瘡)[16]으로까지 이어져 그 바람에 죽고 말았다.

후에 초나라 군대는 점차 열세에 놓이게 되어 "항왕은 한나라와 천하를 나누어 홍구 서쪽은 한나라가, 홍구 동쪽은 초나라로 한다"는 조약을 체결하였다. 조약이 체결되자 항우는 경비태세를 해제하고 군사를 이끌고 동쪽으로 돌아갔으나, 유방은 약속을 어기고 출격하여 마침내 회하에서 항우를 철저하게 패배시켰던 것이니, 이것이 바로 항우의 지나친 관용이라는 것이다.

1949년 4월 국민당 남경정부의 협상대표가 공산당에게 장강을 경계로 하여 남북을 나누어 통치하자고 했다. 현대판 남북조시대를 만들자는 것이었다. 당시의 소련공산당의 영도자 스탈린도 인민해방군이 장강을 건너가 싸우는 것을 반대하면서 장강을 경계로 하여 서로 나누어 통치하라고 건의하였다. 그러나 마오쩌동을 대표로 하는 중국 공산당은 항우의 교훈을 토대로 장강을 건너 전 중국을 해방시켰던 것이다. 1949년 4월 인민해방군이 남경을 점령한 후 마오쩌동은 칠언율시의 시를 한 수 지었다. 그 구절 중에 "남은 적들은 끝까지 궤멸시켜야 한다. 명예를 추구하기 좋아하는 초패왕을 배우지 말라"는 구절이 있다. 이는 바로 항우의 고사에서 교훈을 받았던 마오쩌동의 통쾌함이 잘 보이는 시라고 할 수 있다.

그러나 마오쩌동이 항우를 무조건 비판만 한 것은 아니었다. 그는 실패한 인물에게서도 긍정적인 면이 있다고 했는데, 그것은 바로 항우가 임종할 때 보여준 영웅적인 기개였다는 것이다. 이는 앞에서 소개한 곽말약의 문장에서 본 것과 같은 뜻이라 할 수 있다. 즉 항우가 패해서 오강(烏江)을 건너게 되었는데 그는 "강동의 8천 명 자제와 함께 뜻을 펴기 위해 강을 건너 서쪽으로 갔는데 오늘은 혼자서 돌아오게 되었구나!"라며 한탄했는데, 결국 그는 강동(江東 : 항우 고향)의 어른들을 볼 면목이 없

---

16) 종창(腫瘡) : 전형적으로 2개 이상의 종기들이 상호 연결되어 형성한 부스럼(furuncle)으로 구성되어 있는데, 부스럼은 통증을 동반한 붉은 소결절로 끝이 노랗고, 터지면 고름과 죽은 조직들이 배출된다. 그러나 종창은 부스럼보다 크고, 일반적으로 피부의 더 깊은 층에까지 번지며, 고름을 배출하는 구멍이 많다. 종창은 대부분 털이 난 피부 부위나 목 뒤, 겨드랑이, 엉덩이 등의 마찰부위에 흔히 생긴다. 단순한 종기는 뜨거운 물수건으로 땀을 닦은 뒤 비누로 씻으면 없앨 수 있는 반면, 종창은 수술용 칼로 절개하고 짜낸 후 항생제 치료까지 겸해야 없앨 수 있다. 치료 후 위생에 주의하지 않으면 재발될 수 있다.

자 스스로 목을 찔러 죽었던 것이다. 이런 선택에 대해 마오쩌둥은 찬성하지는 않았지만, 그래도 항우는 부끄러움을 알았다고 하면서 장개석의 치졸한 점을 비꼬았던 것이다. 1948년 10월 31일 마오쩌둥은 한 논평에서 다음과 같이 썼다. "장개석이 최근 2주 동안 북평에서의 작전에 실패하여 더 이상 북평(북경)에서 할 일이 없어지자 어제 남경으로 몰래 돌아갔다. 이런 장개석은 '강동의 어른들을 뵐 면목이 없어' 스스로 자결한 항우가 가지고 있던 부끄러움을 모르는 자이다. 그는 계속해서 살고 싶었고, 또 어떤 술수를 써서라도 이미 흩어진 군대의 사기를 높이려 하고 있고, 사람들의 마음을 자극하려고 하고 있다. 그의 이런 마음에서 석가장을 몰래 습격하는 묘안을 생각해내게 한 것이다"라고 신랄하면서도 절묘하게 장개석을 비판했던 것이다.

그러나 마오쩌둥은 항우에 대해 결코 너그럽지 않았다. 그는 "허황된 명예만을 탐낸 패왕을 절대로 따라 배워서는 안 된다"고 했으니, 마오쩌둥이 중국혁명을 이룩하는 과정에서 철저하게 자신을 채찍질한 모습을 이런 평가에서 엿볼 수 있는 것이다.

사마천司馬遷
중국공산당원 정신교육의 금과옥조

억압받는 일반인들의 내면을 대변하다

『한서(漢書)』「사마천전」에는 사마천이 임소경에 답하는 편지가 있는데, 이는 2,400여 자의 장문으로 이 가운데의 내용 중에 치욕적인 궁형에 대한 자신의 분노의 감정을 『사기』에 나타냈다고 쓰고 있다. 당시 임소경은 감옥에 갇혀서 사형을 기다리고 있었는데, 그런 임소경이 아직 현직에 있을 때 사마천을 찾아와 벼슬을 높여 달라고 아부하였던 것이다. 당시 궁형을 받고 복권되어서 황제의 비서실장인 궁서령에 있던 사마천은 이전에 자기가 어려웠을 때 멀리서 자기를 비웃던 그가 자기 출세를 위해 비굴하게 찾아온 것을 보고 속으로는 울화통이 치밀었지만 참고 그를 맞아들였던 것이다. 그러나 정작 그를 화나게 한 것은 그의 말투에서였다. 그는 뚱뚱해서인지 그의 목소리는 코 먹은 말 울음소리 같았다.

"그런데 당신의 수염은 어떻게 된 겁니까? 자장 어른(사마천의 자)"

"응, 수염 말인가? 응, 저……"

사마천은 무어라 대답할 수가 없었기에 잠자코 머뭇거려야 했다.

"당신은 나보다 두 살 위라 기억하는데, 내가 금년에 마흔일곱이니까, 당신은 마흔아홉 아니십니까?"

"그렇소만……"

"그러나 당신은 삼십 정도밖에는 보이지 않소이다 그려. 전에는 긴 수염이 있었고

47

좀 야윈 편이었는데, 지금은 하얗고 통통해졌구려. 마음은 넓고 몸은 풍성하게 하라는 저 옛날 말 그대로구려. 궁정에서 생활하는 당신은 여러 가지로 좋겠습니다. 당신은 음색도 변했군요. 자장님은 아마도 대궐 안 사람들에게 인기가 좋으시겠어요, 그렇죠? 헷헷"

사마천은 그의 말 한 마디 한 마디가 그의 오래된 상처를 건드리자 증오심이 솟구쳤다.

이러한 대화를 소개하는 것은 사마천이 궁형을 받고 변화된 그의 모습과 자존심이 상할대로 상한 그가 자신의 마음속의 한을 『사기』에 그대로 써 넣어야 했던 그의 내면을 잘 나타내고 있다는 점을 소개하려는 것이다.

그러나 사마천이 『사기』를 씀은 그런 개인적인 증오심보다도 역사의 진정한 포폄이 무엇인가를 후세 사람들에게 알리고자 했었다는 것이 좀 더 명확한 말일 것이다. 그러한 사마천은 사회적 지위에 있던 사람보다는 억압받는 일반인들의 내면을 대변했다는 점에서 마오쩌둥도 그를 높이 평가했던 것이다.

조사하지 하지 않고서는 발언할 권리가 없다

마오쩌둥은 청년기부터 사마천의 『사기』를 읽으면서 그를 숭배하기 시작하였는데, 그가 제1사범학교에 다닐 때 쓴 《강당록》을 보면 다음과 같다. 즉 "사마천은 소상(瀟湘)을 유람하고 회계(會稽)에 오르고 곤륜(崑崙)을 답사하며 명산대천을 돌아보았기에 그의 흉금은 넓어졌다." "그리고 유람하는 사람이 어찌 산수만 유람하겠는가!"라고 하였다. 다시 말해서 마오쩌둥이 사마천을 좋아했던 것은, 사마천이 20살부터 명산대천을 유람하면서 역사유적을 고찰하고 역사자료를 수집하였으며, 민중들과 널리 접촉하여 《사기》를 쓰는데 필요한 기초적 경험과 지식을 닦아놓았다는 데 있었다. 그것은 마오쩌둥 자신이 호남농촌을 직접 다니며 농민들의 고충과 문제점을 깊이 고찰하여 이후 그의 이론적 기초를 닦아놓았던 것과 같은 상황이었던 것이다.

그는 1917년 여름방학을 이용하여 친구 소자승(蕭子升)과 같이 장사를 출발하여 호성내의 안화(安化), 영향(寧鄕), 익양(益陽), 원강(沅江) 등 5개 현에서 농민들과 각 계층 대중들의 생활과 사회풍속 등을 알아보고 그의 견문을 넓혔다. 그는 이러한 경험을 《강당록》에 썼는데, 즉 "문을 닫고 공부하면 그 공부는 쓸모가 없다. 천하의 삼라만상에서 배우려면 땀 흘리며 사방을 돌아다녀도 부족하다"(《강당록》)라고 하였다. 이러한 경험은 마오쩌동이 혁명 사업에 투신한 이후에도 조사연구를 계속하였는데, 이러한 점에서도 그가 경험을 얼마나 중시하였는가를 알 수 있다.[17]

1927년 제1차 국내혁명전쟁시기에, 그는 호남의 다섯 곳을 다니며 그곳 농민운동의 상황을 실지에서 고찰하여 그 유명한 《호남 농민운동 고찰보고》를 썼다. 제2차 국내혁명전쟁시기에도 군무가 그렇게 바쁘면서도 유격전쟁 중 휴식시간을 이용하여 사회조사를 계속하였고, 심오(尋烏), 흥국(興國), 장강향(長岡鄕) 등의 농촌조사보고서를 쓸 정도였다. 전국이 해방된 후에도 매일같이 수많은 일들을 처리하면서도 60%의 시간을 북경 이외의 곳에서 뛰어다녔다. 장강 남북과 장성안팎을 돌아다니며 농공업의 생산건설상황을 조사하곤 하였던 것이다.

1961년 8월 여산(廬山)에서 그는 수행 경호원에게 자신의 세 가지 숙원을 말한 적이 있다. 첫째는 성내에 들어가서 1년간 공업에 종사하고, 1년간 농업에 종사하고, 반년 간은 상업을 하는 것이고, 둘째는 말을 타고 황하, 장강 양안에 가서 실제로 고찰을 하는 것이며, 셋째는 자신의 일생에 관한 책을 하나 써서 자신의 결점과 착오에 대해 세상 사람들이 평가할 수 있도록 한다는 것이다.

이러한 점에서 마오쩌동이 얼마나 실제적인 고찰과 어떤 일이고 간에 직접 종사하는 것을 얼마나 중시하였는가를 알 수 있다. "조사하지 않고서는 발언할 권리가 없다."고 한 것은 마오쩌동의 명언 중의 명언이며, 중국공산당인의 중요한 사상무장 방

---

17) "사마천은 소상(瀟湘)을 돌아보고, 회계(會稽)에 올랐으며, 곤륜(崑崙)을 답사하는 등 명산대천을 돌아보며 그의 마음을 넓혀갔다. …… 세상을 편력하는 사람이 어찌 산수만을 보았겠는가!"吳令西,《懷毛主席-我親自經歷的若干重大歷史事件判斷》, 新華出版社, 1995.

법과 업무방법이다.

이상 실천을 위해 운명에 도전한다

사마천은 궁형을 받은 후에 그의 친구에게 보낸 그 유명한 《보임안서(報任安書)》에서 그가 형벌을 받게 된 원인과 형을 받은 후의 고통스러운 사상적 갈등, 그리고 이를 극복하며 완강하게 생활해 나가게 하는 신념을 갖게 된 일 등에 대해 서술하였다. 그 중요 내용을 살펴보면 다음과 같다.

"치욕을 참고 산다는 것은 내가 보기에 '사람은 모두 한 번 죽는데 어떤 죽음은 태산보다 더 무겁고 어떤 죽음은 기러기의 털보다 더 가볍다. 무엇을 위하여 죽는가에 따라서 달라진다.' 만일 법에 따라 죽는다면 황제에게 저항도 하지 못하고 세상 사람들의 비웃음에 대해 반격도 하지 못하고 덧없이 죽는 게 아니겠는가? 저술이 아직 완성되지 못했고, 부친의 유지도 아직 실현하지 못했는데 자신의 생명을 가벼이 여겨서는 안 된다. 또한 세상에 전해 내려오는 저작을 남긴 성현들 중에 어느 누가 불행한 일을 당하지 않았던가. '개문왕(盖文王)은 구금된 상태에서 《주역》을 서술하였고, 중니(仲尼)는 액운을 당한 후 《춘추》를 썼으며, 굴원(屈原)은 추방당한 후 《이소(離騷)》를 지었으며, 좌구(左丘)는 실명한 후 《국어》를 썼고, 손자는 종아리뼈를 깎이는 형벌을 당한 후에 《병법》을 편찬하였고, 불위(不韋)는 촉(蜀)으로 옮긴 후 《여람(呂覽)》을 지었고, 한비자는 진나라에 구금되어 있을 때 《설난(說難)》과 《고분(孤憤)》을 썼다. 《시》 300편도 대부분은 성현들이 어려운 가운데 분발해서 쓴 것들이다."

이처럼 마음먹은 사마천은 거작을 쓰기 위해 "굴욕을 참으며 살아가자"고 굳게 결심하면서, 천한(天漢) 3년에 추호의 두려움도 없이 궁형을 받았던 것이다. 그의 마음 속에는 오로지 이 책을 완성하여 "치욕을 보상할 수만 있다면 죽어도 후회가 없다!" 는 생각뿐이었다.[18]

마오쩌둥은 이처럼 자신의 이상을 위하여 운명에 완강히 저항한 사마천의 불요불굴의 정신을 매우 흠모하였던 것이다. 그는 1944년《인민을 위하여 분투하자》라는 문장에서 다음과 같이 쓰고 있다. "중국 고대의 사마천이라는 한 역사가는 이렇게 말했다. '사람들은 모두 한 번 죽는데 어떤 죽음은 태산보다 더 무겁고 어떤 죽음은 기러기의 털보다 더 가볍다.' 인민의 이익을 위하여 죽는 것은 태산보다 더 무겁고 파시즘을 위해 일하거나 파시즘를 대신하여 인민을 착취하고 압박하던 사람이 죽으면 그 죽음은 기러기의 털보다 더 가벼운 것이다." 그 후에도 마오쩌둥은 여러 차례에 걸쳐 사마천이 쓴《보임안서》에 나오는 위의 예를 자주 인용하면서 당원들에게 곤란함을 두려워하지 말고, 좌절을 두려워하지 말고, 역경에 굴복하지 않고, 좌절을 당할수록 분발하여 일을 성공시켜야 한다고 교육하였다.

그러한 사마천이기에 마오쩌둥은 청년시기부터 매우 숭배하였다. 그렇기 때문에 마오쩌둥은 사마천의《사기》에서 배운 역사지식을 토대로 공산당원에게 필요한 "두려워하지 않아야 할 다섯 가지"를 제시하였다

1957년 오냉서(吳冷西)가 신화사에서《인민일보》로 전근되어 갈 때, 마오쩌둥은 그를 불러 담화하면서 이렇게 말했다.

"당신이《인민일보》에서 일하려면 충분한 사상준비가 있어야 하고, 가장 나쁜 상황에 부딪쳤을 때 '다섯 가지를 두려워하지 않는 정신준비'를 갖추어 져야 한다. 이 다섯 가지란, 첫째, 면직되는 것을 두려워하지 말아야 한다.

---

18) "잘못된 처분이라도 견디어 낼 줄 아는 공산당원은 오히려 자신에게 좋은 일을 할 수 있다. 굴원(屈原)이 유배된 후에 《이소(離騷)》를 지을 수 있었고, 사마천은 궁형을 당하고서 분발하여《사기(史記)》를 썼다."毛澤東,《講堂錄》, (張貽玖, 《毛澤東批注歷史人物》, 鷺江出版社, 1993.)

둘째, 당적에서 제명되는 것을 두려워하지 말아야 한다. 셋째, 마누라와 이혼하는 것을 두려워하지 말아야 한다. 넷째, 감옥에 가는 것을 두려워하지 말아야 한다. 다섯째, 죽는 것을 두려워하지 말아야 한다는 것이었다. 이런 다섯 가지를 두려워하지 않는다면 대담하게 실사구시적인 논설을 쓸 수가 있고 진리를 견지할 수 있을 것이다."

이어서 그는 또 이렇게 말했다. "공산당원이란 잘못된 처분을 견뎌낼 수 있어야 한다. 이렇게 되면 자신에게 오히려 도움이 될 수 있다. 굴원은 유배된 후 《이소》를 지었고 사마천은 궁형을 받은 후 분발하여 《사기》를 썼다. ……" 마오쩌둥은 굴원, 사마천의 조우와 성취에서 공산당원에게 요구한 "다섯 가지 두려워하지 않는 정신자세"를 이끌어 냈는데, 그만큼 그는 역사에 대해 깊이 이해하고 그 정신을 계승하였으며, 이를 통해 강한 설득력을 가질 수 있었고, 남들에게 감명을 줄 수 있었던 것이다.

춘추필법을 창안한 동양 역사가의 본보기

《사기》는 백과전서식의 기전체 통사이다. 그는 진시황이 포학했다고 해서 사해에 위엄을 떨친 제왕으로서의 업적을 부정하지 않았으며, 진섭(陳涉)이 농민출신이라고 해서 진(秦)나라에 반대했던 공적을 희석시키지 않았으며, 항우가 실패했다 해서 세상을 호령하던 그의 지위를 낮추지 않았다. 또 유방이 개국 군주이긴 하지만, 그의 망나니 같은 본색을 말하기를 꺼리지 않았으며, 여후(呂后)가 여인의 신분으로 조정의 일에 간섭했지만 그의 현저한 정치적 공적을 말살시키지 않았다. 또한 한무제가 뛰어난 재능과 비상한 지략을 가졌다 해서, 그의 공을 탐내고 참견하기를 좋아하는 습성을 기술하는 일을 서슴지 않고 썼다. 집권자의 교활함과 비굴함, 잔인함과 탐욕스러움, 서로를 배척하고 싸우는 일에 대해서는 더욱 날카로운 펜을 움직였던 것이다. 예를 들면 상비(像飛)장군 이광(李廣)과 같은 명장에 대해서도 흉금이 좁고 지나치게 자신을 대단하게 여기며, 심지어 항복한 병사들을 닥치는 대로 죽인 잘못에 대해서 감추지 않고 써댔다.

　이처럼 아름다움을 과장하지 않고, 악한 것을 감추지 않는 춘추필법은 이후 동양 역사가의 본보기가 되었다. 《사기》는 이미 세계적으로 칭송되는 위대한 저작으로 평가되고 있어, 여러 나라 언어로 번역되어 출판된 바 있다.

조조曹操
진정한 멋진 남자

조조의 명예를 회복시켜 주려 노력한 마오쩌동

『삼국지연의』를 읽은 사람들은 누구나 조조를 희대의 간웅으로 간주하는 것이 보통이다. 그리고 그러한 평가는 이 소설이 쓰여 진 이래 봉건적 전통이 강하게 남았던 80년대까지도 강하였다. 그러다가 새로운 정보시대로의 전환에 따른 인간의 인식이 변하면서 조조에 대한 새로운 평가가 고개를 들기 시작했으니, 바로 삼국통일의 발판을 놓은 진정한 영웅으로서의 그에 대한 칭송이 그것이었다. 그러나 마오쩌동은 일찍부터 조조에 대해 "진정한 남자 중의 남자"라고 추켜세웠던 것이니, 그의 역사적 통찰력이 뛰어나서 그랬던 것인지, 아니면 봉건시대에 대한 강한 부정적 면이 있던 그의 사상적 면에서 비롯된 것인지는 알 수 없으나, 그의 독특한 역사인식을 조조를 통해 또한 엿볼 수 있는 것이다.

이처럼 역사에 중요한 영향을 준 인물에 대해서 마오쩌동은 지금까지 다른 사람들과는 다른 측면에서 평가하는 경향이 강했다. 즉 그는 언제나 독특한 역사관을 가지고 있었던 것이다. 그리고 만일 자신의 견해와 다른 주장이 있으면 천 년을 거쳐 이루어진 정론이라 할지라도 대담하게 그 정론을 뒤집어 놓았던 것이니, 조조에 대한 예가 바로 그것이다. 마오쩌동이 이처럼 조조를 높이 평가했던 근거는 어디에 있었던 것인가?

마오쩌동은 조조를 매우 숭배하여 많은 평론을 하였으며 그의 명예를 회복해주려고 노력하였다. 왜냐하면 고대의 제왕들 중에서 문학적 재능과 군사적 공적을 겸하여 갖고 있는 사람이 몇 명 있긴 하지만, 조조처럼 정치, 군사, 문학 등 여러 면에서 모두 일류인 사람은 극히 드물기 때문이었다. 그리하여 마오쩌둥은 한 시에서 이렇게 말한 적이 있다. "진시황과 한무제는 문학적 재능이 약간 부족하였고, 당태종과 송태조도 시부에 손색이 좀 있었고, 징기스칸도 활을 당겨 독수리를 쏠 줄밖에 몰랐다"고 평하면서 가벼운 몇 글자로 이 몇 명의 황제들을 묘사하였다. 남당의 이 후주는 예술적 기질과 창작재능을 갖고 있는 일대 사가(詞家)였지 엄격히 따져보면 정치가라고 할 수 없었다. 강토를 개척한 조그마한 공로도 없었고 나중에는 부친의 업적마저도 지켜내지 못했다. 여기에 대해 마오쩌둥은 1957년 4월 담화에서 "그는 비록 재주는 많았지만 정치를 완전하게 장악하지 못했기 때문에 끝내 멸망하고 말았다"고 평했다. 이런 식의 안목을 가지고 있던 그였기에 그는 "조조가 남보다 뛰어났다고 할 수 있다"고 말했던 것이다.

치세의 영웅 조조

하지만 천백 년이래 역사학자의 손에서 조조는 '치세의 능수'였지만 '난세의 간웅'으로, "당대에 따를 자가 없는 간웅"으로 평가 되었으며, 여러 가지 소설과 연극무대에서 그는 언제나 악역을 맡는 간신이었다.

마오쩌둥은 《삼국지·위서·무제기》, 《위서·문제기》, 《위서·유표전》을 읽고 조조의 신세, 경력, 전투공적 및 정책에 대하여 전면적인 연구를 하면서 많은 동그라미 표시를 했고 평어(評語)와 주석을 달았다. 196년 조조는 둔전(屯田)제를 실시하여 곡식 100만 곡을 얻었으며, 후에 각 주와 군에 널리 보급하였다. 이것은 전쟁으로 파괴된 농업을 회복하고, 사회경제를 발전시키고, 인민들의 생활을 안정시키고, 전쟁을 지원하는데 있어서 모두 적극적인 역할을 하였다. 또한 후에 진 왕조가 전국을 통일하는데 물질적인 기초를 닦아놓았다. 마오쩌둥은 여기에 방점을 찍고 여러 곳에 밑줄을 그었으며, 어떤 것은 책장 위 부분의 공백에 세 개의 큰 동그라미를 그려 중요한 부분임을 표시하기도 하였다. 특히 조조의 "나라를 안정시키는 방법은 병사를 강하게 하고 식량을 충족하게 하는 것이다. 진나라 사람들이 농사를 많이 짓고 효무제가 둔전제로 서역을 안정시킨 것은 조상들의 좋은 방법이다"라는 말들은 구절마다 동그라미를 그리고 방점을 찍고 굵은 밑줄을 그어놓았으며, 책장 위 부분의 공백에는 동그라미 기호를 표시해 두었다.

역사의 운무를 뚫고 마오쩌둥은 마치 조조가 그 때에 싸우던 모습을 꿰뚫고 있다는 듯이 동탁, 여포, 원술, 원소를 격파하고 북방을 통일하고 또 대군을 이끌고 남하하여 손권, 유비와 싸우면서 3국 정립의 형세를 형성했던 사적들에 대해 속속들이 경호원들에게 "조조는 한나라 말년에 일어났던 호족들과의 혼전을 끝내고 황하 양안의 광대한 평원을 회복하여 후에 서진(西晉)이 통일하는데 길을 닦아놓았다"고 말했다. 1954년 여름 마오쩌둥은 베북대하(北戴河)에 왔었다. 그의 주치의인 서도의 회고에 따르면 가끔 마오쩌둥은 바닷가 모래사장을 거닐면서 입으로는《관창해(觀滄海)》[19]를 읊곤 했다고 했다. 밤에 일 때문에 피곤해지면 휴식을 취하고 문을 나서서 바다구경을 하였는데, 때로는 낮은 소리로 이 시를 읽곤하였다. 그는 지도를 보면서 "조조는 여기에 왔었다"고 지적하면서, 조조는 "건안 12년 5월에 출병하여 오환을 정벌하였다. 9월에 개선하여 갈석산을 지날 때《관창해》를 썼지"라고 말했다. 마오쩌둥은 경치를 보고는 감정이 북받치는지 또 다시 "조조는 북방을 통일하였고, 위나라를 창립하였으며, 동한의 악정을 개혁했고, 권세를 부리는 사람들을 억제하였으며, 생산을 발전시키고, 둔전제를 실행하고, 법치를 추진하고, 근검절약을 제창하는 등 공로가 많았지"라고 하면서 논평하였다.[20] 낡은 책과 낡은 연극에서 조조를 '간신(奸

---

19) 觀滄海 : 東臨碣石, 以觀滄海, 水何澹澹, 山島竦峙, 樹木叢生, 百草豊茂, 秋風蕭瑟, 洪波湧起 , 日月之出, 若出其中, 星漢燦爛, 若出其裏, 幸甚至哉, 可以詠志. 푸른 바다를 보며 : 동쪽 출정길에 갈석산에 올라, 푸른 바다를 바라본다.   파도는 어찌 그리 용솟음치는지, 산 높은 섬들도 우뚝 솟아있다. 나무들이 빽빽이 자라 있고, 온갖 풀과 꽃들 만발하다. 갈바람이 싸늘하게 불어오니, 파도가 다시 한 번 용솟음친다. 붉은 태양 붉은 달도, 그 안에서 나오는 듯, 미라내의 빛나는 별들도, 그 속에서 나오는 듯, 다행스럽고 그지없어라. 노래로 나의 뜻 읊을 수 있음에……
20) "조조는 북방을 통일하고 위(魏) 나라를 세웠다. 당시의 황하유역은 전국의 중심 지역이었다. 그는 동한의 많은 악정을 개혁하고 권세가들을 견제하였으며, 생산을 발전시키고 둔전제를 실시하였다. 또한 황무지 개간을 독촉하고 법제를 추진하였으며, 근검절약할 것을 제창하여 큰 피해를 입은 사회를 안정시키고 회복 발전시켰다. 이러한 일들을 긍정하지 말아야 한다는 말인가? 대단한 일이라 하지 않을 수 있는가? 조조를 간신이라고 책에서, 연극에서, 또 백성들은 말하고 있지만, 그것은 봉건적인 관념이 만들어낸 억울한 평이라 할 수 있다. 또 이러한 관점을 가진 자들은 봉건문화의

臣)'이라고 말한 것을 비평하면서 확고하게 "이러한 평가는 뒤집어야 한다"고 말했다. 그러면서 이 때 마오쩌동은 그의 명작인 《낭도사(浪淘沙) · 북대하》를 창작하였던 것이다. "……역사는 천년을 지났지만 위나라의 용사들이 총칼을 휘두르며 동으로 갈석에까지 갔었던 그 흔적은 남아 있다. 소슬한 바람은 지금도 이렇게 부는데 인간세상은 이미 바뀌었다."[21] 이 사는 장엄한 마음을 표현하였으며 천고의 영웅호걸들을 그리워하고 호방한 시의 품격을 따랐지만 그 격을 초월했다고 할 수 있다.

항복한 자는 죽이지 않았던 조조

조조는 역사상 걸출한 정치가로 다방면에서 초인간적인 면모가 있었다. 특히 어떻게 포로를 대하는가 하는 점에서 곧 보통사람들이 미칠 수 없는 활달함과 대범함을 나타냈다. 이것도 그가 이긴 중요한 원인의 하나였다. 마오쩌동은 그가 실시한 "항복한 사람을 죽이지 않는다"고 하는 정책을 매우 찬양하였다.

198년 조조는 그때 연주(兗州)에 있었는데 필심(畢諶)을 중용하고 있었다. 얼마 지나지 않아 장막(張邈)이 조조를 배신하고 필심의 모친, 아내와 남동생 등 가족을 납치해갔다. 필심은 매우 불안해했다. 그러자 조조가 그에게 말했다. "자네의 노모가 그의 손에 있으니 자네는 그에게 가도 된다." 장막에게로 간 필심은 그 후 돌아오지 않았다. 조조가 장막의 난을 평정한 후 필심(畢諶, ? ~ ?)[22]은 조조의 군사에게 생포되었다. 많은 사람들이 그가 목숨을 잃게 될까봐 걱정하였다. 그러나 조조는 사람들의 마음을 잘 이해하는 지라 이렇게 말했다. "남자로서 어버이에게 효도하는 것은 곧 군주에게 충성하는 것과 같은 것이다. 이는 내가 필심에게 바라는 바였느니라." 그렇게 말하면서 조조는 필심을 죽이지 않았을 뿐만 아니라 도리어 그를 노상(老相)으로

신봉자들로서 그들이 쓰는 것은 봉건정통을 유지하려는 것이므로 이러한 관념은 뒤집어 놓아야 한다.〟毛岸靑, 邵華의 〈憶爸爸勤奮讀書和練書法〉《瞭望》 1983年, 第12期)

21) 往事越千年, 魏武揮鞭, 東臨碣石有遺篇, 蕭瑟秋風今有是, 換了人間.
22) 필심(畢諶, ? ~ ?): 중국 후한 말의 정치가로, 연주(兗州) 동평국(東平國) 사람이다

봉했다. 이러한 감동적인 이야기는 한동안 회자되었다. 또 위종(魏鐘)이라는 사람이 있었는데 원래는 조조가 추천한 효렴(孝廉, 효도하고 청렴한 사람)이었다. 장막이 연주를 공략할 때 조조는 사람들에게 위종만은 절대 나를 버리고 가지 않을 것이라고 말했다. 그런데 뜻밖에도 위종이 장막에게 항복해버렸다. 그 후 장막을 토벌하여 평정하자 위종이 붙잡혔다. 그러나 조조는 의외로 그를 죽이지 않았을 뿐만 아니라 그의 재능을 아껴 "손수 묶은 것을 풀어주었다."

조조와 강렬한 대조를 이루는 형주(荊州)의 유표(劉表)는 강남의 유 씨 종족 중의 일부 사람들이 군사를 일으켜 모반을 하자 화가 나서 사람을 파견하여 그들을 유인하여 데려와 만나보고자 하였다. 그 결과 55명이 왔는데 유표는 그들을 전부 죽여버렸다. 포로를 학대하고 살해하는 것을 줄곧 반대해온 마오쩌둥은 "전부 죽였다"라는 글자 옆에 곡선을 그리고 책장 위 부분에 "항복한 사람을 죽이는 것은 상서롭지 못하다. 조조는 이렇게 하지 않았다"라고 썼다. "항복한 사람을 죽이는 것"은 유표 등 평범한 사람들이 하는 짓이고, 조조처럼 위대한 정치가는 하지 않을 것이라고 생각했던 것이다.

역사 속에서 부정적으로 비쳐진 조조에 대한 마오쩌둥의 편들기

마오쩌둥은 또 《위서·유표전》을 비판적으로 읽었다. 이 전기에서는 이렇게 기록하였다. 유표는 "어렸을 때부터 유명했고 팔준(八駿)이라고 불리었다. 키는 8척이 넘었고 용모와 자태는 매우 빼어났다." 이 사람은 200년에 몇 천리의 땅을 점하고 십여만 명의 군사를 통솔하고 천지에 제사를 지내고 많은 사람들의 호위를 받으면서 분장하여 나타나 스스로 황제가 되었다. 그러나 조조는 위왕으로 책봉되고 공적이 세상을 덮고 권력이 한동안 집중되었지만 스스로 시종 황제로 칭하지 않았다. 이것은 유표의 무리가 미칠 바가 아니었다. 당연히 마오쩌둥은 유표를 멸시하였고 비판의 글을 남겼다. "빈껍데기만 있었다," "조조는 토후(土侯) 짓을 하지 않았다" 그러면서 재차 조조는 비범한 정치가라고 칭송하였다.

조조는 역사상에서 논쟁이 많은 인물이다. 역사소설《삼국연의》에서 나타내는 보편적인 인식과 연극무대에서 보여 지는 "당대에 따를 자 없는 간웅"으로 간주되어 온 조조의 인상은 삼척동자도 다 아는 일이다. 이처럼 천백 년을 내려오면서 이러한 편견은 역사의 진실을 뒤덮어 버렸다. 그러나 마오쩌동은 배송지(裴松之, 372년~451년)가 주석을 달고 여필(汝必)이 주석을 모은《삼국지》중에서 조조에 관한 부분에 동그라미를, 그리고 평어와 주석을 달고 조조에 대하여 실사구시적으로 인정할 것을 주장하였다.

여필은 조조에 대해 부정적인 태도를 갖고 있었다. 그는 배송지의 주석에서 조조가 210년 12월에 쓴《양현자명본지령(讓縣自明本志令)》을 인용하여 조조를 크게 비난하였다. 조조는 이 글에서 반복적으로 속마음을 드러내 보이면서 자신은 나라에 충성을 다 할 것이며 절대로 한나라 황제를 탈위하지 않을 것이라고 거듭 주장하였다. 그는 받은 고, 자, 양하 등 세 개의 현을 내놓는 태도를 취해 다른 사람들의 오해를 없앴다. 이를 가지고 여필은 조목조목 반박했다. 조조가 "자신은 절대 한나라에 반역할 생각이 없다"고 하였다. 여필은 이것은 "간웅이 사람을 속이는 말"이라고 질책하였다. 또 조조가 자기는 군권을 포기할 수 없는데, 그것은 "그가 군을 떠나면 다른 사람에게 해를 입히는 것이 두려워서"라고 했으며, 또 "자기가 없으면 나라가 망할" 것을 고려해서 한 말이라고 했다. 이에 대해 여필은 또 다시 그는 "사람을 속이는 말만 한다"고 질책하였다. 조조가 또 자신이 병사를 거느리고 싸우면 "약한 것으로 강한 것을 이기며, 작은 것으로 큰 것을 사로잡으며, 계획한 일은 안 되는 일이 없으며, 마음속으로 생각한 것은 어떤 방향도 구분하지 않고 밀어부친다"고 했는데, 여필은 그가 패했던 싸움들을 열거하면서 그는 "교만하고 큰 소리나 하는" 뻥쟁이라고 비평했다. 또 조조의 문장에 대해서 여필은 "문장은 훌륭한데 조조의 글이기 때문에 모두들 읽기 싫어한다"라 했으며 심지어 추측하는 말까지 했다. 즉 "진수가 쓴《삼국지》가 이런 말들에 대해 '생략하고 쓰지 않은 것도 역시 그의 문장이 진실하지 않다는 것을 비판받기 싫어서 쓰지 않은 것이다"라고 말했던 것이다.

마오쩌둥은 이러한 여필의 주석에 이의를 표했다. 동그라미를 그려놓는 것 외에도 책장 윗부분에다 이렇게 써놓았다. "이 글의 주석은 위무제(조조)에게 많은 비판의 글을 썼다. 죄를 가중시키려면 무슨 이유야 없겠는가? 이백이 말한 '위무제는 예형[23]을 개미처럼 보았다'고 한 것이나 비슷하다."

마오쩌둥은《양현자명본지령》은 조조가 손수 쓴 글이므로 조조를 이해하고 연구하는데 가장 중요한 역사자료이고 진실 되고 믿을 수 있는 자료라고 생각했다. 그러나 여필은 봉건적인 정통사상에서 출발하여 편견을 갖고 조조를 간웅으로 보았으며, 실사구시 적으로 조조의 공적과 과실을 평가하질 못했다. "죄를 만들려면 단어가 없을 까봐 걱정하랴"라는 말처럼 지나친 행위였다. 그러므로 동의할 수 없다고 했다. "조조가 예형을 개미처럼 보았다"고 한 말은 이백의 "앵무주(鸚鵡洲)를 바라보며 예형을 슬퍼한다"라는 시에서 인용한 것이다. 예형은 동한 사람인데 방자하고 오만하였고 재주가 있었다. 조조는 이 인재를 중시하지 않고 도리어 그를 모욕하였다가 예형에게 크게 욕을 먹었다. 예형은 나중에 황조에게 살해되었다. 앵무주는 예형이 부를 짓던 곳이라고 한다. 이백의 이 시는 조조가 북방을 통일한 공적도 인정하고 그가 예형을 경시한 실수도 지적하였다. 마오쩌둥은 이런 하나가 둘로 나뉘는 평가야말로 조조의 실제에 비교적 부합된다고 생각했다.

조조의 시 속에 보이는 패권적인 기개

1957년 11월 어느 날 마오쩌둥은 호교목, 곽말약 등을 청해 함께 식사를 하였다. 마오쩌둥과 곽말약 등은 삼국의 역사를 터놓고 이야기하였다. 관도에서의 싸움, 적벽에서의 싸움, 이릉에서의 싸움 등 많은 전사를 이야기하였다. 서로 열렬히 이야기

---

23) 예형(禰衡, 173년 ~ 198년)은 중국 후한 말의 인물로, 자는 정평(正平)이며 청주(靑州) 평원군(平原郡) 반현(般縣) 사람이다. 조조(曹操)와 유표(劉表), 황조(黃祖)를 능멸하다 황조에게 처형되었다.

하는데 마오쩌둥이 갑자기 통역 이월연을 돌아보면서 물었다. "당신이 보기에 조조와 제갈량 중 누가 더 대단한 것 같소?" 이월연은 이 말을 듣고 잠시 동안 어떻게 대답해야 할지를 몰라 했다. 그러자 마오쩌둥은 "제갈량이 비록 지혜는 많다고 하지만 조조도 만만치는 않소. 연극에서 언제나 악역이긴 하지만 사실은 억울한 사람이라오. 아무렴 이 사람은 아주 대단한 인물이지……"라고 말했다.

1927년 루쉰(魯迅)은 《위진의 풍도 및 글과 약 및 술의 관계》라는 문장에서 이렇게 말했다. "사실 조조는 매우 능력이 있는 사람이다. 영웅이라 불러야 한다. 나는 조조를 동조하는 무리는 아니지만 어쨌든 언제나 그에게 탄복하곤 한다." 마오쩌둥은 50년대에 루쉰이 상술한 이 문장의 평론을 읽었을 때 굵고 붉은 연필로 밑줄을 그어 루쉰이 조조를 보는 관점에 찬동한다는 뜻을 나타내었다. 이 글은 또 조조의 문장 특징이 "청준(淸駿)하고, 통탈(通脫)하다"고 했다. 청준하다는 것은 간략하고 엄격하고 공정하다는 뜻이고, 통탈하다는 것은 자유롭다는 뜻으로서 "무엇이든 말하고 싶은 것이 있으면 무엇이든 말할 수 있다"는 것이다. 이러한 루쉰의 말에 대해 마오쩌둥이 찬성한 것은 당연한 일이었다.

조조는 공적이 탁월하고 명석한 정치적 두뇌를 가지고 있었을 뿐만 아니라, 문학을 열렬히 사랑하고 심후한 문학수양을 갖고 있었다.[24] 그와 그의 아들 조비, 조식은 모두 중국의 문학사에서 저명한 시인이었다. 그 당시 조 씨 부자의 주변에는 많은 유명한 문인과 학자들이 모여 있었기에 문학가들의 황금시대라고 불리 우는 건안문학을 형성하였다. 마오쩌둥은 조조의 시문을 매우 즐겨하였다.[25] 그의 고향집 장서에 있는 네 가지 판본의 《고시원》과 한 권의 《위무제, 위문제 시주》 중에서 조조의 《단가행》, 《관창해》, 《토불동》, 《구수수》, 《각동서문행》 등의 시를 마오쩌둥은 여러 차례나 동그라미를 치면서 애송했다. 대다수 조조의 시 표제 앞에다가는 동그라미를 쳤

24) "조조의 문장과 시사(詩詞)는 아주 자연스럽다. 직설적으로 생각을 토로하여 활달하고 너그러우며, 도량이 크고 호방하다. 이는 따라서 배워야 할 가치가 있다." 張貽玖, 《毛澤東批主歷史人物》, 鷺江出版社, 1993.
25) "나는 조조의 시를 좋아한다. 기백이 웅위(雄偉)하고 비분강개하여 진정 남자다운 대 문필가이다." 胡哲峰, 孫泰編著, 《毛澤東談毛澤東》, 中國共産黨中央黨校出版社, 1993.

고, 시의 중간에도 빽빽하게 동그라미를 쳤다. 《고시원》이라는 시의 '무제' 옆에 마오쩌둥은 붉은 연필로 두 갈래의 굵은 선을 그었고, '무제' 아래에 편집자가 쓴 조조의 시풍에 대해 "맹덕의 시는 한나라의 음이고, 자환의 이하이며, 순수한 위나라의 소리이다. 웅장하고 시원하며 패권적인 기세가 있다" 라고 하는 평어와 주석을 달았는데, 마오쩌둥은 여기에 대해서도 방점을 찍었다. 이를 통해 그가 이 평가를 얼마나 중시했는지를 알 수가 있다. 《단가행》은 조조의 명작이다. "술잔 들고 노래 부르네. 인생은 얼마 길지를 않아, 아침이슬처럼 갈 날도 머지않았네. 넓은 마음으로 근심걱정을 잊어버릴 방법은 두강주(杜康酒)밖에 없다네. …… 달은 밝고 별도 적은데, 새들은 남쪽을 향해 날아가다가, 나무 위를 세 바퀴나 돌면서 어느 가지에 앉을 가를 살피고 있구나. 산은 높은 것을 꺼리지 않으며, 바다는 깊은 것을 꺼리지 않듯이, 주공처럼 마음을 베푼다면 천하의 민심이 다 돌아오려만." 이런 구절 옆에 마오쩌둥은 빼곡하게 동그라미를 쳐놓았다. 이 시는 시간이 흘러가고 공업(功業)을 이루지 못해 한탄하는 기개도 있고, 인재를 받아들여 천하통일을 완성하려는 넓은 마음도 엿보게 하는데, 마오쩌둥은 이 시의 표제 앞에 붉은 색과 푸른 색 두 가지 펜으로 동그라미를 쳤다.

《관창해》는 조조가 건안 12년에 군사를 거느리고 요동, 요서, 우북평 삼군오환을 평정한 후 개선하는 길에 발해 해변의 갈석산(지금의 하북성 진황도 부근)을 지날 때 지은 것이다. 전체 시는 넓고 웅장한 창해의 경치를 통하여 시인의 넓은 흉금을 표현하였고, 시인의 풍운을 질타하는 기개와 힘들고 어려운 정벌에서 승리를 거둔 호방하고 기쁜 심정을 상징하고 있기에 고대의 시 비평가들로부터 "우주를 삼키고 내뱉는 기상이 있다"는 평을 받았다. 마오쩌둥은 여러 시집에 실려 있는 이 시를 모두 읽었고, 또 그의 힘 있고 생동감 있는 필체로 서예를 연습하는 주요 내용으로 삼기도 했다. 그는 북대하에 있을 때 늘 홀로 대해를 마주보면서 《관창해》를 읊곤 했었다.

자신의 운명을 창조했던 남자 조조

《구수수》라고 하는 이 시도 마오쩌둥은 아주 즐겨 읊었다. 이 시는 조조가 오환을 평정한 후 개선하여 돌아오는 길에서 쓴 것으로, 그의 모사 곽가(郭嘉)가 개선하는 길에서 겨우 38살의 나이로 병사하자 그에 대한 회한을 일으키며 쓴 것이다. 전체 시의 12구는 세 가지 의미로 나뉘는 데, 하나는 사람은 언젠가는 꼭 죽는다는 것으로, 이것은 생명에 대한 초연한 태도이고, 다른 하나는 살아있을 때 적극적이고 진취적이어야 하며, 다른 또 하나는 천명을 믿지 말고 자신의 손으로 자신의 운명을 장악해야 한다는 것이다. 이것은 청나라 때의 심덕잠이 편집한 《고시원》의 시 끝 부분에 자신이 단 주석과 평어와 같았다. "인간의 흥망성쇠는 하늘이 정하는 것만이 아니고 자신도 운명을 정할 수 있다." 마오쩌둥은 자신이 이 시를 썼을 뿐만 아니라 다른 동지들에게 이 시를 배우기를 건의하였다. 1961년 8월 25일 호교목에게 안심하고 병을 요양하라고 권고한 편지에서 조조의 《구수수》를 인용하면서 말했다. "이 책은 반드시 읽을 필요가 있다네." 1963년 12월 14일의 편지에서는 또 이렇게 말했다. "조조에게는 제목이 《구수수》라고 불리는 시가 있는데, 불로장생의 길을 이야기하고 있소. 당신이 찾아서 읽어보면 자신감을 높이게 될 것이네."

《남사》권 22 〈승건전〉은 유송시기 광록대부 유진지가 30살에 큰 병을 앓았는데 사람들이 모두 죽을 거라고 생각하고 관까지 준비했다가 뜻밖에도 얼마 지나지 않아 병이 차도를 보이기 시작했고 그 후 90여 살까지 살았다는 이야기를 서술하고 있다. 역사가들은 이것에 근거하여 이렇게 썼다. "그래서 하늘의 이치는 쉽게 알 수 있는 것이 아니다 라는 말이 있다." 마오쩌둥은 여기까지 읽고 조조의 《구수수》를 집어다가 평어를 달았다. "인생의 흥망성쇠는 하늘에만 달린 것이 아니다. 심신을 수련하면 장수할 수도 있다. 뜻인 즉 '천도'는 알 수 없는 것이 아니라 사람들 자신의 '심신 수련'에 달려 있다는 것으로, 이는 즉 '자기가 운명을 창조할 수 있다'"는 뜻인 것이다.

마오쩌둥은 자신의 주치의에게 이렇게 말한 적이 있다. "조조는 다년간의 군 생애에서 편히 쉬지를 못했고, 1700여 년 전이라 의료 환경도 좋지 못했을 텐데도 자신의 운명을 파악할 줄 알아 65살까지 살았기에, 그는 양생을 할 줄 아는 장수노인이라고 해야 할 것이오. 당신들 의학을 하는 사람들도 매일 배워야만 하오. 놀고먹기만 해서는 안 된다 이 말이외다. 즉 낙관적이고 마음을 즐겁게 하며 신체단련에 최선을 다해야 한다 이 말이오!"그러면서 마오쩌동은 또 이렇게 말했다. "조조는 인생의 흥망성쇠가 하늘에만 달린 것이 아니다. 심신을 수련하면 장수할 수 있다"고 말했고, 육유는 "죽어야 만사가 공이라는 것을 알게 된다"라고 말했는데, 이것은 모두 유물론적인 말이었다.

마오쩌동은 생전에 그의 자녀들과 담화할 때 이렇게 말했다. "조조의 문장과 시사(詩詞)는 극히 자연스럽다. 직설적으로 생각을 토로하며 활달하고 너그럽고 도량이 크고 호방하다. 그러므로 따라 배워야 한다." 또 한 번은 신변 근무원에게 말했다. "나는 그래도 조조의 시를 좋아한다네. 기백이 웅장하고 강개하고 애절하여 진정한 남자이고 대 문필가이다."

조조는 대단한 정치가이고 군사가이며 또 걸출한 시인이다. 조조에게는 따라 배울 점이 매우 많다. 그러므로 마오쩌동은 조조를 숭배했고, 그를 위해 명예도 회복할 수 있게 높이 평가해 주었다. 이런 것은 마오쩌동의 역사적 유물론의 태도와 방법을 충분히 나타낸 것이라 할 수 있다.

제갈량諸葛亮
책사가 아닌 민족정책의 행정가

선전선동의 대가

삼국의 인물들 중에서 마오쩌동이 제일 숭배한 사람은 아마 제갈량일 것이다. 그의 저작에서는 이 지혜의 화신을 한두 번만 거론하지 않았다. 1957년,《자산계급 우파의 진공을 격퇴시키자》라는 문장에서 마오쩌동은 이렇게 말했다. "유비는 제갈량을 얻고 '물고기가 물을 얻은 것 같다'고 했는데 사실 그러했다. 소설에 그렇게 쓰여 있을 뿐만 아니라 역사에도 마치 고기와 물과의 관계와 같다고 쓰고 있다." 1957년 마오쩌동은 모스크바 공산당과 노동자 대표회의에서의 발언에서 이렇게 말했다. "어떤 사람이든 지 모두 사람의 지지를 받아야 한다. 훌륭한 사나이는 많은 친구가 있고 울타리 한 개 에도 세 개의 말뚝이 있다. 연꽃은 아름답지만 푸른 잎이 받쳐주어야 한다. 이것은 중 국의 성어이다. 중국에는 또 제화공 셋이 모이면 제갈량을 당한다는 성어가 있다. 제 갈량 혼자서는 어쨌든 불완전하고 결함이 있는 것이다."

민주혁명시기의 전쟁 연대에 마오쩌동은 혁명대오 중의 선전선동업무를 매우 중시 하였고 제갈량의 선전선동기교를 배우는 것을 제창하였다. 고전회의 후인 1930년 여 름, 마오쩌동은 홍4군 대대장 이상의 간부회의에서 보고를 할 때 선전선동업무의 중 요성에 관하여 깊이 있는 견해를 발표하였다. 그는 선전선동은 명령보다 더 중요하다 고 하였다. 이 문제를 말할 때 그는 삼국시기 노장 황충이 하후연을 격파한 이야기를 교묘하게 인용하였다. 그는 이렇게 말했다. "황충은 원래 늙어서 몸이 쇠약하여 하후연을 이기기가 매우 어려웠다. 그러나 지략이 뛰어난 제갈량이 '격장법'을 써서 황충의 용기를 북돋아주었고, 황충은 군령장을 세웠다. 하후연을 죽이지 못한다면 군법을 달갑게 받으리라고 하였다. 마지막에 황충은 과연 하후연을 죽였다." 이 이야기를 다 하고 나서 그는 다시 현실로 돌아와 말했다. 우리의 전사들은 고도의 계급적 각오가 있기 때문에 '격장법'을 쓸 필요는 없다. 그러나 우리는 제갈량이 선전선동업무를 잘 하는 것을 배워야 하며, 선전선동으로 전사들의 계급적 각오를 제고시키고 여러분의 혁명적 영웅주의를 계발하여야 한다. 이치를 분명하게 이야기하고 의의를 명확하게 이야기하면 우리의 많은 전사들은 온갖 시련을 물리치고 용감히 나아갈 수 있다.

소수민족 정책의 전법

해방 후 마오쩌둥은 민족단결을 유지하는데 주의하였다. 그리하여 역사상에서 민족관계를 잘 처리한 정치가들을 매우 숭배하였다. 마오쩌둥은 "제갈량은 민족관계를 처리할 줄 알았고 그의 민족정책은 비교적 좋았다. 소수민족들의 옹호를 받았다"고 말했다.[26] 《제갈량전》에서 그는 배송지가 《한진춘추》에서 인용한 한 단락의 주석 옆에 많은 동그라미를 쳤다. 이 주석은 제갈량이 소수민족의 수령 맹획을 일곱 번 잡아서 일곱 번 놓아주고 운남을 평정하고 현지의 관리들에게 남중을 관리하게 한 사적을 기술하면서 마오쩌둥은 찬탄하였다. "이것이 바로 제갈량이 고명한 점이다."

제갈량은 중화민족의 역사에서 걸출한 정치가이고 군사가이고 모략가이면서도 양호한 도덕품질을 갖고 있는 인물로 평가되고 있다. 천백 년이래 무수한 사람들의 숭배를 받아온 삼척동자도 다 아는 인물이다. 마오쩌둥도 마음속으로 이 역사인물에 대해 탄복하면서 늘 이 역사인물을 비러 자신의 주장을 선전하고 사람들의 사상을 각성시키고 혁명업무를 추진하게 하였다.

---

26) 芦荻, 〈毛澤東讀二十四史〉 (1993년 12월 20일 《光明日報》)

손권孫權
중국공산당에서 가장 필요한 인물 전형

용인술의 천재

"천하의 영웅 중에 그 누가 적수라고 할 수 있겠는가? 바로 조조와 유비이다. 아들을 낳으려면 손권 같은 아들을 낳아야 한다." 마오쩌동은 신기질의 이 사구(詞句)를 매우 즐겼다. 물론 손권의 능력도 흠모했다. 그러나 마오쩌동은 손권의 문무겸비에 대해서는 말하지 않았다. 그러면 마오쩌동은 그의 무엇을 찬양했던 것일까?

중국역사에서 삼국시기만큼 인재가 많은 적은 극히 드물었다. 그 중요한 원인 중의 하나는 삼국의 주인들이 사람을 잘 등용했기 때문이다. 현리(縣吏)의 손자 손권이 강동에 위엄 있게 자리 잡고 있을 수 있었던 것은 그가 사람을 잘 쓸 줄 알았던 것과 떼어놓을 수 없다. 《삼국지》의 저자 진수(陳壽)는 손권에 대해 이런 평가를 하였다. 손권은 자신이 억울함을 당하면서, 위나라에 공물을 바치는 치욕을 참아내면서, 인재를 임용하고 지략이 있는 사람들을 숭상하였다. 그는 옛날 구천(句踐)과 같은 재능을 가지고 있었던 그 당시의 영웅이고 호걸이었다. 그리하여 그는 강남을 독차지할 수 있었고 위, 촉 두 나라와 삼족 정립의 형세를 형성하고 대업을 일으킬 수 있었다. 이런 점에서 손권은 "신하들을 능력에 따라 승진을 시켰던 영웅이고 호걸이었다."

그때 손권의 수하에는 네 명의 장수가 있었는데 이들이 손오정권을 건립하고 공고히 하는데 극히 중요한 역할을 하였다. 이 네 명의 장수는 바로 주유, 노숙, 여몽, 육손이었다.

이 네 명의 장군은 공업을 세울 때 나이가 다 많지 않았다. 주유가 건위중랑장을 할 때 24살을 넘지 않았고, 노숙이 손권의 막료 일에 참가할 때도 30살 전후였으며, 여몽이 적벽에서의 싸움에 참가할 때 31살이었으며, 육손이 처음으로 손권의 막하에서 직무를 맡았을 때는 나이가 더 어려 21살밖에 되지 않았다. 손권의 수하에 노장이 없었던 것은 아니고, 이들 한 무리의 노장들은 여전히 싸움을 잘 할 수가 있었다. 그러나 손권은 한편으로 이들 노장들의 재능을 계속 발휘케 하면서, 또 친히 젊고 능력 있는 고급 장교를 뽑아 그들이 한몫을 책임지게 하였다. 이것이 바로 손권이 사람을 잘 알고 잘 쓸 줄 아는 능력이었다.

조조가 80만 대군의 우세를 믿고 장강까지 압박하며 내려왔을 때 동오의 내부에서는 논의가 분분하였다. 겁이 많고, 자기 가족을 지키려 하고, 다른 꿍꿍이속을 가지고 있던 사람들은 모두 항복하자고 주장하였다. 만일 손권의 "결사항전의 각오"가 없다면 모두가 동요되었을 것이고, 주전파인 주유와 노숙의 권고를 듣지 않았을 것이며, 또한 그들의 의견을 들었다 하더라도 결연히 주유를 도독으로 진급시키고 전공을 세우지는 못했을 것이다.[27]

유비가 대군을 거느리고 형주의 원수를 갚으려고 했을 때 동오의 국세는 심각했다. 그때 손권의 수하에는 장수가 없었던 것은 아니었지만, 손책 시대 때의 노장들 아니면 손 씨 본가의 친척들이거나 손권의 오랜 친구들이었다. 그러나 손권은 육손을 대도독으로 봉하고 이릉에서의 싸움으로 유비를 격파하여 소수의 군사로 많은 군사를 이기는 전례를 남겼다. 여기에서도 손권이 사람을 쓰는 면에서 고명함을 알 수 있다.

손권은 노숙을 등용할 때 장소의 반대를 받았으나 장소의 의견에 좌지우지되지 않았다. 주유가 죽은 후에는 조금도 주저하지 않고 노숙을 분무장군으로 임명하고

---

27) "손권은 조조를 칠 때 정보(程普)를 노장이라 하여 쓰지 않고, 주유(周瑜)를 도독으로 삼았다. 그러자 정보는 불복하였으나 주유는 전쟁에서 승리하였다.……"《在中共八大二次會議上的講話》1958년 5월 8일.

주유를 대신하여 병사를 거느리게 하였다.

손권은 여몽을 쓸 때 여몽이 무인출신이고 글자를 쓸 줄 모른다는 것을 알았지만 "여몽은 용감하고 모략이 있고 군사적 계책을 잘 알므로 …… 국사(國師) 감이지 무관으로는 아깝다!"고 생각하였다. 노숙이 죽은 후 손권은 여몽에게 노숙을 대신하여 군사를 거느리게 하였다.

《삼국지·오서·오주전》의 '오력'에 보면 조조 군과 손권 군이 대치하고 있을 때 손권이 가벼운 배를 타고 조조 군에 들어갔다. 그리고는 "5, 6리 정도를 가서 곧바로 돌아서서 북 치고 나팔을 불오댔다. 그러는 중에서도 전선이 정연하고 대오가 정숙한 것을 보고 조조는 감탄하여 말했다. '아들을 낳으려면 손중모같은 아들을 낳아라. 유경승의 아들은 개돼지 같다!'" 그 뜻은 바로 "아들을 낳아 키우려면 손권과 같은 아들을 낳아 키워야 한다! 유표의 아들은 개나 돼지에 지나지 않는다!"는 것이었다.

송나라 때의 사인 신기질은 그의 명작 《남향자·등경구북고정유회》에서 이렇게 말했다.

"어디에서 신주를 바라볼까? 북고루에서 보면 좋은 경치가 한눈에 보인다. 천고의 흥망의 일들이 끝없이 흐르는 장강처럼 흐른다. 어린 나이에 많은 병사를 거느리고 동남에서 끊임없이 싸웠다. 천하의 영웅 중에 누가 그의 적수였느냐? 유비와 조조로다. 아들을 낳으려면 손권과 같은 아들을 낳아야 하리!"

마오쩌동은 신기질의 이 사(詞)를 아주 즐겨하였으며 여러 차례 읽었다. 1957년 3월 마오쩌동은 남경에서 상해로 날아가던 도중에 진강 상공을 지날 때 친히 펜을 들고 이 사를 쓰고 신변의 수행원들에게 이 사의 뜻과 전고를 설명해 주었다. 손권은 조조의 대군이 가까이 쳐들어와 위급한 상황에서 여러 사람들의 뜻을 물리치고 유비와 연합하여 조조와 대항하려는 결단을 내렸다. 이것이 마오쩌동이 그를 인정하는 근본 원인이었다.

마오쩌동은 1953년부터 1958년까지 여러 차례의 연설에서, 수시로 손권이 주유를 중용한 예를 들며, 간부를 선발할 때 자격과 서열을 따지지 말고 능력과 수준을 중시해야 하며, 청년들을 믿어야 하고 신인들을 마음 놓고 등용해야 한다고 설명하였다. 이것은 사실상 손권이 사람을 잘 알고 등용한 것에 대한 찬양이었다.[28]

고대의 용인술을 거울로 삼아 무엇보다도 먼저 인재를 알아보아야 한다. 인재의 장점을 알아야 그 사람의 장점을 쓸 수 있기 때문이다. 마오쩌둥은 간부를 잘 식별해야 한다고 여러 차례 강조했다. 다시 말하면 사람을 잘 알아야 한다는 것이었다.

마오쩌둥이 사람을 안다는 것은 우선 그가 위대한 인민혁명 중에서 산출된 수천만의 우수한 간부들을 믿는 것이었다. 그렇게 함으로써 방방곡곡의 인재들을 끌어모을 수 있었던 것이다.

마오쩌둥이 사람을 잘 안다는 것은 또한 그가 '완벽한 사람'과 '전능한 인재'를 요구하지 않았다는데도 있었다. 그는 일찍이 이렇게 말한 적이 있다. 사람은 능력도 성격습관도 다 다르다. 그러므로 하나를 고집하여 다른 하나를 버리지 말아야 한다. 그는 사람의 품성과 개성의 장점을 잘 파악하여 매 개인의 특기에 따라 간부의 일을 배치시킴으로써, 사람마다 그 재능을 남김없이 발휘하도록 하였다. 그리하여 마오쩌둥의 영도 하에서 중국공산당의 많은 유용한 인재들이 두각을 나타내게 되었던 것이다.

---

28) "손권은 능력 있는 사람이다. 지금 그와 같은 사람이 없다는 것이 아쉬울 뿐이다." 〈1975年 5月 3日 中央政治局工作會議上的講話〉, 江東然編著, 《博覽群書的毛澤東》, 吉林人民出版社, 1993.

당태종唐太宗
반은 성군, 반은 멍청이

우유부단함이 후환을 키우다

당태종은 걸출한 군사가이고 정치가이며 "정관의 치(貞觀之治)" 성세의 창시자이다. "평생 총명했다"는 것은 그의 탁월한 재능을 인정한 것이고, "때로는 멍청했다"는 것은 그가 간혹 한 실수를 비평한 것이다. 그렇다면 무엇이 "멍청한" 짓이었는가? ……

마오쩌둥이 이세민을 "일생을 총명하던 사람도 때로는 멍청해진다"라고 비평한 것은 구양수 등이 지은 《신당서·이각전》을 읽을 때 쓴 평어이다. 이 평어는 당태종 이세민이 황태자를 세우는 문제에서의 실수를 지적한 것이다. 이치와 이각은 모두 이세민의 아들로서 그들의 장단점을 이세민은 잘 알고 있었다. 이각은 말을 잘 타고 활을 잘 쏘고 문무의 재능이 있었다. "그의 어머니는 수양제의 딸로서 지역과 친족들 사이에서 명망이 높았고 재능과 외모를 겸비하였다." 이세민은 문무겸비하고 "자신을 닮은" 이각을 좋아하면서 의식적으로 양성하고 가르쳤으며, 먼 곳의 번왕(藩王)으로 봉하여 단련시키면서 성장하도록 하였다. 이세민은 늘 아랫사람들에게 말했다. "나라고 왜 이각을 자주 만나고 싶지 않겠느냐? 하지만 지금 그를 일찍 변방에 보내어 나라를 지키게 하는 것은 내가 죽은 다음에 그 애의 형제들이 우환 없이 살 수 있게 하기 위한 것이다." 여기에서 그에 대한 희망이 매우 높았음을 알 수 있다. 이치는 위인이 연약하고 자기 생각이 부족하고 뛰어난 임금의 재략이 모자라 중임을 맡기기가 어려웠다. 이 점을 당태종은 잘 보았기에 이치를 폐하고 이각을 태자로 세워 장래에 황위를 계승시키려고 하였다. 그러나 이치의 외삼촌인 장손무기(長孫無忌)가 자기의 외조카를 위해 이치를 그대로 태자로 세웠다. 이것이 후환을 남기게 되리라고는 아무도 몰랐다.

이치 즉 당고종은 즉위한 후 측천무후를 황후로 봉하였다. 이치가 조정의 일을 보지 않은 관계로 측천무후가 권력을 잡게 되었기에 궁중에서는 '2성(聖)'이 있다고 불렀다. 이치가 죽은 후 측천무후는 또 연이어 중종과 예종 두 황제를 폐하고 자칭 "성신황제(聖神皇帝)"라고 하며 당나라의 국호를 주(周)라고 고쳤다.

측천무후는 정권을 탈취하는 과정에서 정적을 타파하고 그녀에게 의심을 산 대신들을 마구 죽였다. 당나라 초의 원로 중신, 예를 들면 장손무기, 저수량, 우지녕, 배염 및 정무정 등 중에서 소수는 쫓겨나고 다수는 죽임을 당하였다. 이 씨 왕실과 종실의 여러 왕들은 거의 다 살육을 당하였다. 측천무후는 여 황제의 신분으로 천하를 호령하였다. 집정 전에 자신의 심복이 없었고 집정 후에도 의심이 많은 신하와 백성들이 자신에게 충성을 하지 않으니 색원례, 주흥 및 내준신 등 가혹한 관리들을 임용하여 없는 죄명을 조작하여 고문하고 박해하였으며, 고자질하는 자를 장려하고 무고한 자를 마구 죽였다.

이런 국면의 화근은 "쓸모없는 인간" 이치 때문이었다. 만약 당초에 이각을 태자로 세웠으면 이치가 황제로 칭하고 측천무후가 당나라를 혼란케 할 수 없었을 것이다. 그러므로 마오쩌둥은 당초 당태종 이세민이 이치가 이각보다 못한 줄 뻔히 알면서도 태자를 바꾸려는 결심을 하지 못하여 "일생을 총명하던 사람이 때로는 멍청해진" 이 영명한 황제의 실수에 대해 애석해했던 것이다.[29]

---

29) "이각(李恪)은 영리하나 이치(李治)는 무능하였다. 자신의 아들을 아는 데는 아버지를 따를 사람이 없다. 그러나 당태종은 장손인 무기(無忌)의 말을 들었다. 이런 것을 두고 평생을 총명하게 지낸 사람도 때로는 멍청해 질 수가 있다는 말이다", 馬夢龍《智囊》卷22《兵智部·制勝·孫臏》을 읽고 쓴 평, 《毛澤東讀文士古籍批語集》中央文獻出版社, 1993.

누구도 뛰어넘을 수 없었던 타고난 전술가

마오쩌둥은 당태종의 군사적 재능에 대하여 극히 흠모하고 숭배하였다. 그는 풍몽룡이 지은 《지낭》이라는 책에서 군사지략 부분을 읽고 이렇게 평어를 썼다. "약한 것으로 강한 것을 대적한다는 것은 소수의 병력으로 적의 여러 갈래의 대군을 거짓 공격하는 것이다. 강한 것으로 약한 것을 대적한다는 것은 절대적으로 우세한 병력, 즉 적 병력의 5, 6배나 되는 병력을 집중시켜 사방에서 포위하여 섬멸시키는 것이다. 자고로 싸우는 데는 이세민보다 더 나은 사람이 없었고, 그 다음으로 주원장이었다."

마오쩌둥은 또 이렇게 말한 적이 있다. 당태종은 먼저 지키면서 공격하지 않고, 적에게 공격하게끔 하고 사병들에게 진공에 대해서는 말하지 못하게 하고 말하면 죽이며, 적이 여러 차례 공격을 하여도 공략하지 못하여 사병들이 화가 극도로 나 있을 때를 기다려 반격명령을 내림으로써 공격을 하면 곧 승전하였다. 당태종처럼 이렇게 하면 첫째는 병사들을 훈련시킬 수 있었고, 둘째는 백성들을 훈련시킬 수 있었다.

이세민은 청년시기로부터 칼을 들고 말을 타고 전국을 누비면서 여러 차례 기이한 전공을 세웠다. 당나라 무덕 원년 6월부터 8월까지 20살이 되지 않은 진왕 이세민은 원수로 임명되어 장안을 범해 들어오는 설거(薛擧)의 군대를 두 번이나 대적하였다. 첫 번째 작전에서 진 후 그는 설거의 군대가 승전으로 자만하고 있으며, 식량을 운송하기 곤란하여 속전을 해야 이롭다는 것을 알게 되자 문을 굳게 닫고 싸우러 나오지 않았다. 60여 일을 서로 대치한 후 천수원(지금의 섬서성 장무에 속함)에서 일거에 설거의 군대 10여 만을 격파하고 설거의 아들 설인고(薛仁杲)를 압박하여 항복시키고 농서(隴西)를 탈취하였다. 그 공적으로 태위와 좌무후 대장군을 맡았다. 무덕 2년 9월 돌궐에 붙은 마읍(지금의 산서성 삭현)의 유무주가 태원을 점령하고 하동으로 남하하여 장안을 위협하였다. 당나라 군대는 여러 차례 싸웠으나 불리하였다. 이세민은 스스로 싸움을 청하고 유무주부의 장군 송금강이 홀로 군사를 데리로 깊이 들어온데다 군에 비축 식량이 없는 약점을 잡고 병영을 닫아걸고 기회를 엿보아 멸망시키는 책략을 썼다. 그는 송금강의 군대로 하여금 식량이 떨어져 퇴각하게 하고 그 기회를 타서 군대를 거느리고 맹렬히 추격하여 개휴(지금의 산서성에 속함)에서 적을 섬멸하고 태원을 수복하였다. 무덕 3년 7월 명을 받들어 군대를 거느리고 동쪽으로 진군하여 낙양에서 황제로 칭하던 수나라 장군 왕세충을 공격할 때 먼저 밖의 포위를 풀고 성을 공격하기로 하였다. 4년 2월 왕세충(王世充)을 낙양의 외로운 성에 가두고 에워쌌다. 3월 하북의 두건덕이 병사 10여 만명을 거느리고 낙양의 왕세충을 구원하러 서쪽으로 전진해 들어왔다. 이세민은 전환이 돌변하게 되자 과감히 군사를 나누어 낙양을 에워싸게 하고 자신은 정예부대를 거느리고 호뢰(지금의 하남성 형양 사수진)를 통제하여 두건덕 군대의 서진을 저지하였다. 한 달여 동안 서로 대치하다가 두건덕 군대는 여러 차례의 싸움에서 불리해지자 장군과 사병들이 돌아갈 마음이 생겼다. 이세민은 이 기회를 틈타 기습함으로써 두건덕 군대를 크게 패배시키고 두건덕을 사로잡았다. 또 군대를 돌려 낙양으로 돌아와서는 왕세충을 항복시켰다. 그리하여 하남과 하북은 모두 당나라에 속하게 되었다.

이세민은 뛰어난 재능과 비상한 지략을 갖고 있는데다 문무겸비하며 군대를 통솔하고 장수들을 훈련시키는데 능했다. 정치와 군사를 병용하여 적을 분화시키고 와해시키는 것을 중시하였다. 항복한 장수들을 너그럽게 대하고 덕으로 사람을 복종하게 하여 자신을 위해 일하게 하였다. 소수민족 장군들에 대해서는 성의를 다하여 대하고 중임을 맡겼다. 강적이 공격해올 때에는 늘 견고한 방어시설을 건축하고 군영을 굳게 닫고 기다리다가 적의 식량이 떨어지고 병사가 피로해 졌을 때 기회를 틈타 공격하였으며, 성을 굳게 지키고 수비만 하는 적에 대해서는 장기적으로 에워싸고 있으면서 지원병을 막고 식량을 끊어 그 기세로 항복하도록 압박하였으며, 무너져 도망가는 적에 대해서는 끝까지 쫓아가서 모조리 섬멸하였다. 전황이 돌변하면 시기를 잘 잡아 과감히 결단을 내려 임기응변 식으로 알맞게 처리하였다.

그는 병사들의 앞에 서서 적진에 돌진하였으며 사람들을 잘 돌봐주어 군사들의

마음을 휘어잡았다.[30]

당태종 이세민은 중국역사에서 영향력이 매우 큰 인물이었다. 그의 정치사상과 군사사상은 모두 연구할 가치를 갖고 있다. 마오쩌동은 그의 군사적 재능에 대해 매우 높이 평가를 했다. 그러나 그의 정치적 실수에 대해서는 명확하게 지적하였다. "지혜로운 사람도 천 번을 생각하며 일을 진행하지만, 그래도 한 번의 실수는 있게 마련이다"라고 말한 마오쩌동의 충고를 외면하지 말고 교훈으로 삼아야 할 것이다.

---

30) "자고로 싸우는 데는 이세민(李世民)보다 더 나은 사람이 없었고, 그 다음으로는 주원장(朱元璋)을 들 수 있다", 歐陽修 《新唐書》 卷80 〈李恪伝〉을 읽고 쓴 평, 《毛澤東讀文土古籍批語集》, 中央文獻出版社, 1993.

측천무후 則天武后
방탕녀가 아닌 치국治國의 재인

책은 의심을 품으며 읽어야 한다

왜 측천무후를 치국의 재인이라고 하는가? 마오쩌둥이 그렇게 말하는 데는 나름대로의 근거가 있었다. "그녀는 사람들을 받아들이는 도량이 있었을 뿐만 아니라, 사람을 알아보는 지혜도 갖고 있었고, 또 사람을 쓰는 방법도 알고 있었다." 그렇다면 측천무후는 야사에서 묘사한 것처럼 과연 방탕한 생활을 했는가? 마오쩌둥은 이에 대해서도 "논의해 볼 필요가 있다"고 했다. 그리고 또 측천무후가 사람을 너무 많이 죽인 것에 대해 어떻게 볼 것인가? 이에 대해서도 논의해 볼 필요가 있다고 했다.

마오쩌둥은 만년에도 사마광이 쓴 《자치통감》을 읽으면서 늘 신변의 근무요원들에게 자신의 관점과 인물들에 대한 평가를 말했다. 1975년 즉 그가 서거하기 1년 전에도 그는 신변의 근무요원인 맹금운과 긴 담화를 몇 번 한 적이 있었다. 《자치통감》을 평론하는 것으로부터 사마광, 왕안석, 조광윤, 진시황, 유방, 항우에 대해 담론했으며, 측천무후에 대해서도 많은 이야기를 했다. 화제는 어떻게 독서해야 하는가에서 시작되었다.

마오쩌둥은 이렇게 말했다. "독서를 하려면 첫째는 읽어야 하고, 둘째는 의심해야 하며, 셋째는 반대되는 의견을 내놓아야 합니다. 읽지 않으면 안 됩니다. 읽지 않으면 알지 못하기 때문입니다. 사람들은 모두 배워서 아는 것입니다. 누구나 다 태어나서부터 아는 것은 아닙니다. 그러나 읽기만 해서는 안 됩니다. 책을 읽고 감히 의심하지 못하고 감히 다른 관점을 내놓지 못한다면 그 책은 헛되게 읽은 것입니다."

"저는 책을 읽을 때 다른 관점을 제기해 본 적이 없습니다."

맹금운은 천진난만하게 마오쩌동에게 자신의 단점을 말했다.

그러자 마오쩌동이 이어서 말했다.

"맹금운 동지! 책에 있는 것이 전부 사실이고 진리라고 생각하면 안 됩니다. 우리 현대인은 책을 쓸 때 모두 자기 나름대로 선택을 하게 되는데, 옛날 사람이라고 그렇게 객관적일 수 있겠습니까? 대대로 전해져 내려오면 뜻이 바뀌지 않겠습니까? 예를 들면 어떤 한 사람을 쓸 때 그의 신하는 늘 좋은 말을 하고 심지어는 과장을 하겠지만, 그의 적은 언제나 공격을 할 겁니다. 이 세대의 사람들은 이렇게 쓰고 저 세대의 사람들은 저렇게 쓰며 실제를 넘어서는 것이 적지 않습니다. 모두 흰 종이에 검은 글자로 쓰여 진 것이지만 당신은 어느 것을 믿을 것입니까? 그러므로 의심해야 합니다. 당신이 의심을 하게 되면 다른 사료를 찾아서 대조하게 될 것입니다."

"주석께서는 책을 읽으실 때 의심을 하실 수 있지만 저는 제대로 읽지도 못하는데 어떻게 의심을 할 수가 있겠습니까? 책에 쓴 것이 거짓말이라고는 생각도 못해보았습니다."

"당신은 머리가 너무 단순합니다. 많이 생각해야 합니다. 예를 들면 어떤 역사책에서는 측천무후를 흐리멍텅하고 방탕하기 그지없으며 조정을 관리하지 못했다고 썼는데, 그러면 그녀는 어떻게 통치를 할 수가 있었겠습니까? 그래서 나는 믿지 않는 겁니다."

"측천무후는 여성으로서 오랫동안 황제를 지냈는데 정말 대단한 여성입니다."

그 말을 듣고 맹금운이 감탄했다.

마오쩌동은 이어서 말했다.

"당신은 측천무후를 대단하다고 생각하겠지만, 나도 그녀가 대단하다고 생각합니다. 봉건사회에서 여성들은 지위가 없었습니다. 여성이 황제가 된다는 것을 사람들은 감히 생각하지도 못했습니다. 나는 야사를 본 적이 있는데 그녀를 매우 방탕하게 묘사하였더군요. 여기에 대해 담론해 볼 필요가 있는 것입니다. 측천무후는 치국의 재인입니다. 그녀는 사람을 받아들이는 도량이 있었고, 사람을 알아보는 지혜도 있었으며, 또한 사람을 쓰는 방법도 알고 있었습니다. 그녀는 많은 사람들을 등용했었고 많은 사람을 죽였습니다. 등용하자마자 죽인 사람도 많습니다."[31]

자신을 잘 알았던 여 황제

여기까지 말하자 맹금운은 마오쩌둥이 이전에 자기에게 말해주었던 측천무후에 관한 이야기가 떠올랐다.

"측천무후가 정권을 잡았을 때 그녀가 늘 사람을 죽이는 것을 보고 한 대신이 건의를 하였다고 이전에 말씀하셨었지요?" "폐하께서 이렇게 사람을 죽이면 누가 감히 관리가 되려고 하겠습니까?"

하고 말입니다.

"그러나 측천무후는 그의 말을 듣고 나서 전혀 화를 내지 않고 그 대신을 저녁에 다시 오게 했지요. 그 대신은 놀라서 어찌할 바를 몰랐지요. 그날 저녁 측천무후는 사람들에게 궁전 앞에 불을 피우라고 했고, 어둠 속에서 불나비들이 불을 보고 분분히 날아들었고, 불나비들은 날아드는 족족 타죽었지요. 그래도 불나비들이 끊임없이 날아들자 측천무후가 웃으면서 그 대신에게 말했었지요. '이런 것을 보고도 불나비는 불에 뛰어든다오. 그러한 본성은 고칠 수 없는 것이오.' 대신은 곧 측천무후의 뜻을 알게 되었다고 예전에 제게 말씀해 주신 게 생각납니다."

이 뜻은 높은 벼슬에 후한 녹봉만 있으면 관리가 되려는 사람이 끝없이 나온다는 의미였다. 그러니 "어찌 다 죽일 수 있겠는가?"하고 반문을 한 것이었다. 이 말은 들

---

31) "신변근무요원 孟錦云과 나눈 담화", 孫寶義編, 《毛澤東的讀書生涯》, 知識出版社, 1993.

은 마오쩌둥은 "허허" 웃으면서 그녀의 말에 고개를 끄덕이며 만족해하였던 것이다.

마오쩌둥은 또 측천무후가 비석을 세운 것에 대해서도 말했다.

"측천무후는 자기 자신을 잘 알고 있었지요. 그래서 그녀는 그녀의 묘비에 글자를 새기지 못하게 하였지요. 어떤 사람은 그렇게 한 의도가 '공덕이 무량하여 책으로 다 쓸 수 없다는 뜻'이라고 분석했는데, 그러나 그것은 측천무후가 한 사람의 공과 시비는 자기 자신이 드러내지 말고 후세 사람들로 하여금 평하게 해야 한다고 인식했기 때문이라는 것을 알아야 합니다."

라고 설명하였다. 마오쩌둥의 이 담화는 그가 측천무후에 대해서 기본적으로 긍정하는 태도를 표현했음을 알게 해준다. 그는 측천무후가 해 놓은 일이 많고, 대담하게 통치한 여 황제였다는 점을 매우 흠모했다. 그는 측천무후의 지혜와 자지지명(自知之明: 자기의 능력을 정확히 알다)을 찬양했던 것이다.

동시에 마오쩌둥은 또 역사책을 읽는 태도와 방법을 제기 하면서 의심을 해야 하고 대조를 해야 하며, 분석을 해야 하고 논리적 추리를 해야만 비교적 역사적 사실에 어울리는 인식과 결론을 얻을 수 있다고 하였다. 이것은 매우 시사하는 바가 큰 의의 있는 지적인 것이다.

이백李白
시인에게만 예술성을 인정한 시인– 마오쩌둥의 숭배자

두보보다 이백을 더 좋아한 마오쩌둥

마오쩌둥은 세 이 씨를 좋아했다. 그 중에서 이백이 제일 첫 번째였다. 그의 어떤 면을 좋아했을까? 이백의 모든 시를 다 좋아했을까? 이에 대해 마오쩌둥은 많은 평론을 했다.

마오쩌둥은 위대한 혁명가이고 또한 위대한 시인이기도 했다. 그는 당나라의 세 이 씨인 이백(李白), 이하(李賀), 이상은(李商隱)의 시를 좋아했는데, 그 중에서도 이백의 시를 제일 좋아하였다. 1942년 4월 13일 마오쩌둥이 하기방, 엄문정, 주립파 등과 만나서 문예 사업에 대한 의견을 교환할 때 누군가 그에게 물었다. 주석께서는 고전 시가를 좋아하시는 데 이백을 좋아하십니까, 아니면 두보를 좋아하십니까? 마오쩌둥은 이렇게 대답했다. "나는 이백을 좋아합니다. 이백은 도사의 기질이 있고, 두보는 소지주의 입장에 서 있었습니다."[32]

마오쩌둥은 이백의 시가를 좋아했는데 첫째는 그 호방한 예술 기질을 숭배하였다. 이런 예술 기질이 반영한 것은 개성의 해방을 추구하고 각종 세속규범에 저항하는 인생의 가치관이었다. 이백의 붓끝에는 언제나 왕과 제후들을 비웃고 세속을 멸시하고 현실에 만족하지 않고 인생을 질책하고 술을 마시고 시를 쓰면서 실컷 즐기

---

32) 何其芳, 〈毛澤東之歌〉, 《時代的報告》 1978年 第2期.

는 짙은 정서로 가득 차있었다. 마오쩌둥은 이백의 이러한 도사적 기질이 좋다고 말하면서 그의 작품은 "문체가 기이하고 기세가 드높으며 속세를 벗어난 기분이 있다"고 했다.[33] 이백은 또한 복잡하고 색채가 다양한 사람이었다. 그는 청소년 시기부터 사회에 들어가 세상을 구제하려는 강렬한 큰 뜻을 가지고 있었다. 그의 비극은 그의 개성이 그 때의 사람들에게 용인되지 못해 그의 재능이 충분하게 발휘되지 못하고 그가 추구하는 바가 실현되기 어려웠던데 있었다. 그리하여 그는 비분의 소리를 지르는 데로 전환하였던 것이다. 덕분에 그의 시에는 소탈하면서도 그 속에는 우수와 번뇌가 스며들어 있었던 것이다.

정감을 구사했던 이백의 시

마오쩌둥은 이백의 기발한 정감을 구사하는 법을 특히 좋아했다. 《양보음(梁甫吟)》은 그가 밑줄을 그으면서 반복적으로 읽은 시였다. 이 시는 이백이 당현종에게 불려가 장안에 들어가서 3년 동안의 평민서생으로서의 식객생활을 하며 지낼 때, "백성을 구제하고", "서민을 편안하게 하려"는 원대한 정치적 포부를 품었으나 중시를 받지 못하고 도리어 지배계급에 의해 장안에서 쫓겨난 후에 지은 것이다. 그는 《양보음》에 악부의 옛 제목을 비러 개인의 우국지심을 토로하였다. 전체 시는 기세가 넘치고 낭만주의 색채가 넘쳤다. 시에서는 역사이야기와 신화전설 중에서 유명한 사람들이 받은 좌절을 대량으로 인용하여 재능을 발휘할 기회를 얻지 못한 자신을 비유하고, 나쁜 사람들이 장악한 어두운 정치를 만천하에 외쳐댔다. 시인은 "나는 올라가서 맹주를 만나려고 했는데 황제의 주변에는 소인, 미녀, 술 밖에 없었다"라는 말로 황제가 신변의 소인들에게 포위되어 있어, 그로 하여금 나라에 보답할 길이 없고 큰 뜻을 이룰 수 없게 되었음을 암시했다. 그러나 시인은 절망하지 않았다. 전체 시

33) 毛岸青, 邵華, 〈憶爸爸勤奮讀書和練書法〉 《瞭望》 1983年, 第12期.

서두의 《양보음》을 길게 부르짖는데, 봄은 언제나 오려나"로부터 마지막의 《양보음》에 이르기까지 소리가 비장하였다. 장공의 두 용검은 그 빛을 뿌릴 때가 있게 마련이다. 전운이 자욱할 때만 그것을 쓰게 되는 것이다. 걸출한 인물은 각자의 차이가 있으므로 그를 편안하게 해야 한다"에서 그가 미래에 희망을 두고 재능이 있는 사람은 기회만 있으면 자신의 포부를 실현할 수 있다고 믿었고, 좌절을 받고 낙심하지 말아야 한다고 하였음을 알 수 있다. 마오쩌동은 이 시를 즐겨 읊었다. 1960년대에 그는 5쪽의 편지지에 기억을 더듬으면서 손으로 이 시를 쓴 적이 있다. 그는 만년에 눈병에 걸렸을 때도 다른 사람들에게 한 치 크기의 해서체로 전체 시를 7쪽 16절지의 당지에 베껴 쓰도록 하였다. 오른 쪽 위에다 그는 연필로 두 번 읽었다는 표시를 해 놓았다. 이것은 마오쩌동이 만년에 이백이 정치에서 실의한 후의 비분강해 하여 쓴 작품을 감정적, 사상적, 예술적 등의 면에서 깊이 이해하고 동정하였으며, 이는 이 시에 대해 특별히 정성을 기울였음을 보여주었던 것이다.

과장 수법을 질 썼던 이백

마오쩌동은 이백의 과장 수법을 운용하여 자신의 자유분방하고 일사천리로 내뿜는 정서와 심리상태를 보인 것에 대해서도 매우 좋아하였다. 예를 들면 《장진주(將進酒)》를 마오쩌동은 '좋은 시'라고 평어를 달았다. 이 시는 비록 인생이 짧다고 그때그때 즐기고자 했던 시인의 소극적인 정서가 들어 있지만, "하늘이 나의 재능을 낳아주었을 때는 반드시 필요한 데가 있어서 그랬을 것"이라는 자신에 대한 자신감에 찬 말은 이백의 인생에 대한 적극적인 면을 충분히 표현한 것이고, 천고의 수많은 의롭고 뜻 있는 사람들을 격려해주는 말이었다. 마오쩌동은 또 이백의 개성에 대한 해방을 강렬하게 추구하고 권세와 지위가 높은 사람들을 두려워하지 않으며 우상을 숭배하지 않은 시를 즐겨 읽었다. 예를 들면 《여산요기노시어허주(廬山謠寄盧侍御虛舟: 여산의 노래를 노시어허주에게 부침 》 중에 나오는 "나는 원래 초나라의 미친 사람이라 미친 노래로써 공구(공자)를 비웃노라"라는 구절은 봉건사회에서 성인으로 존경받는 공자를 비웃으면서 공자의 이름을 직접 불렀던 것이다.《몽유천로음유별(夢游天姥吟留別)》중의 "어떻게 자존심을 버리고 권세 있고 지위 높은 사람들의 시중을 들면서 나를 괴롭게 하겠는가"라는 구절은 시인이 권세 있고 지위 높은 사람을 멸시하는 대쪽 같은 성격을 잘 묘사한 것이다.《선주사조루전별교서숙운(宣州謝朓樓餞別校書叔雲: 선주의 사조루에서 교서 이운 숙부를 전별하다)》중의 "나를 떠나간 지나간 일은 마음에 두지 말라. 내 마음을 흐트러지게 하는 오늘의 일도 많다. 가을 기러기를 보내면서 높은 누각에서 술에 취해나 볼까!", "칼로 물을 자르니 물은 더욱 잘 흐른다. 술잔 들고 근심을 쏟으니 근심은 더 많아진다"라는 시구는 시인의 재능을 발휘할 기회를 얻지 못해 극도로 무겁고 또 소침해지지 않으려고 고민하는 심정을 반영한 것이다. 마오쩌둥은 여러 권의 시집에서 이 시구들을 여러 차례 반복하여 읊곤 했다.

《촉도난(蜀道難: 사천으로 가는 길)》도 이백의 구상이 기묘하고 감동이 풍부한 대표작이다. 이 시는 이백이 장안에서 친구를 촉에 보내면서 쓴 것이다. 전체적으로 시는 수법이 과장적이고 어구가 분방하고 진에서 촉에 들어가는 길의 험준한 산천을 묘사하였다. 예를 들면 서두와 결말, 그리고 중간 등 세 곳에서 "촉도는 하늘에 오르는 것 보다 어렵다!"고 찬탄한 것이 그것이다. 또한 사물로써 촉도로 가는 길이 어렵다는 것을 뒷받침 해 주었다. 예를 들면, "노란 까치도 높아서 날지를 못하고 원숭이도 넘고 싶어도 기어오르지 못해 고심만 한다." "한 사람이 협곡을 지키고 있으면 만 명도 지나가지 못한다"고 하는 등의 표현은 참으로 산이 높고 길이 험난한 것을 극히 생동하게 묘사한 것임을 알 수 있다. 마오쩌둥은 이렇게 평어를 달았다. "이 시는 무척 재미가 있다." 1975년 마오쩌둥은 신변의 근무요원에게 "이 시는 예술성이 아주 높다. 누가 그처럼 쓸 수가 있겠는가! 그는 사람들로 하여금 조국의 장려하고 험준한 산천으로 들어가게 하고, 사람을 신기하고 아름다운 신화의 세계 속으로 들어가게 하여, 사람들이 '하늘에 오르기보다 어려운 촉도'에 온 듯한 느낌을 갖게 하였다"

고 말했다.[34] 마오쩌둥은 또 이백의 시를 활용하여 전사들이 전선에 나가는 것을 환송하였다. 1935년 1월 하순 준의회의 후에 귀주성 토성에서 홍군과 국민당 군이 격전을 할 때 형세가 불리하게 돌아가자, 이 때 주덕이 친히 전선에서 작전을 지휘하겠다고 하였다. 마오쩌둥은 군위 종대의 동지들을 집합시켜 열을 지어 주덕을 환송하면서 앞장서서 구호를 외쳤다. "주 총사령관께서 전선에 나가는 것을 환송한다!" "홍군은 용감하여 전투마다 다 이길 것이다." 주덕은 빠른 걸음으로 마오쩌둥을 향하여 걸어갔다. 마오쩌둥도 급히 앞으로 몇 발자국 앞으로 걸어가 두 손을 서로 꼭 잡았다. 주덕은 격동되어 말하였다. "이렇게 많은 사람을 동원하시다니 예가 너무 지나치십니다." 마오쩌둥은 즉석에서 말했다. "당연히 이렇게 해야 합니다. 도화담의 물이 그 깊이가 수천 자나 되지만 우리의 형제의 정에는 미치지 못하지 않습니까? 총사령관께서 포로를 많이 잡고 승전을 하시기를 기원합니다!" 마오쩌둥이 여기에서 인용한 것이 바로 이백의 《왕윤에게 드림》이라는 시구이며, 전체적인 시는 "이백이 배를 타고 떠나려 할 때 강가에서 노랫소리가 들리네. 도화담의 물이 천 자나 되게 깊지만 왕윤이 나를 바래주는 정보다는 못하리"였다. 이 시를 통해 마오쩌둥이 감정이 진지하고 형상적이며 생동적이라서 술술 잘 읽히는 이백의 시구를 매우 좋아하는 이유를 알 수 있을 것이다.

정신을 분발시키는 사상무기로서의 이백의 시

마오쩌둥은 또 이백의 시를 정신을 분발시키는 사상무기로도 사용하였다. 마오쩌둥의 아들 장남 모안영이 한국전쟁에서 희생된 후, 마오쩌둥은 자신의 커다란 고통을 참으면서 며느리 유송림에게 여러모로 관심을 두었다. 1959년 유송림이 크게 앓자 8월 6일 마오쩌둥은 이백의 시를 편지에다 써서 그녀를 격려해 주었다. "너의 건

34) 楊建業, 〈在毛澤東身邊讀書 － 訪北京大學中文系講師芦荻〉, 1978年 12月 29日 《光明日報》.

강은 어떠하냐? ……'높은 곳에 올라가 천지간을 바라보니, 큰 강은 망망히 흘러가고 돌아오지를 않는구나. 황운(黃雲) 만 리에 바람이 불고 흰 파도 아홉 갈래가 설산을 흐르네.' 이것은 이백의 시이다. 우울할 때 고전문학을 읽으면 우울함을 해소할 수 있다. ……"

마오쩌동은 이백에 대해서도 비평을 한 적이 있었다. 그것은 1973년 7월 3일 마오쩌동이 다른 사람과 담화하면서 진시황과 이백에 대해 말할 때였다. 그는 "몇 십 년 전의 중국 국문교과서에서는 진시황이 문자를 통일하고 도량형을 통일하였기 때문에 좋다고 말했다. 이백이 진시황을 말할 때에도 처음 한 부분은 그가 대단하다고 말했다." 그리고는 한 번 멈추더니 소리 높여 이백이 《고풍》 제3수에서 진시황의 공적을 찬미한 것을 말하기 시작하면서 다음과 같이 비평했다.

" '진시황이 천하를 휩쓸 때는 기세가 얼마나 높았던가! 검을 휘둘러 떠 있는 구름을 베니 제후들이 모두 서쪽에서 왔다'는 내용 뒤에다 두 구절을 썼습니다. 하나는 '그러나 땅속의 금관에는 찬 먼지밖에 없구나.' 이것은 진시황이 아무리 대단했어도 결국은 죽었다는 말입니다. 그렇게 말하는 이백 자신은 어떠했는가요? 실은 그는 벼슬만 하려 했지요. 《양보음》에서는 "지금 벼슬을 못한다면 장래에는 되겠지요"라고 까지 하면서 애착을 보였지요. 이런 점은 이러한 시구에서도 확인할 수 있습니다. '자네의 눈에는 교만한 술꾼이 밑바닥에서 일어나 초나라와 한나라의 군대를 속수무책으로 만든 것을 보지 못했는가?' 이때에는 자긍심이 넘쳤지요. 그래서 나는 여기에 몇 구절을 보태어 봤습니다. '뜻밖에 한신이 말을 듣지 않아 십만 대군이 역성을 나왔네. 제나라 왕은 화가 잔뜩 치밀어 술꾼들을 잡아 솥에 넣어 튀겼다네', 나는 그러한 이백을 기름 솥에다 넣고 싶을 때도 있었지요."

마오쩌동은 이백이 시대를 초월하고 객관설을 초월하는 역사적 사실과 그 영향으로 진시황의 마지막 결과("금관에 찬 재밖에 없다")에 비아냥하는 것에 찬성하지 않는 듯하였다. 마오쩌동은 이백이 자신의 시가에서 토로한, 일체를 오만하게 보는 웅대한 포부와 그의 현실생활에서의 불만스런 처지(벼슬을 하고 싶지만 하지 못했다)

와의 심각한 모순을 꼬집었던 것이다. 이것은 고대의 대다수 성과가 있는 시인들의 보편적인 운명을 가리킨 것이라고 할 수 있다. 이것은 봉건사회의 불합리한 제도가 인재를 억압하는 고질성을 반영한 것이기도 했지만, 시인의 각도에서 보면 또한 서생식의 텅 빈 이론만 좋아하는 사람들의 필연적인 결과이기도 한 것이었다. 비록 이런 점이 있기도 했지만 이백은 마오쩌동이 가장 좋아하는 시인이었음에는 틀림없었다.

두보 杜甫
자본가 입장에 섰던 울보 시인

눈물만 짰던 정치 시인 두보

두보는 이백과 나란히 당나라 시의 두 고봉이었다. 마오쩌둥은 왜 두보를 싫어했는가? 왜 이백을 추켜올리고 두보는 깎아 내렸는가? 두보의 일생은 가난하기 그지 없었으나 마오쩌둥은 두보가 "소지주의 편에 서 있었다"고 말했다. 그러면 그 근거는 어디에 있었는가?

두보는 세상 사람들에게 '시성'이라고 불리며 당나라 시단의 고봉에 서 있었다. 그러나 마오쩌둥의 그에 대한 평가는 높지 않다. 1942년 4월 마오쩌둥이 하기방, 엄문정 등 작가들을 회견했을 때 엄문정이 물었다. "들리는 바에 의하면 주석께서는 고전시가를 즐기신다는 데 이백을 좋아하십니까 아니면 두보를 좋아하십니까?" 마오쩌둥은 이렇게 대답했다. "나는 이백을 좋아합니다. 이백은 도사의 기질이 있고, 두보는 소지주의 편에 서있습니다." 1957년 1월 마오쩌둥은 시인 장극가, 원수박 등과 담화할 때도 두보를 평가했다. "두보의 시에는 좋은 것도 있으나 대부분은 별로 좋지 않습니다." 또한 두보의 시를 별로 좋아하지 않는 자신의 관점을 감추지 않았다. 1958년 3월 성도에서 회의하는 기간의 담화에서 마오쩌둥은 자신은 "눈물만 짜는 두보의 시를 좋아하지 않는다"[35]고 솔직하게 말했다. 또한 "두보의 시는 정치적인 시

---

35) 張貽玖, 《毛澤東批注歷史人物》, 鷺江出版社, 1993. 陳晉, 《毛澤東讀書筆記》, 廣東人民出版社, 1996.

이다"라고 말했다.[36]

마오쩌동이 왜 두보의 시를 별로 좋아하지 않았는가? 현존하여 있는 자료를 보면 그는 두 가지 이유가 있었다. 하나는 "눈물만 짠다"는 것이었고 다른 하나는 "정치시"라는 것이었다. 이밖에 또 다른 이유가 있다면 아마도 아래와 같은 이유가 있을지도 모른다.

첫째, 마오쩌동의 개성과 기질은 비교적 호방하고 낭만적이며 구속과 속박을 받는 것을 싫어하고 과감히 싸우며 저항한다. 이처럼 인생에 대해 적극적이고 낙관적인 태도를 갖고 있었다. 두보와 이백을 나란히 놓고 비교할 때 기질, 성격이 그와 비슷한 이백을 자연히 더 좋아하게 되었던 것은 아닐까?

둘째, 마오쩌동이 이백을 추켜세우고 두보를 깎아 내리려는 생각을 가진 것은 전인들이 두보의 시에 너무 많이 쏠려 '천가(千家)'라는 호를 갖고 있는데 비해, 이백의 시에 대해 관심을 가져주는 사람은 너무 적어 같은 대 시인이고 이백 시의 성취와 예술적 가치가 두보의 시보다 못하지 않은데도 이렇게 차이가 많은 것에 대해 공평하지 못하다고 생각했기 때문이었을 것이다. 물론, 이백을 추켜세우고 두보를 깎아 내린 주요한 원인은 역시 그의 감상취미와 더욱 관련이 있음을 부정할 수는 없지만 말이다.

싫어하면서도 보지 않을 수 없었던 두보의 시

마오쩌동의 두보의 시에 대한 평가는 한 개 파로서의 관점이라고 할 수 있다. 마오쩌동은 두보의 시를 별로 좋아하지 않는다고 말했지만, 두보의 시를 적지 않게 읽었

---

36) 何其芳, 〈毛澤東之歌〉, 《時代的報告》 1978年 第2期.

다. 고향집의 장서에 보면 마오쩌동은 두보의 시를 읽었음을 알 수 있고, 동그라미를 쳐 표시를 한 시가 64수나 되었다. 1958년 3월 성도회의기간에 그는 두보의 초당을 구경했으며 초당에서 여러 가지 판본의 두보 시집 12부 108권을 빌려서 읽었다. 적지 않은 시들은 빽빽하게 동그라미가 쳐져 있었으며 서너 번 이상 읽었음을 알 수 있다. 마오쩌동은 두보의 많은 시를 외울 수도 있었다. 1964년 그가 호남성에서 북경으로 돌아가는 길에서 기차가 악양 지역을 지날 때 붓을 날려 두보의 "악양루에 오르다" 를 썼다. "전에 동정호의 물소리를 듣고 오늘 악양루에 올랐노라. 오와 촉은 동남으로 갈라지고 일월은 낮과 밤에 뜨는구나. 아무런 벗도 없고 늙고 병든 몸으로 외로이 배에 탔네. 관산의 북쪽에서 싸우면서 깃발에 기대어 눈물을 흘리네."

이 친필로 쓴 글을 지금 퇴직한 노동자 두 사람이 새로 보수한 악양루 3층에 새겨 넣었다. "어느 때에야 많은 집을 지어 천하의 추위에 떨고 있는 사람들을 따뜻하게 해 줄 것인가?"는 두보 시의 유명한 구절이다. 《초가집이 가을바람에 망가지는 노래(茅屋 爲秋風所破歌)》에서 나오는 것인데, 시인의 빈곤한 처지와 시인과 인민대중이 고통을 함 께 하는 태도를 제일 잘 반영해주고 있다. 마오쩌동은 5, 60년대에 기억을 더듬어 친 필로 써서 그에게 찬사를 보내고 이것을 비러 자신의 심경을 토로했던 것이다.

두보의 《북정(北征)》이라는 시를 마오쩌동은 긍정적으로 평가했다. 전에 그는 책꽂 이에서 《당시별재집(唐詩別裁集)》을 꺼내어 이 시를 펼쳐서 다른 사람에게 읽으라고 추천한 적이 있다. 진의에게 보내는 편지에서 시를 쓰려면 부(賦), 비(比), 흥(興)의 수 법을 써야 한다고 논할 때 이 시를 예로 들었었다.

그는 이렇게 말했다. "두보의 《북정》은 '솔직하게 그것을 말한 것이다. 그 중에도 비와 흥이 있다." 《북정》이라는 이 시를 쓴 배경은 '안사의 난' 시기에 두보가 장안에 서 당숙종의 소재지 봉상으로 도망을 갔을 때, 그의 집은 부주에 있었다. 이 700여 자에 달하는 5언 시는 시인이 봉상에서 부주로 가족방문을 갔을 때 쓴 것이다. 부 주는 봉상의 동북쪽에 있었으므로 시의 이름을 《북정》이라고 달았다. 시에서는 여 로에서 본 전쟁의 상처와 가족의 처참한 처지를 서술하고, 우국 우민의 심경을 토로

하였다. 마오쩌둥의 《북정》에 대한 평가를 보면 그가 낭만주의의 작품을 좋아하는 것 외에도 현실주의적인 작품도 중시한다는 것을 설명해 준다.

마오쩌둥은 서예를 즐겼고, 두보의 시에서 계발을 받은 적도 있다. 1938년 그는 연안에서 서군, 주광을 회견하며 서예에 대해 말할 때 이렇게 말한 적이 있다. "두보는 《공손대랑의 제자가 검을 휘두르면서 가는 것을 보다(觀公孫大娘弟子舞劍器行)》 서문에서 이렇게 말했다오. '오나라 사람 장욱(張旭)은 초서(草書) 자첩(字帖)을 잘 쓰는데 자주 엽업현에서 공손대랑이 검을 휘두르는 것을 보았다. 거기서 초서가 크게 늘어 호탕하고 격정적으로 되었다……' 매우 이치에 맞는 명언이 아닌가요?" 두보의 이 말은 춤과 서예는 서로 통하는 것이라고 보았던 것이다. 마오쩌둥은 이런 관점에 동의하면서 "매우 도리에 맞는 명언"이라고 생각했다. 그는 늘 연극, 그림, 춤에서 예술적 영양을 섭취하였으므로 그의 서예는 용이 날고 봉황이 춤추듯 하여 독특하였다. 1958년 《홍기(紅旗)》 잡지가 창간되었을 때 마오쩌둥은 간행물의 이름을 여러 폭을 써주었다. 그 중 한 폭이 유난히 보기 좋았는데, 그는 이렇게 평어를 달았다. "이런 서예는 붉은 비단 춤에서 온 것인데, 이는 붉은 기를 그린 것이다." 이렇게 말한 것은 두보와 관계가 없지 않다는 것을 알게 해준다.

두보에 대한 마오쩌둥의 평가는 다른 사람들과는 다른 점이 있으므로 연구할 가치가 있다고 할 수 있다.

한유韓愈
마오쩌둥 문장의 스승

새롭고 알기 쉬운 글을 쓸 것을 주장했던 문장가

학생시대의 마오쩌둥은 원래 양계초의 문풍을 좋아했는데 누가 그에게 한유의 문장을 연구하게 했는지는 몰라도, 그의 이러한 연구는 매우 효과가 있었다. 하지만 마오쩌둥은 한유에 대해 마음속으로부터 흠모하기는 했으나 그의 부족한 점도 지적하곤 하였다.

한유는 사마천의 뒤를 이어 중국 고대에서 가장 걸출한 산문가 중의 한 사람이었다. 그는 변체문을 소멸시키기 위해 적진에 뛰어들었는데, 그 공적이 혁혁하여 후세의 산문 발전에 창업적인 공헌을 했다. 그의 주장에는 주로 이런 것들이 있었다.

우선 그는 종경, 명도, 문도의 통일을 주장하였다. 한유가 고문을 읽은 것은 고대의 도를 배우기 위한 것이었으며, 고문을 쓴 것은 고대의 도를 홍보하기 위한 것이었다. 그리하여 그는 고문을 언제나 고대의 도를 배우고 홍보하는 것과 연계하였다. 고대의 '도'는 즉 유교를 가리킨다. 그는 '도'는 목적이고 '문'은 수단이며, '도'는 내용이고 '문'은 형식이라고 생각했다. '명도'는 당시의 사회현실에서 필요한 것이었고, '문을 위한 것'은 그가 즐겨 하는 평생의 일이었다.

다음으로 그는 전통을 계승한 토대 위에서 문체, 문풍과 문학 언어에 대하여 변혁을 진행하는 것을 견지하였다. 문체 면에서 한유는 변체문(騈體文)을 강력히 반대하고 산문체를 제창하였다. 그의 마음속에서 바랐던 것은 소박하고 알기 쉬운 산문이었다. 그는 텅 빈 변체문과 활기 없는 죽은 형식을 반대했다. 그러나 대구문은 반대하지 않았다. 문풍 면에서 한유는 내용은 없고 문구만 번지르르한 육조 사륙변려문의 습성을 강력히 반대하고 자기의 창작 실천으로 우수한 새로운 문체의 고문을 시범적으로 써서 이를 통해 문풍을 바꿨으며 매우 큰 성공을 얻었다.

그는 선진과 양한시기 산문의 흩어진 구절과 단행형식을 위주로 해야 한다고 주장하였다. 구체적으로 말하면 문장 언어는 반드시 낡은 언어를 배제하고 자기의 말을 써야 하며 신기한 것을 추구하고 독창적인 것이 소중하다고 했던 것이다. "낡은 언어는 쓰지 말자"라고 명확하게 제시하였다. 한편 그는 문장은 알맞고 유창해야 하며, 서면에서의 언어는 규범화되어야 하고, 어법규칙과 언어의 자연형세에 부합되어야 하며, 언어가 어려운 것을 반대하였으며, 복잡한 것을 간결하고 합리적으로 하였다. 이 두 면의 결합은 한유의 문장 언어에 대한 총체적 요구와 전면적인 관점이었다. 다시 말해 언어는 새롭고 독특해야 하며 또 언어는 알기 쉽고 자연스러워야 한다는 것이었다. 그리하여 정제되고 정확하고 특이하고 생동적이고 알기 쉽고 유창한 산문언어가 형성되어 서면 언어와 구두 언어 사이의 거리사이를 크게 축소시켰다.

또 문학과 현실의 관계에서 한유는 불공평한 것을 보면 말해야 한다는 관점을 제출했다. 그는 문장은 모두 사회현실의 산물이며, 억압을 더욱 많이 받는 사람만이 사회현실을 반영하는 작품을 쓸 수 있다고 생각했다. 그는 작자가 평화롭고 즐거운 환경에서는 사람의 마음을 격동시키는 작품을 쓸 수 없으며 불우하여 실의에 빠지고 비분과 우울 속에 있을 때만이 시대의 맥박과 사회의 모순을 깊이 느끼며 사회를 폭로하고 격정을 토로하며 생동적이고 처량하고 구슬픈 감동적인 작품을 쓸 수 있다고 생각했다.

고문운동의 주창자

한유는 당나라 시대의 고문운동을 위하여 일련의 중요한 이론관점들을 제출하여 그의 선배들이 제대로 해결하지 못한 일련의 중요한 문제들을 비교적 잘 해결하였다. 그의 고문운동의 주장은 당나라 시기 고문의 이론기초와 지도사상이 되었다. 그의 주장은 당나라 시기의 고문운동을 이끌어 중대한 성과를 얻게 했으며, 또한 원칙 상에서 송나라 시기 고문운동의 기본 내용을 확정하였다. 따라서 당·송파 고문을 창출하는데 중대한 공헌을 했다고 할 수 있으며, 또한 원, 명, 청의 산문 발전에 극히 큰 영향을 미쳤다고 할 수 있다. 그런 점에서 마오쩌둥은 한유를 매우 높이 평가했던 것이다. 그리하여 그는 "한유의 고문은 후세에 매우 큰 영향을 주었다. 문학사를 쓰려면 그를 경시하면 안 된다"라고 지적하였다.

마오쩌둥은 어려서 공부할 때부터 한유의 문체와 문풍의 영향을 깊이 받았다. 그 자신의 회고에 의하면 일찍이 장사 제일사범학교를 다닐 때 그의 국문 선생님인 원중겸의 엄한 가르침과 격려로 인해 어렸을 때 배웠던 양계초의 문필을 고문으로 바꾸어 배우게 되었다. 그는 매일 열심히 공부하고 외우고 반복적으로 이해하고 세심하게 연구하였으며 또한 원래 갖고 있던 고문 실력으로 마오쩌둥은 매우 빨리 문풍을 바꾸었으며, 매우 출중한 고문을 쓸 수가 있었다. 그리하여 1936년 마오쩌둥은 에드가 스노우와 담화할 때 이렇게 회고했다. "나는 나의 문풍을 바꾸어서 한유의 문장을 연구하고 고문의 표현을 배울 수밖에 없었다. 그리하여 털보 원 씨(원중겸의 별명) 덕택으로 오늘도 나는 필요하면 여전히 괜찮은 문장을 쓸 수 있게 되었다."

오늘 우리는 마오쩌둥의 일련의 연설과 문장을 다시 보면서 여전히 한유의 영향과 흔적을 명확히 볼 수 있다. 예를 들면 마오쩌둥이 연설과 글에서 자주 쓰는 "앞으로 나아가고 싶어도 발이 떨어지지 않고, 말을 하고 싶어도 말이 나오지 않는다.", "행동은 생각에 따라 되는 것이다", "막히지도 않고 흐르지도 않고 멈추지도 않고 움직이지도 않고 언어가 무미하고 보기 흉하다" 등의 말은 모두 한유의 글에서 나온 것이다.[37]

---

37) "학교에 국문을 담당하는 선생님 한 분이 계셨는데, 학생들은 그에게 "털보 원씨(袁氏)"라는 별명을 지어주었다. 그는 나의 문장을 비웃으며 그건 기자들의 기사라고 했다. 그는 내가 본보기로 삼고 있는 양계초를 경시하며 어설프게 아는 사람이라고 하였다. 그래서 나는 나의 문장 풍격을 바꾸고자 한유의 문장을 연구하며 고문식 표현을 배울 수밖에 없었다. 나는 털보 원 씨의 덕분으로 지금도 필요할 때면 괜찮을 정도로 고문을 쓸 수 있게 되었다." 〈毛澤東이 1936년 保安에서 미국기자 에드가 스노우를 접견했을 때의 담화〉, 에드가 스노우, 《西行漫記》, 三聯書店.)

마오쩌동은 평생을 한유의 문장을 읽는 것을 중시하였다. 그는 또 근무요원들에게 《한창려전집(韓昌黎全集)》을 찾아 달라고 하였다. 마오쩌동은 《신당서·이한전》을 읽을 때 이한이 "어릴 때 한유의 시중을 들었는데 고문에 능통하고 문풍이 한유를 닮았다. 문장이 웅장하고 사람이 깔끔하여 한유를 많이 닮았다. 한유를 너무 사랑한 나머지 자신의 딸을 그에게 출가시켰다"는 부분을 읽고 "한유의 문집은 이한이 편집하여 완벽하게 되었는데 구양수가 수현에서 이것을 얻었다. 이리하여 유전되게 되어 큰 공을 세웠다"라고 평어를 달았다. 여기서 마오쩌동이 한유문집이 편집되고 전해지게 된 공적이 후세에 길이 전해질 수 있게 된 원인이라고 보고, 이를 다행한 일이라고 보았다는 것을 알 수 있다.

물론 한유의 고문운동에 관한 이론에도 뚜렷한 결점은 있었다. 그의 '도통사상'과 어떤 유심론적 관념이 그의 이론의 완벽함에 영향을 주었고, 또한 그 자신과 후세의 고문학자들의 창작에서 어떤 불량한 경향을 초래하게 하기도 했다. 1957년 3월 8일 마오쩌동은 문예계 사람들과 담화할 때 이렇게 말했다. "한유는 고문을 제창했지만 그의 고문은 새로운 것이었다."[38] 그러나 한유가 형식을 혁신시킨 것은 '재도', '전도' 및 "그와 사상이 통하는 사람은 도교에 뜻이 있는 사람이다"라는 말처럼 사상을 위한 것이었기 때문에, 마오쩌동은 반대의 태도를 보이기도 했던 것이다.

1973년 국내에서 법가를 평가하고 유가를 비판하는 운동을 벌였을 때, 어떤 신문 간행물에서 한유를 부정하였다. 1975년 8월 2일 문학사학자 유대걸은 자기의 저서를 수정하기 위하여 마오쩌동에게 편지를 써서 한유를 전부 부정하는 것에 동의하지 않았다. 마오쩌동은 1976년 2월 12일 회신에서 이렇게 말했다. "나는 당신의 한유에 대한 의견에 동의합니다. 하나를 둘로 나누는 것이 좋습니다." 이것은 마오쩌동이 한유가 변체문을 반대하고 문체를 혁신하고, 글은 자기 말을 해야 하고, 글은 글자의 순리를 따르고, 낡은 언어를 배제해야 한다는 등 면에서의 사상을 찬동하고 긍정하

---

38) "한유의 고문은 후세에 매우 큰 영향을 주고 있다. 문학사를 쓸 때 그를 경시해서는 안 된다."劉大杰, 〈一次不平常的會見〉, 《毛澤東在上海》, 中共黨史出版社, 1993.

94 공자는 허풍쟁이 조조는 멋쟁이로 본 마오쩌동毛澤東의 인물관

였음을 보여준다.

결론적으로 말해서 비록 공맹유가를 비호한 한유의 '도통사상'을 부정하기는 했지만, 그의 사상의 다른 한 면 즉 민생의 모진 고통에 관심을 갖고 가렴주구(苛斂誅求)를 반대하고 군웅할거(群雄割據)를 반대하고 불교를 배척하는 등의 진보적인 사상 면과는 구분해야 한다는 것이었다.

유종원柳宗元
굴원 이래의 유물론자

인민대중과 함께 생활했던 유물론자

마오쩌동은 유종원을 매우 좋아했고 매우 숭배했다. 유종원은 당나라의 걸출한 사상가이고 정치가이고 고문운동의 주도자이고 저명한 시인이었다. 역사에 쓰지 않으면 안 될 돌출한 정치적 성적도 있고 풍부한 철학과 문학적 유산도 가지고 있었다. 유종원은 어려서부터 비범하였다. 《당서》는 그가 어려서부터 월등하게 똑똑하고 글을 쓰면 훌륭하고 정교하여 오래도록 사람들에게 많이 추앙을 받았다고 기재하고 있다.

당순종 때 동궁의 공부를 시중들었던 한림학사 왕숙문이 집정하였다. 그는 왕비 및 유종원, 유우석, 한태, 한엽, 진간, 능준 정이, 위집의 등과 연합하여 정치개혁을 진행하였다. 유종원은 예부 원외랑을 맡았다. 역사에서는 "2왕, 8사마"라고 칭했다. 그들은 시대의 폐단에 대하여 많은 급진적인 조치를 취하였다. 탐관오리를 파면시키고 인민을 교란시키는 구매행위를 금지하고 궁녀를 석방하고 가혹한 세금을 감면하였으며, 또한 환관의 군권을 탈취하여 번진을 약화시키고 중앙집권을 강화하려고 계획하였다. 그러나 개혁은 구세력의 맹렬한 반격을 받았고, 집정 140여 일만에 실패하였다. 왕숙문은 죽임을 당했고 다른 개혁파 인물들은 전부 변방지역으로 강등되어 유배를 가야 했다. 유종원도 유주자사로 벼슬이 낮추어져 변방으로 가야 했다.

그는 유주에서 자사로 재임한 기간에 현지의 백성들을 위하여 많은 좋은 일을 하였다. 예를 들면 담보로 잡혀간 많은 가난한 농민들의 자녀들 몸값을 지불하고 되찾아오는 등 좋은 일을 많이 하여 현지 대중들로부터 매우 추앙을 받았다. 그가 죽은 뒤에 사람들은 모두 그를 그리워하고 그를 감사하게 생각했다.[39]

유종원의 시와 문장은 다 유명하였다.《유하동집》에는 시와 문장이 45권이나 실려 있다. 그는 정론, 전기, 우화, 산수, 유기를 썼을 뿐 아니라 시가도 썼다. 정치상에서 받은 타격과 박해, 장기적으로 변방지역에 살면서 생활에서 겪은 고난은 유종원으로 하여금 현실정치에 대한 인식과 인민대중의 생활에 대한 체험을 깊게 했고, 사상 감정과 세계관에 변화가 발생되게 되었고, 또 그의 창작에 영향을 주었다.《천설》,《천대》,《비국어》,《정부》등의 글에서 그는 전에 이미 갖고 있던 소박한 유물론적 세계관을 더욱 깊이 발휘하고 논증하였다.

《천대》는 유종원이 영주(지금의 호남성 영릉)로 벼슬이 낮추어져 갔을 때 쓴 논저이다.[40] 이 글은 단락에 따라《천문》에 대해 대답하는 형식으로《천문》사상을 비판적으로 계승하였고, 순황의 "천인상분(天人相分: 하늘과 사람은 가는 길이 달라 상관이 없다)"의 유물론적 관점과 왕충 등의 "원기 일원론"의 유물론적 학설을 발전시켰으며 당시 자연과학의 성과를 흡수하고 자연계를 신격화한 결론과 신령이 세상을 창조했다는 황당무계한 논리를 반박하였다. 작자는 하늘땅이 생기기 전에 우주에는 오직 '원기'라고 부르는 원시물질만 존재했으며 우주는 무한하고 천지만물은 우주의 음과 양이라는 두 가지 원기의 변화로 생긴 것이라고 인정하였다. 이런 관점은 유물론을 견지한 것일 뿐 아니라 소박한 변증법적 요소도 포함하고 있어, 고대 유물론의 우주이론에 중요한 공헌을 하였다. 이밖에 저자는 또 무신론을 운용하여 역사를 해석하기도 하였다. 이것으로 "황제의 권력은 신이 준 것"이라는 잘못된 논리를 논박하

39) "철학가 유종원은 또한 문학가이자 유물론자이다. 그의 철학적 관점은 현실생활을 통해 다른 관념과 변론하고 투쟁하는 과정에서 형성되었다. 그가 영주(永州)에서 가마(司馬)로 재임하던 10년 동안 가난한 사람들을 접촉하였으며 그들을 위해 좋은 일을 많이 하였다. 바로 그 시기에 그는 《산수유기(山水游記)》 등 많은 문학작품을 썼고, 동시에 《천설(天說)》, 《천대(天對)》 등 철학저서를 썼다. 이것은 한유의 유심론적인 관점에서 쓴 것이다." 〈1963년 杭州에서 毛澤東이 한 會議에서 한 演說〉, 〈陶鲁笳, 《毛主席教我們當省委書記》〉
40) "유종원은 불교와 유교를 넘나든 유물론자이다. 그의 《천대》는 굴원의 《천문(天問)》이래 몇 천 년 만에 나온 대작이다. 〈마오쩌둥이 1964년 8월 北戴河에서 철학자들과 한 담화〉 〈張貽玖《毛澤東批注歷史人物》鷺江出版社, 1993〉

면서 민심의 향배는 왕조의 흥망을 결정하는 주요한 원인이라고 지적하였는데, 이것은 그 당시에 있어서도 적극적인 의의를 갖고 있는 말이었다.

유물론적 철학가이며 신흥문화운동가

《천문》은 한 편의 기세 높은 문학작품이었을 뿐만 아니라, 또한 역사이성의 사유를 표현한 철학논저였다. 이 양자를 결합시킨 것은 굴원이 첫 번째였다.[41] 그러므로 사상가 겸 시인인 마오쩌둥의 중시를 받게 된 것이다. 《천문》의 '대단한 점'은 문제를 제기했다는 점이다. 《천대》의 대단한 점은 유물론적 사상과 시의 형식으로 문제에 대해 대답했다는데 있었다. 그리고 《천문》이 생긴 이래 담력과 식견이 있는 '대답'이 겨우 이 한 편에만 있게 된 것이다. 이 점이 마오쩌둥으로 하여금 유종원을 각별히 숭배하게 했던 것이다.

마오쩌둥이 보기에 유종원의 문학창작의 적극적인 의의를 전면적이고 정확하게 평론하려면 그의 유물론적 사상면에서의 돌출적인 공헌을 도외시해서는 안 된다는 것이었다. 《광명일보》 1959년 3월 1일 '문학유산' 칼럼에서는 한 문학사학자가 쓴 《유종원의 시》를 싣고 유종원의 정치적 풍유와 민생의 고통을 반영하고 개인의 불만, 고향을 떠나 타향에 있는 슬픔을 토로한 몇 가지 유형을 제재로 한 작품을 간단하게 분석하였다. 마오쩌둥은 이 문장을 읽고 신변의 근무요원들에게 자신의 관점을 말했다. "유종원이 유물론적 철학가인 것은 그의 《천론》에서 볼 수 있다. 유우석은 이런 유물론을 발전시켰는데 이 문장에서는 이러한 큰 문제에 대해서는 한 마디도 언급하지 않았다. 이것이 이 글의 결점이다."

마오쩌둥은 유종원에 대해 정치사상에서부터 문학창작에 이르기까지 모두 인정하

---

41) "유종원이 유물론적 철학가인 것은 그의 《천론》을 통해 알 수 있다. 이 철학저서는 "사람과 하늘은 서로 이긴다"라는 논점을 제시했고, 천명론을 반대하였다. 유우석(劉禹錫)은 이런 유물론을 발전시켰지만, 그의 글에서는 이러한 큰 문제를 한마디도 언급하지 않은 것은 결점이라 할 수 있다." 林克,〈在毛澤東身邊的歲月片斷〉(《緬懷毛澤東》下冊, 中央文憲出版社, 1993)

였다. 장사교는 만청정부의 급진적 혁명파를 반대하였고 후에 학문에 전념하였다. 그는 일생에서 대부분의 시간에 유종원의 글을 연구하였고, 그 소감으로 《유문지요》라는 책 한 권을 썼다. 1965년 마오쩌둥은 이 책을 읽었을 때 "새로운 의의가 많이 있다", "대체적으로 유종원을 추켜올리고 한유를 깎아 내렸으며 2왕과 8사마의 억울한 사건을 뒤집어서 명예를 회복시켰는데 이것은 아주 잘 쓴 것이다"라고 말했다. 이것은 2왕, 8사마의 정치적 혁신이 박해를 받은 것은 억울한 안건이며, 이 안건을 뒤집은 것은 '잘된 것'이라는 것을 의미했다. 유종원은 8사마 중의 하나이므로 유종원을 위해 명예를 회복시킨 것은 유종원의 정치적 행동을 인정했던 것이다. 마오쩌둥은 유종원의 글을 좋아한다고 했다. 그는 《유문지요》를 위해 서문을 넣어주고 수정해서 쓴 한 단락의 말에서 한유, 유종원이 행한 고문운동의 의의를 높이 평가하였다. 그는 이 '신흥문화운동'은 "어떠한 말이나 다 각각 그 영역에 알맞게 되도록 하였다. 노동자, 농민, 상인, 지식인, 병사 중 많은 사람들은 모두 문화사업의 대열에 참여할 수 있었다. 경제에 변화가 있다는 것은 경제정치교육에도 변화가 있을 것이며 문화사업에도 변화가 있을 것임을 반영한다. 변하지 않는다는 것은 불가능하다"고 말했다.

마오쩌둥은 유종원의 우화이야기를 즐겼고 이를 잘 운용하였다. 연안에 있을 때, 그는 보고를 할 때마다 늘 이런 이야기를 인용하여 비유를 하였다. 예를 들면 1942년 루쉰예술학원에서 이곳을 나가 일하게 되는 간부들이 지식인으로서의 체면을 차리지 않고, 현지의 '시골뜨기' 간부들을 깔보지 않고, 현지의 간부들과 단결을 강화하고, 한 덩어리가 되도록 교육하기 위하여, 그는 보고에서 유종원이 쓴 《귀주의 나귀》라는 이야기를 하였다. 그는 이렇게 말했다.

"귀주에는 원래 나귀가 없었는데 한 사람이 나귀 한 마리를 그 곳으로 가져갔다. 귀주의 호랑이는 키가 크지 않다. 작은 호랑이는 나귀의 큰 체구를 보고 매우 무서워했다. 나귀가 한 번 울자 작은 호랑이는 깜짝 놀라 멀리 도망쳤다. 나중에 시간이 오래 흐르면서 작은 호랑이는 나귀가 별로 대단해 보이지 않자 가까이 다가가 툭툭 건드려 보았다. 나귀는 크게 화가 나서 발로 작은 호랑이를 걷어찼다. 작은 호랑이는 나귀가 무슨 재주가 있는지를 알게 되었다. '원래 나귀는 이런 재주밖에 없었구나.' 이렇게 말한 작은 호랑이는 나귀를 냉큼 잡아먹었다."

마오쩌둥은 이 이야기를 할 때 호랑이가 나귀를 떠보는 시늉을 하면서 옆에서 기록을 하고 있는 동지에게로 다가가자 사람들이 모두 웃었다. 그는 유종원의 이 우화 이야기를 운용하여 그가 증명하려는 이치를 표현함으로써 형상적이고 생동적으로 청중들의 머릿속에 새겨지게 하여 매우 좋은 효과를 거두었다. 20여 년이 지났는데도 많은 동지들은 아직도 당시 상황을 명확하게 기억하고 있다는 점에서 알 수 있다.

마오쩌둥은 유종원을 매우 좋아했고 숭배했다. 유종원은 정말로 지금의 사람들이 계승하고 배워야 할 많은 것들을 가지고 있었던 것이다.

송태종宋太宗
거란에 패할 수밖에 없었던 병법의 바보

패하면서도 패인을 몰랐던 군주

　마오쩌동은 송태종이 병법을 몰라 거란의 적수가 아니었다고 비평하면서 그에 대한 경멸감을 나타냈다. 이로부터 "적을 유인하여 깊이 끌어들여 집중해서 소멸하는 전략전술"의 우월한 부분을 인정하게 되었다.

　송태종 조경은 북송의 개국황제 조광윤의 친 남동생이다. 그는 그의 형이 죽은 후 황제의 자리를 계승하여 북송 왕조의 두 번째 황제가 되었다. 송태조의 노력에 의해 강산의 대부분이 통일되었고, 송태종이 즉위할 때 송나라와 대립하고 있던 나라는 거란(요나라)과 서하밖에 남지 않았다. 전국을 통일하기 위해 그는 여러 차례 친히 거란을 정벌하러 나섰다. 송나라와 요나라 간의 첫 번째 큰 싸움은 송나라의 태평흥국 4년(979)에 송태종이 대군을 거느리고 거란을 토벌할 때 있었다. 송태종이 가는 길에 동역주, 탁주, 유주, 계주 등지의 자사, 절도사들은 분분히 와서 항복하였다. 기세는 눈에 띄게 좋았으나 처음에는 승전했지만 나중에는 패전하고 말았다. 마오쩌동은 이 부분의 페이지 위에 "이 사람은 병법을 몰랐기 때문에 거란의 적수가 아니었다"라고 평어를 달았다.[42]

　사실은 이러하였다. 태종은 북한을 평정한 후 쉬지 않고 송나라 군대를 거느리고

---

42) 毛澤東, 《毛澤東讀文史古籍批語集》, 中央文獻出版社, 1993.

고량하에서 거란과 큰 싸움을 하였다. 처음에는 몇 차례 작은 승전을 했지만 유주는 오래도록 공략하지 못했다. 부대는 장기적으로 연속작전을 했기 때문에 충분한 휴식을 취하지 못했고 지나치게 피로한 상태에 있었다. 현실을 이해하지 못하고 민중과 괴리되어 있던 송태종은 적의 상황을 알지 못하고 있었기에 싸우는 사병들을 아낄 줄 몰랐고, 지휘가 부당하여 거란의 두 군대의 협공포위에 빠져 대패하고 말았으며, 군대를 거느리고 돌아올 수밖에 없었다. 이 이야기가 쓰여 있는 페이지 위에 마오쩌동은 "그 이후 여러 차례 패전했는데, 이 이유는 배번 거란이 적을 유인하여 깊이 끌어들여 집중해서 섬멸하는 방법을 썼기 때문이다. 송나라 사람들은 끝까지 이를 깨닫지 못했다"라고 평어를 달았다.

송옹희 3년(986)에 거란의 부단한 남침 위협으로 인해 송태종은 몇 년 동안의 주도면밀한 준비를 거쳐 또 다시 토벌을 시작하여 군대를 네 갈래로 나누어 연운 16주를 수복하고자 하였다. 동로는 대평군 절도사 조빈이 군대를 거느리고 탁주를 쳤는데 손쉽게 탈취했다. 서로는 감무군 절도사 반미가 군대를 거느렸는데 역시 매번 승리를 거두었다. 그의 부장 관찰사 양업(즉 양가장 제1대 인물 양계업)은 줄곧 앞장서서 환주까지 쳐들어갔다. 형세는 매우 좋았다. 그런데 동로는 탁주를 공략한 후 지원병과 양초를 이어댈 수가 없었던 데다가 군대를 적진의 깊숙한 곳까지 들어갔다. 거란인들은 적을 유인하여 깊이 끌어들이는 작전이 성공한 것을 보고 유주에 군대를 주둔시키고 굳게 지키면서 싸우지 않았다. 양초도 없고 지원병도 없는 조빈은 계속 대치하고 있을 수가 없어 웅주로 군대를 끌고 돌아갔다. 그러나 군사전략을 전혀 모르는 송태종은 조빈을 담이 작다고 질책하면서 급진할 것을 명하였다. 명을 어길 수가 없어 조빈은 또다시 탁주에 돌아갈 수밖에 없었는데 양초가 다시 끊겼다. 거란은 길옆에 매복을 하고 두 갈래로 송나라 군대를 협공하였다. 그리하여 조빈은 기구관에서 대패하고 말았다. 동로군을 이긴 후 거란인들은 되돌아가 10만의 우세한 병력으로 환주를 공격했다. 양업도 군대를 진군시켰기 때문에 양초의 공급이 끊겼다. 죽기로 싸웠지만 적은 수로 많은 적을 감당할 수가 없어 잡혔고, "지조를 지켜 죽었다." 반미 또한 같은 원인으로 패전하였다.

황위에 오르는 데만 급급했던 무능자

마오쩌둥은 병법을 모르고 경험교훈을 종합하지 않은 송태종을 비평한 것 외에도 거란 인들의 융통성 있는 전술을 인정하였다. 그는 책의 빈 가장자리에 이렇게 썼다. "거란은 적을 유인하여 깊이 끌어들이는 방법을 잘 써서 적에게 많은 곳을 차지하게 한 다음 시기를 기다려 적을 섬멸했다." 또 양업의 "지조를 지켜 죽었다"라는 쪽의 위 부분 공백에는 "양업은 전사했다"라는 글자를 써넣어 양업이 "지조를 지켜 죽었다"는 결론을 바로잡았다.

《송사·태종본기》의 편 뒤에 작자 탈탈(脫脫)은 태종을 찬미했다. 그는 "황제가 믿음직하고 지혜롭고 영명하고 결단성이 있어 천하를 안정시키려는 뜻이 있었다"라고 기술했다. 그러나 마오쩌둥은 그렇게 생각하지 않았다. 그는 그 옆에 이렇게 평어를 달았다. "그러나 무능하다." 또한 탈탈이 찬미한 다음 글에 대해서도 비평의 평어를 달았는데, 즉 "황제는 자신을 불살라 하늘의 뜻에 보답하고 또 나라의 모든 세금을 다 없애고 국민들의 노동력을 해방시키려고 했다. 군대에서는 각종 병기도 쓰지 않고 곡식은 집에 둔 채 바칠 필요도 없었다. 이렇게 하여 노인들이 자식들을 데리고 길에 나와 황제를 자리에 오르라고 하는 사람들이 점점 많아졌다"고 한 시술에 대해 마오쩌둥은 "수단을 가리지 않고 황위에 오르는 데만 급급해 했다"라고 평어를 달았다.

상술한 평어와 주석에서 마오쩌둥은 구시대 사학자가 찬미하고 노래한 송태종에 대해 많은 이의와 비판적인 시각을 갖고 있었고, 거란인의 "적을 유인하여 깊이 끌어들여 모아서 섬멸하는 전략전술"에 대해서는 상당히 중시하고 찬사를 했음을 알 수 있다. 마오쩌둥이 보기에 적을 유인하여 깊이 끌어들여 집중하여 섬멸하는 것은 승리를 거두는 전략전술의 기본원칙이라고 생각했다. 1965년 8월 11일 군대 책임자인 나서경이 마오쩌둥과 중앙 상무위원회에 대해 적을 유인하여 깊이 끌어들이는 전투

준비방법 문제를 보고할 때 마오쩌동은 즉시 이렇게 말했다. "적을 유인하여 깊이 끌어들여야 합니다. 나는 요즘 역사를 연구하는데 고금중외에서 적을 유인하여 깊이 끌어들인 작전은 모두 적을 섬멸시키는데 성공했다. 처음에 승전을 하고 좋아서 어쩔 줄 몰라 적진에 깊이 들어간 경우는 모두 패전했다. 송나라의 두 번째 황제 조광의는 고전 끝에 한나라를 멸망시키고 태원을 점령한 후 요나라와 싸우면서 지금의 북경 근처까지 깊이 들어갔는데, 적의 반격 한 번에 크게 패하고 몇 개월간은 황제의 행방조차 알지를 못했다. 그 후 송나라는 외국과 싸울 때는 적을 막고 적을 감히 깊이 들어오게 하지 못했다.

유방도 몇 번 적을 우습게 알고 모험적으로 들어갔다가 크게 패했고 하마터면 적에게 사로잡힐 뻔 하기도 했다. 한 번은 군대를 데리고 평성(대동)에 깊이 들어갔다가 흉노 선우에게 7일간 포위되어 양초 등 물자가 다 떨어졌는데 진평의 계책으로 겨우 뚫고 나왔다. 또 한 번은 팽성에 깊이 들어갔다가 항우의 반격 한 번에 몇 십만 명이 섬멸되고, 유방은 단지 차 한 대에 올라 몇 십 명의 군사와 함께 포위를 뚫고 도망쳤다. 길에서 자기의 자식을 만났는데 초나라 군대가 쫓아오므로 몇 번이나 자식을 차에서 밀어냈고 하후영이 몇 번이나 그들을 들어 올려 태웠다. 적으로 하여금 승전을 하지 못하게 하고 본때를 보여주면 적은 오지 않게 된다. 이런 일은 자주 연구하는 것이 좋다.

마오쩌동은 송태종에 대한 비판을 통하여 "적을 유인하여 깊이 끌어들여 집중하여 섬멸하는" 이 전략전술의 우수한 부분을 인정하였고, 그의 군사사상에서도 이 고대 전략전술의 알맹이를 계승하였다.

사마광司馬光
읽기를 좋아했던 『자치통감』에 대한 아쉬움

《사기》에 필적하는 역사서 《자치통감》

사마광의 《자치통감》은 마오쩌둥이 매우 즐겨 읽은 사학명작인데, 그는 17번이나 읽었다! 마오쩌둥은 사학자와 이 책의 학술적 성취에 대해 찬사를 보냈으며 신변의 근무요원과도 사마광이 이 책을 쓴 조건·배경과 사마광이 사람들에게 주는 계시 등에 대해 긴 시간동안 이야기했다.

《자치통감》은 사마광의 주요한 저작이고 또한 중국고대의 역사 거작이다. 사마광은 이 책으로 인하여 역사책에 그 이름을 남겼다. 전체 책은 294권이고 따로 《목록》만 30권이 있고 《고이(考異, 매 사건에 대한 고증)》가 30권 있다. 《자치통감》은 〈주기〉로부터 〈5대기〉까지 주 위열왕 23년(기원전 403)부터 후주 세종 현덕 6년(959) 까지 모두 1362년의 역사를 기술했다. 송영종 치평 3년(1066)에 시작하여 원풍 7년(1084)에 책이 완성되었는데 19년이나 걸렸다.

《자치통감》은 비록 사마광이 집대성한 것이지만 사실상은 여러 사람들이 함께 쓴 저작이다. 협조자로는 유서, 유반, 범조우 등 세 사람이 있다. 유서는 많이 듣고 기억을 잘 했다. 《사기》이전의 시사와 사기잡설 등을 보지 않은 것이 없었고, 《자치통감》을 편찬하기 위한 토론에서 제일 많은 힘을 썼다. 유반은 한나라 역사에, 범조우는 당나라 역사에 깊은 연구를 하였다. 그들은 분업하고 합작하여 각자가 다 중요한 공헌을 하였다.

《자치통감》에 모으고 인용한 사료는 아주 풍부했다. 17사를 제외하고 인용한 여러 가지 역사 이야기와 시서는 수백 종에 달했다. 당조와 5대의 역사사실을 선택할 수 있는 서적이 가장 많았다. 사전문집 외에도 또 실록, 보첩, 가전, 행장, 소설 등 각종 사료들이 있었다. 책에서는 늘 한 가지 일을 여러 가지의 재료를 통해 서술하였다. 시간과 사적이 다를 때에는 고찰하고 수정했으며, 취하고 버릴 것을 숙고한 원인을 적어놓아 《고이》로 삼았다. 《자치통감》은 상당히 높은 사료의 가치를 갖고 있는데, 특히 《수기》, 《당기》, 《5대기》의 사료적 가치가 제일 높다.

《자치통감》은 편년체 통사이다. 시간의 순서에 따라 역사사실을 서술하였는데, 회상 형식과 종언 수법으로 역사사실의 원인과 결과를 설명하여 사람들로 하여금 쉽게 계통적이고 뚜렷한 인상을 갖게 하였다. 그 내용은 정치, 군사 역사 사실을 주로 하여 역대 군신들의 치란(治亂), 성패와 안위의 흔적을 역사의 거울로 삼았다. 그러나 책에서는 역대 지배계급의 활동을 서술한 동시에 각 민족의 생활과 투쟁도 서술하였다.

《자치통감》은 사마광 한 사람이 정성 들여 원고를 정하고 수사를 통일했기 때문에 글이 아름답고 서사가 생동적이어서 상당히 높은 문학적 가치를 갖고 있어 역대로 내려오면서 《사기》와 더불어 중국 고대 역사학의 최고봉으로 평가되고 있다.

《자치통감》은 사건을 서술한 것 외에 선인들의 사론 97편을 택하여 실었고, 또 "신하 사마광이 말합니다"라는 형식으로 사론 118편을 써서 비교적 집중적으로 작자의 정치, 역사적 관점을 반영하였다. 《통감》은 역사상의 도참, 점술, 불교 등 종교적 미신에 비판적인 태도를 취했다는 점에서 사학사상의 진보적인 면을 보여주었다.

《자치통감》은 300여 만 자나 된다. 정사를 종지로 한 것 외에도 패관 야사, 주의, 필기, 문집, 묘지, 보록 등 여러 가지 서적 300여 종을 이용한 현존하는 최대의 편년체 통사이다. 사마광은 이 책의 《진표》에서 이 책의 종지는 "전세의 흥망성쇠를 거울로 삼고 고금의 득실을 생각하여 선한 것을 찬양하고 악한 것을 신중히 하며, 맞는 것은 취하고 틀리는 것은 버렸다." 그러므로 "오로지 나라의 흥망성쇠와 백성의 화복에 관련된 것만을 골랐는데 좋으면 법으로 하고 나쁘면 금지해야 한다"고 말했다. 한마디로 말하여 《자치통감》은 《사기》와 나란히 할 수 있는 위대한 역사서인 것이다.

1954년 겨울 마오쩌둥은 사학자 오함에게 말했다. "《자치통감》이 책은 매우 잘 썼습니다. 비록 입장과 관념은 봉건지배계급의 것이지만, 사건을 서술함에 있어서 방법이 있고, 역대의 흥망성쇠와 난을 다스린 것의 본말이 다 구비되어 있다. 우리는 이 책을 비판적으로 읽고 이 책을 비러 역사사건을 깊이 이해하고 그로부터 경험교훈을 취할 수 있다."

마오쩌둥은 사료가 풍부한 이 역사명작을 매우 즐겨 읽었다. 1960년 12월 그는 두 외국대표단과의 담화에서 이렇게 말했다. "소위 중국의 몇 천 년의 역사라는 것은 봉건시대의 역사이다. 그러나 전부가 봉건사회의 것은 아니다. 인민의 것이 있고 반봉건의 것이 있다. 봉건주의의 것과 봉건주의의 것이 아닌 것을 구별해야 한다. …… 마땅히 봉건주의의 문화를 비판적으로 이용해야 한다." 그 자신은 바로 이 지도사상으로써 《자치통감》과 기타 역사전적을 읽었던 것이다.

마오쩌둥과 평생을 함께했던 책

마오쩌둥 신변의 제일 마지막 간호사 맹금운의 기억에 따르면, 마오쩌둥은 만년에 침대머리에 항상 《자치통감》을 놓아두었는데 이 책은 그가 하도 읽어서 책장을 넘기느라 달아서 헤졌다고 한다. 많은 쪽은 투명한 테이프로 붙여놓았는데 이 책에는 그가 여러 번 읽은 흔적이 남아 있었다.

얼마동안 마오쩌둥은 《자치통감》에 매혹되었었는데 그는 읽기 시작하면 반나절이 걸렸으며 지치면 몸을 돌려 또 몇 시간을 읽으면서 오랜 시간을 지속하였다. 마오쩌둥이 정신을 몰두하고 책을 읽는 모습은 맹금운에게 잊을 수 없는 기억을 남겼다.

하루는 마오쩌둥이 점심을 먹고 나서 로비의 소파에 앉아있는데 그 표정이 매우 한가해 보였다. 보아하니 그는 독서를 하지 않은 것 같았다. 그는 미소를 지으며 맹금운을 보면서 탁자 위의 《자치통감》을 가리키면서 물었다.

"맹금운 동지, 당신은 이 책을 내가 몇 번 읽었는지 아시오?"

맹금운의 대답을 기다리지 않고 마오쩌동은 이어서 말했다.

"열일곱 번이오. 한 번씩 읽을 때마다 얻는 것이 많소. 얻기 어려운 좋은 책이오. 아마 이번이 마지막일 것이오. 읽기 싫은 것이 아니고 시간이 없을 뿐이오."

마오쩌동의 이 마지막 말의 어조에는 애석함과 유감이 가득하였으나 추호도 소침하거나 감상적이지는 않았다. 그는 계속해서 맹금운에게 물었다.

"맹금운 동지, 이 책에 대해 당신은 얼마만큼 알고 있소?"

맹금운은 조금 쑥스러워 하면서 말했다.

"저는 이 책이 다만 역사를 쓴 책이라는 것만 알고 있습니다. 선생님은 이 책을 사마광이 썼다고 했습니다."

마오쩌동이 책의 내용을 캐어묻자 맹금운은 머리만 저었다. 마오쩌동은 맹금운이 쑥스러워하는 것을 보고 이어서 말했다.

"물론 당신을 탓할 수는 없소. 이 책을 한 번 읽으려면 몇 년은 걸려야 하오. 그렇지만 나는 그래도 읽어보라고 권고하오. 다 읽을 수 없으면 어떤 부분을 읽어보아도 좋소. 읽는 것과 읽지 않는 것은 크게 다르오. 당신은 아직 젊은데 이런 결심을 하지 않겠소?"

그러자 맹금운은,

"해보겠습니다. 그런데 그런 의지력이 없을 까봐 걱정됩니다."

라고 대답했다. 마오쩌동은 그 말을 듣고 이렇게 말했다.

"맹금운 동지는 단어 하나를 틀리게 사용했는데 그건 의지력이 아니고 흥미요. 흥미를 느껴야만 책을 읽을 때 지치지 않고 보면 볼수록 재미있고 보면 볼수록 편해져 휴식하는 것과 같게 된다오."

맹금운은,

"제가 보기에 주석님은 책을 보시는데 흥미가 있는 것 같습니다. 하루 종일 책을 보아도 싫증을 내지 않고 계속해서 역사책을 보고 계시는데 저는 역사책을 읽지 못하겠습니다."

마오쩌동은 맹금운의 말을 듣고 책망하지 않고 이렇게 이어서 말했다.

"중국 고대의 역사는 학문이 많이 들어 있소. 어떤 사람들은 중국 고대의 역사는 전부가 찌꺼기이고 볼 필요가 없다고 하고, 또 어떤 사람들은 중국 역사는 전부 알맹이며 모든 병을 치료할 수 있다고 하는데, 내가 보기에는 이 두 시각을 가진 사람들은 모두 일면적이라고 할 수 있소. 나의 관점은 알맹이도 있고 찌꺼기도 있으며 계승도 해야 하지만 비판적인 분석도 해야 한다는 것이오. 그렇지 않소?"

맹금운은 연신 머리를 끄덕이며 동감했다. 그러자 마오쩌동이 또 다시 물었다.

"왜 맞다고 했지요?"

맹금운은 생각하지도 않고 대답했다.

"주석님께서 하신 말씀이 틀릴 리가 있겠습니까?"

마오쩌동은 웃으면서 말했다.

"내가 말한 것이면 다 맞는다고요? 그럼 난 성인이겠구려. 역사에는 성인이 없었고 지금도 없고 이후에도 없을 것이오. 틀리는 것이 없는 성인은 영원히 없을 것이오. 내가 한 말 중에서 절반만 맞으면 난 만족이오. 책에서 한 말도 틀린 말이 많으므로 다 믿어서는 안 된다오."

마오쩌동은 책꽂이에서 얇은 책을 맹금운에게 넘겨주면서 말했다.

"이것은《자치통감》을 쓴 책이오. 잘 썼고 읽기도 쉬우니까 시간이 있으면 읽어보오. 당신과 한 번 연구 토론을 해보고 싶소이다."

십여 일 후 맹금운은 소책자를 마오쩌동에게 돌려주었다. 이 책을 읽으면서 맹금운은《자치통감》에 대해 어느 정도 이해가 되는 듯싶었다. 마오쩌동은 맹금운이 돌려주는 책을 받으면서 미소를 짓고 그녀에게 말했다.

"책은 다 보았지만 공짜로 보면 안 되오. 견해를 좀 발표하여 가르침에 대한 대가를 아끼지 말아야 하지요."

마오쩌둥의 농담에는 진지한 면이 담겨 있었다. 맹금운은 조금 쑥스러워하면서 말했다. "《자치통감》에 대해 저는 조금 이해를 하는 정도이고 많은 것은 아직 모릅니다. 저보고 말하라고 하시면 저는 질문이나 하나 드리겠습니다."

마오쩌둥이 웃으며 말했다.

"조금 이해를 했다니 좋소. 보아하니 조금 아는가 싶은데, 문제만 제기해도 좋소. 문제를 제기할 수 있다는 것은 진보했음을 말하는 표시지요."

그리하여 마오쩌둥의 넓은 로비에서 친구들 사이의 한담 같기도 하고 선생님과 학생 사이의 토론 같기도 한 것이 시작되었다.

학생으로서의 맹금운이 먼저 말했다.

"이 책을 《자치통감》이라고 부른 것은 지배자로 하여금 역사를 거울로 삼고 자기를 비추어보라는 것인데, 왜 역사가 시작되면서부터 쓰지 않고 동주 위열왕(東周 威烈王, 주나라의 32대 왕) 23년부터 썼습니까?"

이 질문을 듣자 마오쩌둥의 눈이 빛나면서 특별히 기쁜 마음을 나타냈다. 그는 웃으면서 맹금운에게 물었다.

"이 질문은 참 좋소. 머리를 잘 썼구려. 보아하니 당신은 이 거울이 너무 작아 전면적으로 비춰볼 수 없을까봐 걱정하는구먼 그래. 사실 이 거울은 이미 작지 않소. 지배자가 열심히 비춰보면 전혀 문제가 없을 거요. 예를 들면 책에서는 이렇게 말했소. '예, 의, 명, 치는 한 나라를 유지하는 네 개의 요소이다. 이 네 개의 요소가 발휘되지 못하면 나라는 멸망한다' 청나라의 옹정 황제는 이것을 보고 찬사를 아끼지 않으면서 여기에 근거하여 이런 결론을 내렸소. 나라를 다스리는 것은 곧 관리를 다스리는 것이라고. 만약 신하들이 청렴하지 못하고 수치를 모르고 탐욕스러우면 천하가 크게 혼란해지고 말 것이오."

맹금운이 말했다.

"주석님께서 하신 말씀의 의미를 알겠습니다. 역사는 참말로 거울입니다. 그런데 왜 처음부터 쓰지 않았습니까? 처음부터 쓰면 더욱 완벽하지 않습니까?"

마오쩌동은 이렇게 말했다.

"사마광이 동주 위열왕부터 쓰기 시작한 것은 이 해에 중국역사 상에서 큰 일이 한 차례 발생했거나 혹은 큰 일이 발생했다고 사마광이 생각했기 때문이오."

맹금운이 물었다.

"이 해에 무슨 큰 일이 일어났습니까? 제가 배운 역사교과서에는 왜 없습니까?"

마오쩌동은 말했다.

"이 해에 주나라 황제가 한, 조, 위 등 세 가문을 제후로 명하면서 문제없다고 인정하자 원래 불법이었던 세 가문의 분진(晉을 三家로 나눈 것을 三家分晉이라 함)이 합법하게 되었소. 사마광은 이것이 주 씨 황실이 망하게 된 관건이라고 생각했던 것이오. '삼진이 고약한 것이 아니고 황제의 잘못이다 라고 말이오.' 그래서 이 해의 이 일 때문에 이 일을 《자치통감》의 첫 편으로 선택한 것이라오. 이것은 전 편의 요지를 밝힌 것으로 《자치통감》의 책 이름과 꼭 어울리지 않소. 아래에선 불법이라 하고, 위에서는 인정해주는 이 주나라 황제는 보아하니 원칙도 없고 옳고 그름도 없었소이다. 옳은 것도 그른 것도 없으니 당연히 어지러워질 수밖에 없었지요. 이러한 것을 윗물이 맑아야 아랫물이 맑다고 하는 것이오. 어떤 나라나 마찬가지요. 위에서 마음대로 하는데 아래에서 얌전히 가만있을 수 있겠소? 일이 어떻게 된 데는 반드시 그럴만한 필연적인 이유가 있는 거지요."

맹금운이 말했다.

"왜 이 해부터 시작했는지는 알겠습니다. 그런데 왜 5대까지만 쓰고 멈추었습니까?"

마오쩌동은 이렇게 말했다.

"어떤 사람은 송나라가 자체의 국사를 갖고 있으므로 국사에 의하지 않고 또 한 권을 편집한다는 것이 어려웠다고 말하는데, 내가 보기에는 이것이 중요한 것이 아니오. 그 왕조의 사람이 그 국사를 편집하려면 어떤 사건은 말하기 어렵고 또는 감히 말하지 못한다고도 할 수 있소. 말하기 어려운 일은 대부분 감히 말할 수 없는 것들이오. 그래서 역대로부터 사서를 편집할 때에는 그 왕조를 쓸 때 사실적으로 쓰지 못하기 때문에 늘 후세사람들에게 쓰게 하지요. 그 당시의 사람들이 쓰게 되면 그 권위가 두려워 아마 좋은 말만 하고 거짓말만 썼을 것이오. 이런 것은 모두 인정할 수 없는 것이지요."

마오쩌둥은 이어서 말했다.

"맹금운 동지, 《자치통감》의 마지막 부분에는 조광윤을 썼는데, 오로지 태조황제가 어떻게 용감했으며 어떻게 영명했으며 어떻게 대단했다고 완벽하게 말했는데 그것을 다 믿어도 될까요?"

맹금운은,

"당연히 안 됩니다. 보아하니 역사책에도 믿을 수 없는 것들이 많이 들어있는 것 같으니까요. 《자치통감》은 많은 황제들을 썼는데 어떤 황제들은 아주 흐리멍텅했는데도 황제가 되었어요. 정말로 이해가 안 돼요."

라고 말했다. 마오쩌둥은,

"중국의 황제들은 매우 재미있소. 어떤 황제들은 매우 능력 있고 어떤 황제들은 바보였지만 그건 방법이 없었소. 황제는 세습적인 것이기 때문에 아버지가 황제이면 그 아들은 아무리 흐리멍텅해도 황제가 되어야 했소. 이건 그들을 탓할 일이 아니오. 태어나면 곧 황제잖소. 두세 살에 황제가 된 사람도 있으니 우스운 일이 많지요. 그런 황제노릇 하기는 엄청 쉬웠소. 모든 일을 다 다른 사람들이 해주니까 말이오."

라고 말했다. 맹금운은,

"그런 황제는 당연히 하기 쉽지요. 누구나 다 할 수 있습니다. 세 살에 황제가 되었다니 정말로 황당합니다."

라고 말했다. 마오쩌둥은,

"중국역사에는 세 살짜리 황제는 있어도 세 살 먹은 아이가 인력거를 끌고 길에서 달리는 모습은 본적이 없소. 그건 여섯 살에도 할 수 없지요. 황제노릇 하는 것과 인력거를 끄는 것 중에서 어느 것이 더 어렵겠소? 황제가 흐리멍텅하니 당연히 대신들이 제멋대로 하고 백성들을 수탈할 수밖에 없었고 백성들이 저항하면 진압을 했소. 그 방법은 잔혹하기 그지없었는데 《자치통감》에는 런 기술이 많소. 그때 일종의 형벌이 있었는데 범인의 배를 가르고 창자를 끌고 가는 것이오. 폭정이 이런 정도에까지 이르렀으니 백성들은 참을 수 없어 반란을 일으켰는데 진압하지 못하면 끝장나는 거지요."

라고 말했다. 며칠 지나서 마오쩌동은 맹금운과 계속하여 역사를 말하고 《자치통감》에 대해 말했다. 맹금운은 또 문제를 하나 제기했다.

"왕안석과 사마광은 적수이면서도 친구였는데 이건 어째서입니까?"

마오쩌동은,

"이 두 사람은 정치상에서는 적수였소. 왕안석은 법을 개혁하려 했고__ 사마광은 반대했지요. 그러나 학문에서 둘은 또 좋은 친구였고 서로 존중했어요. 그들이 존중한 것은 상대방의 학문이었다오. 이런 점을 우리는 따라 배울 가치가 있으며, 정치적 관점이 다르다고 그 사람의 학문도 인정하지 않아서는 안 되는 거지요.""나도 정치상에서 적수가 있고 그들의 주장에 동의하지 않지만, 그 사람들의 학문은 존중하고 적어도 인정은 해주고 있소."

라고 말했다.

맹금운은,

"주석님도 적수가 있습니까? 그것은 과거이고 지금은 어디에도 없지 않나요?"

라고 물었다. 마오쩌동은,

"왜 적수가 없겠소? 맹금운 동지도 가끔은 내 적수요. 당신은 기어코 나에게 약을 먹게 하고 나는 먹지 않으려고 하는데, 이것이 적수가 아니고 무엇이요? 정치에서의 적수는 아니고 생활에서의 적수라는 겁니다."

라고 말했다. 맹금운은,

"저는 감히 주석님과 맞설 수가 없습니다. 주석님이 그렇게 고집스러우신 데 누가 주석님을 설득할 수 있겠습니까?"

라고 말했다. 마오쩌동은 계속하여 말했다.

"고집을 말할라치면 사마광 이 사람이지요. 하려고 한 일은 반드시 하고야 말며 끝까지 했다오. 고집은 반드시 좋은 일은 아니지만 학문에서는 이런 정신이 필요한 거요. 흔들이길 잘 하는 사람들보다는 더 좋소. 옳은 것은 당연히 견지해야 하고 틀린 것은 그 당시에 몰랐다면 왜 견지하지 못하오? 물론 옳고 그름이 어떤 때는 전화되어 그때에는 옳은 것이지만 몇 년이 지나도 계속 옳은 것이 아닐지도 모르지요. 그때는 틀린 것이라도 시간이 지나간 후에는 틀린 것이 아닐 수도 있소. 몇 년이 지난 후에도 틀린 것이었는데 또 시간이 지나면 그렇지 않을 수도 있지요. 그러므로 일에 대해 쉽게 결론을 내리지 말아야 한다오. 역사는 살아 있으니까요."

맹금운은 또 새로운 문제를 제기했다.

"전에는 《자치통감》을 사마광 한 사람이 쓴 줄 알았는데 지금은 여러 사람이 합쳐서 쓴 것이라는 것을 알게 되었습니다."

마오쩌동은,

"한 사람이 머리가 세 개에 팔이 여섯 개가 있어도 이런 큰 책을 만들 수가 없다오. 이름이 쓰여 있는 사람이 다섯 명이지만 이름이 쓰여 있지 않은 사람이 더 많다오. 이 그룹이 서로 협력하여 자기의 능력을 펼쳐 19년을 일했는데, 여기에는 황제의 지원도 있었소. 물론 사마광이 중심이 되었지요, 그가 주관하지 않았더라면 모든 것이 될 수가 없었지요."

라고 말했다. 마오쩌동의 말을 듣고 맹금운이 자신도 모르게 말했다.

"이 책은 정말 큰 공정이었네요!"

"그렇소. 큰 공정이었소. 사마광은 의지력이 있고 결심이 있었소. 그는 48살부터 60살에 이르는 황금시기에 이 대 공정을 완성했소. 물론 이 시기에 정치적으로 뜻을 이루지 못하고 면직되었지만 말이오. 이것도 그가 이 책을 쓸 수 있는 원인이었지요."[43]

43) 范忠程主編, 《博覽群書的毛澤東》, 湖南出版社, 1993.

맹금운이 말했다.

"사마천도 궁형을 받은 뒤에 《사기》를 완성했다고 들었습니다."

마오쩌둥은,

"중국에 두 개의 큰 책이 있는데 하나는 《사기》이고 하나는 《자치통감》인데 모두 재능이 있는 사람들이 정치에서 뜻을 얻지 못한 처지에서 쓴 것이라오. 보아하니 사람은 타격을 좀 받고 곤란에 부딪치는 것이 좋은 일이라 하지 않을 수 없소. 물론 이것은 재능이 있고 뜻이 있는 사람들을 가리켜서 한 말이오. 이 두 가지가 없으면 타격이 오면 소침해지지 않으면 아무렇게나 하게 되고, 심지어는 자살을 할 수도 있지요. 사마광은 만년에 3개월간 재상을 했는데 1년 정도 지나서 죽었소. 죽은 다음에도 계속해서 불운했지요. 참으로 사람의 일은 알 수 없는 거지요."

라고 말했다. 맹금운은,

"사람은 일생동안에 어떤 일에 부딪칠 지 알 수 없습니다. 책에서는 송나라 때는 목판인쇄술이 있었기에 《자치통감》을 내는데 큰 역할을 했다고 하네요."

라고 말했다. 마오쩌둥은,

"송나라 때부터 목판인쇄술이 있게 되었는데 그 이전의 책은 모두 손으로 베꼈지요. 만일 목판인쇄술이 없었더라면 이 책이 나올 수 있었을 지도 의문이었을 것이오. 성취라는 것은 여러 면에서 노력을 해야 하지만, 일을 망치려면 한 쪽에서 기반을 무너뜨리는 것으로도 충분하다고 생각되오. 건설은 파괴보다 훨씬 어려운 것이지요."

라고 말했다. 그 다음 마오쩌둥은 또 맹금운에게 측천무후에 대한 그의 관점을 말했다. 이어서 맹 씨가 또 문제를 제기했다.

"왜 그렇게 큰 책이 정치만 많이 쓰고 경제문화는 그렇게 적게 썼을까요?"

마오쩌둥은,

"중국의 군사가는 꼭 정치가인 것은 아니지만 걸출한 정치가는 대부분 군사가들이었다오. 중국에서 정권이 바뀔 때마다 군사를 모르면 정치를 어떻게 할 수 있었겠소? 특히 결정적 순간의 정치는 늘 군사실력으로 대변되었소. 천하가 없을 때에는 천하를 갖기 위해 싸우고, 천하가 있을 때에는 천하를 지키기 위해 싸웠지요. 누군가 《좌전》을 '서로 가지려는 책'이라는 이름을 달았는데, 이 책은 《자치통감》보다 전쟁을 훨씬 적게 썼고 《자치통감》보다 재미도 없었소. 그러니 《자치통감》은 큰 '서로 가지려는 책'이라오."

라고 말했다. 마오쩌둥은 이어서 "《자치통감》에서는 전쟁을 매우 재미있고 생동적으로 썼고 변증법으로 꽉 차 있지요. 이 책은 지배계급의 지배를 도와주려고 했는데 무엇에 의지했겠소? 문화에 의지할 수 있겠소? 시를 쓰고 글을 쓰는 것에 의지할 수 있느냐 말이오? 옛사람이 말하기를 수재(秀才)가 반란을 하면 3년에도 성공할 수 없다고 했소. 내가 보기에 옛사람은 3년이라고 적게 말했는데, 내가 벌 때는 수재만 믿어서는 30년, 300년이 지나도 안 될 것 같소."

라고 말했다. 맹금운은,

"옛사람이 이렇게 말하고 지금 사람도 이렇게 말했는데 왜 수재는 안 된다는 겁니까?"

마오쩌둥은,

"왜냐하면 수재는 공통적인 병이 있는데, 하나는 말을 많이 하고 일을 적게 하면서, 군자는 입을 움직이지 손을 움직이지 않는다고 했고, 또 하나는 수재들은 서로 다른 사람들을 깔보면서 문인들끼리 멸시했지요. 진시황은 수재들이 반란을 일으킬 까봐 겁이 나서 분서갱유를 했는데, 책을 태우고 수재들을 죽이면 한 번 고생으로 영원히 편안하게 되어 2세, 3세로 전해 내려가 천하는 영원히 진 씨 차지가 될 줄로 알았지만, 결과는 '파묻은 재가 식기도 전에 산동에 난이 일어났는데, 유방은 원래 책을 읽지 않았던 사람이라오', 역사적으로 진승, 오광, 유방, 항우 등 문화가 낮은 사람들이 앞장서서 반란을 일으켰지요."

라고 말했다. 여기까지 말하고 마오쩌둥은 크게 웃었다. 물을 한 모금 마시고 계속하여 말했다.

"그러나 수재가 없어도 안 되오. 수재는 책을 많이 읽어 견식이 넓기 때문에 계책을 내놓고 천하를 얻고 나라를 다스리는 것을 도와줄 수가 있다오. 역대의 현명한 황제들은 모두가 수재들을 떠나서는 안 되었지요!"

언제 읽어도 가치 있는 책

다시 마오쩌동은 《자치통감》 책으로 화제를 돌렸다. 마오쩌동은,

"《자치통감》은 다시 읽을 가치가 있는 좋은 책이오. 어떤 사람들은 정치를 하려면 역사지식을 모르면 안 된다고 하고, 또 어떤 사람들은 권모술수와 음모를 떠날 수 없다고 하오. 심지어 또 어떤 사람들은 정치를 하는 것은 음모를 꾸미는 것이라고 하오. 나는 이런 사람들에게 루쉰 선생이 '음모를 꾸미는 것은 방법이 있고 효과는 있지만 한계가 있기 때문에 이것으로 큰일을 한 사람은 예로부터 한 명도 없었다'라고 한 말을 일러주고 싶소."라고 말했다.[44] 《자치통감》 이 책은 거의 마오쩌동의 일생을 동반했고 마오쩌동이 읽어서 '해진 책'이었다.

사마광은 《자치통감》을 씀으로써 훌륭한 명성을 후세에 남기고 만인들의 찬사를 받았으나 왕안석의 변법을 반대했기 때문에 악명이 붙어 원래 지지하던 사람들도 등을 돌리게 되었다. 원풍 8년(1085) 봄에 송신종 조욱이 병으로 죽고 그의 아들 조후(송철종)가 즉위했는데 겨우 열 살이었다. 그의 어머니 선인태후가 태황태후의 신분으로 집정하였다. 선인태후는 궁전에서 변법을 반대한 배후조종자였는데 권력을 잡은 후 차츰 사마광, 문언박 등 보수파들을 정부에 끌어들여 변법을 반대하는 힘들이 한 곳에 모였다. 사마광은 "어머니로서 아들을 고치는 깃발"을 들고 새로운 법을 반대하였다. 그는 변법의 책임을 모두 왕안석에게 떼밀고 "왕안석은 국가의 정치를 통달하지 못하고 안목이 없는 의견들만 받아들였으며 원래의 법을 혼란스럽게 변질시키고, 조상이 위임해 준 사명에 그릇되게 하였다."라고 공격하였으며, 이어서 새

---

44) 《毛澤東的讀書生活》, 三聯書店, 1986.

변법을 모조리 부정하고 새 법은 "옳은 것을 버리고 그른 것을 취하며 해로운 것을 흥하게 하고 이로운 것을 제거하였다", "말로는 인민을 위한다고 했지만 사실은 인민을 해치며 말로는 나라에 유익하다고 했지만, 사실은 나라를 해쳤다"고 하였다. 그리하여 새로운 법은 대부분 폐지되고 많은 낡은 법들이 하나하나 회복되었으나 사회에 대한 피해는 희녕 이전보다 더 심해졌다. 변법을 통해 모은 돈과 재물도 변법반대파들이 집정한 몇 년 만에 "불합리하게 날아가 버렸다." 이와 동시에 변법파들에게 타격을 가했다. 장돈은 일찍이 차역법을 회복하려는 사마광의 주장을 일일이 반박하였다. 변법반대파들은 간언을 하는 전 역량을 동원하여 장돈을 공격하여 그로 하여금 핍박에 못 이겨 관직을 그만두게 하였다. 왕안석 등과 가까운 변법파 관원들은 모두 쫓겨났다. 그 중 채확은 《차개정시》를 썼는데, 모두를 비웃은 것으로 오인되어 신주에서 죽임을 당했다. 변법파들은 사람마다 위험을 느끼고 불안에 떨었다. 여혜경은 귀양살이를 할 때 병에 걸릴까봐 냉수를 한 모금도 먹지 않았는데 반대파들에게 꼬투리를 잡혀 죽었다. 이런 도리에 어긋나는 일은 사회상의 불만을 촉발시켰다. 두뇌가 조금 명석한 사람들은 사마광에게 어린 송철종에게 몸 둘 곳을 만들어 주어야 한다고 권고했다. 그렇지 않으면 다음에 누군가 "부자 간의 의리"를 가르쳐 주어 철종으로 하여금 오늘의 "어머니로써 아들을 고치는" 것을 반대하게 될 때, 그 뒤의 결과는 상상하기 어렵다고 권고하였다. 그러나 사마광은 도리어 이렇게 대답하였다. "이런 일은 있을 수 없다!" 사마광과 그의 후계자들은 어린 황제를 무시하였기 때문에 송철종의 불만을 점차 자아냈다. 철종은 친히 집정한 이후에 그가 수렴청정 할 때에 "등만 보였다"면서 반대파가 군신의 예의를 모른다고 질책했다. 선인태후가 죽은 후 낡은 제도를 복귀시키려는 변법반대파도 따라서 무너졌으며 훨씬 강한 타격을 입었다.

사마광은 역사학자로서 세상에 공적이 아주 크지만 정치가로서는 과오가 컸다. 그의 공적과 과오는 사람들로 하여금 깊게 생각해보게 한다.

왕안석王安石
백지 한 장 차이라는 천재와 바보의 대표자

천재적 인식론자

왕안석은 저명한 사상가이고 문학가이고 개혁가였다. 심원한 영향을 준 "왕안석 변법"은 끝내 실패했고, 고금의 많은 사람들은 아쉬움을 금하지 못하였다. 그럼 실패의 원인은 어디에 있었던 것인가? 청년 마오쩌둥은 이에 대해 연구하고 자기의 독특한 관점을 제기하였다.

마오쩌둥의 왕안석에 대한 평가는 1915년 9월 6일 동창생 소자승에게 보낸 편지에서 표현되었다. 소자승(1894-1976)은 욱동이라고도 부르는데 호남성 상향 사람이었다. 호남성립 제1사범학교 제3반 학생이었다. 신민학회 발기인의 한 사람이었다. 1915년 제1사범학교를 졸업한 후 장사에서 초이학교에서 교사로 있었다. 1919년 프랑스로 고학을 떠났으며 1924년에 귀국하였다. 국민당 북평시 당무지도위원을 담임한 적이 있다. 1927년에 국민당과 공산당이 분열된 후 국민당정부 농광부 정무차장 등 직무를 맡았고 그 후에 오랜 기간 국외에 거주하였다. 1976년 파라과이에서 세상을 떠났다.

마오쩌둥은 왕안석의 개혁에 대해 "그는 그의 뜻대로 행하려 할 때에는 옛날에 의지하였다.《주례》에 평어를 달고《자설》을 지었다"라고 말했다. 그가 가리킨 것은 왕안석이 친히 쓴《주례의》및《서의》,《시의》즉 소위《삼경주의》이며, 학교교육개혁을 위해 제공한 새로운 교재였다.《주례》의 원명은《주관》혹은《주관경》인데 유가 경전 중의 하나이다. 《자설》은 문자학설 면의 저작이므로 역시 교재로 썼다. 왕안석은 사회가 필요로 하는 인재를 더욱 많이 양성하기 위해 과거시험과 학교교육제도에 대해서도 개혁을 진행하였다.

마오쩌둥은 왕안석이 "그 글이 한조와 당조 시기의 학자들을 무시할 수 있을 정도였으며 전문적인 학자라고 할 수 있다"라고 말했다. 이러한 평가는 근거가 있는 것이다. 왕안석은 매우 박식하였다. 저작으로는 《역해》, 《회남잡설》, 《홍범전》, 《주례신의》, 《논어해》, 《맹자해》, 《자설》, 《노자주》, 《능엄경소해》 및 《임천집》 등이 있다.

철학사상면에서 그의 인식론은 유물론에 속한다. 그는 또한 노자의 일부 사상을 계승하고 발전시켜 전통적인 소박한 변증법사상이 발전되게 하였다. 북송 때 봉건지배자들은 소위 상서를 이용하여 혼란한 상황을 감추고 태평스러운 것처럼 꾸미며 사회모순을 덮어 감추고 변혁을 반대하였다. 왕안석은 천명은 두려워할 필요가 없으며, 조상들이 한 말이 꼭 법인 것은 아니며, 세속을 반드시 우려할 필요가 없다는 사상을 갖고 있었다. 그는 재앙이나 상서는 자연사물의 비정상적인 현상이며 '하늘'은 의지가 없고 정감이 없으므로 사람의 선악행위에 대해 상응하는 반응을 할 수 없다고 지적했다. "하늘은 사물이며 좋아하는 것도 없고 싫어하는 것도 없으며 한편으로 치우치지도 않고 당도 없으며 반대되는 면도 없고 측면도 없다" 그는 하늘과 사람의 구별을 강조하면서 사람의 활동을 위해 지위를 쟁취해야 한다고 말했다. 왕안석은 천인감응을 반대하면서 또한 객관법칙을 고려하지 않고 일을 하는 관점을 반대했다. 그는 사람의 활동은 "천리에 순종하면서 해야 한다", 즉 천도에 대한 인식을 기초로 해야 하며, 인식은 반드시 "천지, 산천, 초목, 충어, 조수를 관찰하는 활동 중에서만 얻을 수 있다"고 주장하였다. 그는 이것에 근거하여 사람의 지식은 후천적 경험과 학습 중에서 형성되는 것이라고 생각했다. 왕안석의 인식에 대한 이런 이해는 뚜렷한 유물론적 반영론의 경향을 갖고 있었다.

문학 면에서 왕안석은 당송팔대가의 한 사람이다. 그의 문학주장의 핵심은 "글은 세상을 사는데 도움이 되어야 한다"(《송동전》), "반드시 세상에 이로운 글을 써야 한다"(《상인서》) 등이었다. 그러나 수사법 기교의 역할은 부정하지 않았다. 그의 문학관은 변법사상의 형성과 더불어 공리주의적 경향으로 뚜렷하게 표현되었다. 그의 산문창작은 논설문의 성취가 제일 돌출적이다.

그의 문학적 특징은 대체적으로 네 개의 부류로 나눌 수 있다. ① 직접 황제에게 정견을 진술한 의견이다. 예를 들면 《인종황제에게 올리는 글》은 북송 중엽의 전체 관료정치제도의 부패현상을 비평하고 선왕의 뜻에 따라 "개혁할 것"을 주장하였고, 《본조백년무사찰자》는 인종이 재위한 41년간의 정치조치의 득실을 계통적으로 천명하고 신종에게 "옛날의 나쁜 풍습을 이어받는 결점"을 제거하라고 권고한 것이었다. 이런 글들은 짜임새가 엄밀하고 이치분석이 세밀하며 단어사용이 대담하고 직설적이고 또 분별이 있으며 말하는 기세가 성실하고 깍듯하며 깔끔하면서도 선동성을 풍부히 갖고 있는 등의 특징이 있었다. 특히 《인종황제에게 올리는 글》은 많은 분량에 분명한 의미를 갖고 있었다. 근대의 양계초는 "진한 이후의 최고의 글"이라고 인정했다. 다만 가의의 《진정사소》만이 "그 규범과 요구에 조금 부합된다"고 했다. ② 현실을 호되게 꾸짖은 잡문이다. 예를 들면 《원과》, 《사의》는 짧고 뜻이 분명하며 비유를 교묘하게 썼다. 《흥현》, 《위임》은 정면과 반면으로 반복논증을 하였는데 논리성이 매우 강했다. 《민습》, 《지인》은 세상 사람들이 낡은 습관에 빠지고 군주가 현명한 것을 알지 못하는 것을 비판하였는데 문장이 예리하다. ③ 인물론과 역사 평가이다. 예를 들면 《자공》, 《곤설》, 《백이》, 《맹상군전〉을 읽고》, 《〈유종원전〉을 읽고》는 전통을 반대하며 전인들이 말한 적이 없는 것을 말했다. 그 중에서 《맹상군전〉을 읽고》는 전체 문장이 100자가 안 되지만 뜻을 훌륭하게 표현하여 단문 중의 걸작이다. ④ 책의 순서와 편지 및 기타. 예를 들면 《주례의서》, 《시의서》 등은 학술견해에서 그의 전통을 반대하는 정치적 태도가 나타났고, 글을 쓸 때에는 "간단하면서도 장중하며" 글자마다 힘이 들어있다. 《사마의 간의서에 회답함》은 신법에 대한 사마광의 비난에 대해 반박하였는데 논리가 엄밀하다. 《여길포에게 드리는 글》은 유감과 원한을 다 잊어버리는 태도로 절교 편지를 썼는데 개인의 은혜와 원한은 고려하지 않는 당당한 마음을 나타냈다.

왕안석의 시가는 1,500여 수인데 그 수량이 많을 뿐만 아니라 매우 특색이 있어 독특한 한 개의 유파를 이룬다. 그는 자기가 장기적으로 관찰하고 분석한 사회현실의 감수와 나라를 구제하고 풍속을 바로잡으려고 갈망하는 포부를 시에 써넣었는데 그 대표적인 작품으로는 《감사》, 《하북민》, 《수염》, 《겸병》, 《성병》, 《조서를 읽고》 등이 있다. 이런 작품은 현실인생과 밀접히 연결되었고 내용이 비교적 충실했다. 그러나 예술적인 면에서는 논설이 과다하고 형상이 풍만하지 못하며 언어가 비교적 딱딱한 결점이 있다. 왕안석은 애국시인으로서 애국적인 정감을 토로하는 시편이 그의 정치시 중에서 많은 비중을 차지하고 있다. 왕안석의 시풍은 전기에는 주로 두보처럼 정치에 관심을 갖고 인민의 고통을 동정하는 정신이 들어 있다. 《두보화상》은 그가 두보에게 기울게 된 배경을 충분히 설명하였다. 이 시기의 시가는 내용이 풍부하고 열정으로 가득 차 있었다. 예술적인 면에서는 두보의 시구법을 많이 모방했고, 한유 시가의 특색을 섭취하여 웅장하고 씩씩한 기세가 있었다. 후기의 시는 예술적인 면에서 두보의 "늙어 갈수록 시의 규칙을 잘 맞추어 가는 길"을 걸어 대구, 전고, 율격에서 더 잘 쓰려고 애썼으며, 또 왕유 시가의 장점을 흡수하여 예술적 미를 돋우었다.

사회 현실을 몰랐던 어리석은 개혁가

왕안석은 두 차례나 재상을 지냈고 변법을 주관하여 얼마동안은 북송 신종년간의 정치에 생기가 나타나게 하였다. 마지막에는 반대파의 공격과 송신종이 동요하는 등의 원인으로 인해 실패하고 말았다. 청년 마오쩌동(당시 21살)이 보기에 왕안석은 "아는 것이 많고 글도 잘 썼지만 결국 실패한 것은 지식으로 활용하지 못했고, 사회를 잘 알지 못했기 때문에 타당하지 않은 방법을 썼기 때문이다"라고 펼쳤다. 마오쩌동은 왕안석의 변법을 찬성하지 않은 것은 아니지만 그가 사회현실에 대한 전면적인 이해가 부족하고 결책자와 상층인사의 심리상태를 분명하게 파악하지 못했기에, 개혁이 미치는 계층에 대해 전면적인 이해가 부족하여 그에 합당하는 조치를 취하지 못해 그들을 조절하고 달래는데 실패했기 때문이라고 했다.[45] 이것이 변법이 실패하게 된 원인이라고 하면서 매우 아쉬워했다.

마오쩌동은 왕안석의 변법을 평가하는 것을 통해 "지식으로 활용하는 것"의 중요성을 강조했고, 개혁은 실제상황으로부터 출발해야 하며 전면적으로 고려해야 한다고 강조했던 것이다.

---

45) 《毛澤東早期文稿》, 湖南出版社, 1990.

주원장朱元璋
만년의 만행도 감춰져야 한다는 농민혁명의 기수

주원장은 성공한 농민봉기의 수령이고, 또 해놓은 일이 많은 개국황제였다. 그러나 어떻게 그의 만년을 보아야 할 것인가? 마오쩌둥은 《주원장전》의 저자 오함에게 자신의 관점을 이야기했다.

《주원장전》은 명나라 역사의 전문가인 오함의 대표작이다. 이 책은 1965년에 정식으로 출판되었다. 이 책은 중요한 학술적 가치를 갖고 있는 저작이다. 이 책은 주원장이 개국황제로서 전국을 통일했을 뿐만 아니라 생산을 발전시켜 사회역사를 진일보 촉진시켰고 관리를 다스리는 면에서도 많은 성과가 있었음을 인정하였다. 동시에 이 책에서는 그가 추진한 특무통치, 팔고문(八股文) 제도, 신도(神道)의 선양 등은 유해한 조치였다고 지적하였다. 주원장은 원나라 말년 농민봉기의 수령으로서,[46] 그의 위대한 역사적 공적은 기타 농민수령과 함께 원나라의 부패한 통치를 뒤엎고 생산력을 해방시키고 명나라의 개국황제로서 진보적인 조치를 취했다는 데 있다. 이 책에서는 주원장의 특징과 그의 공과득실을 썼는데, 역사 자료가 풍부하고 문장이 생동감 있으며 문채가 상당하여 독자들의 환영을 매우 많이 받았다.

《주원장전》을 쓸 때 마오쩌둥의 지도와 도움을 여러 차례 받았다. 1948년 11월 오함은 석가장해방구에 와서 《주원장전》 원고를 마오쩌둥에게 주어 교열을 요청했다. 마오쩌둥은 바쁜 일정에도 시간을 내어 이 원고를 읽었으며 오함을 청하여 하룻밤

---

46) "예로부터 싸움을 잘 하는 데는 이세민을 초월하는 사람이 없었고, 그 다음은 주원장이었다."《毛澤東文史古籍批語集》, 中央文獻出版社, 1993.

을 상담하면서 원고의 많은 장점과 일부 인물들의 평가에 대한 의견을 긍정해 주었다. 동시에 원고 중에서 원나라 말엽 농민봉기의 수령이며, 홍건군의 영도자인 팽영옥이 공을 이루자 물러났다는 설법에 대해서는 "절대 이럴 수 없다"고 하면서 "팽영옥처럼 굳세고 의지력이 있는 혁명가는 도피행위가 없어야 하며, 그가 실수를 했다든지 아니면 역사자료에 문제가 있다"고 하였다. 그러면서 오함에게 이러한 판단을 고려해볼 것을 건의했다. 며칠 지나 마오쩌동은 또 오함에게 편지를 보내 이렇게 지적하였다. "방법상의 문제에서 선생은 아직 역사유물론을 역사를 관찰하는 방법론으로 완전히 받아들이지 못한 것 같습니다. 만약 선생이 이 방면에서 정성을 기울인다면 장래의 성취는 무한할 것입니다."

마오쩌동의 깨우침은 오함으로 하여금 많은 계시를 받게 하였다. 오함은 해방 후 북평에 돌아온 후 다시 대량의 역사자료를 찾아 읽었는데, 과연 팽영옥이 항주에서 원나라 군대에 의해 살해되었다는 기록을 찾아내어 마오쩌동의 판단이 정확했음을 증명하였다.

여기서 오함의 사상은 크게 달라졌다. 이때로부터 마르크스-레닌주의와 마오쩌동 저작을 진지하게 학습하고 자신의 역사연구를 지도하는데 활용했다. 1954년 오함은 《주원장전》을 다시 수정하여 1955년 봄에 등사한 원고를 마오쩌동에게 보내 교열하게 하였다. 마오쩌동은 매우 세심하게 보았으며, 많은 곳에다 연필로 직선과 곡선 등의 기호를 그려 오함의 교정본을 인정하고 동시에 이렇게 지적하였다. "주원장은 농민봉기의 수령이므로 그의 활동을 긍정해야 하고 좋게 써야 한다. 그다지 나쁘게 써서는 안 된다(주원장의 만년을 가리킨다)."[47] 1964년 오함은 수집해온 의견에 근거하여 또 한 차례 수정을 거쳐 1965년에 정식으로 출판하였다. 《주원장전》은 여러 차례의 수정을 거쳐 마침내 참신한 면모로 독자들의 앞에 나타났다. 새 책이 출판된 후 마오쩌동에게 보냈다.

---

47) 范忠程主編, 《博覽群書的毛澤東》, 湖南出版社, 1993.

주원장의 상황에 대해서 마오쩌둥은 특별히 잘 알았다. 1953년 2월 23일 마오쩌둥은 남경 자금산 천문대에 와서 사업을 시찰하였다. 일행이 자금산 기슭을 걸어갈 때 마침 명효릉 주홍무의 묘를 지나게 되었다. 이 묘는 매우 큰 흙더미였는데 큰 산처럼 담으로 둘러싸여 있었다. 그들은 닫히지 않은 동쪽 문으로부터 걸어 들어갔다. 묘의 정북 쪽에는 남향으로 된 묘당이 있었는데 아마 과거에 주홍무를 제사지내던 곳이었을 것 같았다. 묘당은 그리 크지 않았고, 북담산의 중앙부분에 주홍무의 전신상이 그려져 있었는데 모양이 우스꽝스러웠다. 마르고 긴 얼굴에 커다란 아래턱, 두꺼운 입술, 콧구멍은 앞으로 향해 있어 꼭 돼지 얼굴 같았다.

진의는 "이 주홍무는 누가 자기를 암살할까 두려워 화가에게 일부러 이렇게 그리게 한 건데 사실 그는 이렇게 못생기지는 않았습니다. 듣는 말에 의하면 주홍무는 죽은 후 남경의 네 개 성문에서 동시에 출관하여 사람들로 하여금 어느 관에 담은 것이 진짜 주홍무인지를 모르게 하여 후세사람들이 무덤을 도굴하지 못하게 하려고 했다는데 머리를 많이 썼다고 하더군요."라고 말했다. 진 사령관의 말이 끝나자 마오쩌둥이 미소를 지으면서 사람들에게 말했다. "이런 것은 모두 전설입니다. 주홍무는 소몰이 목동 출신인데 이 사람은 아둔하지 않았습니다.[48] 그에게는 주승이라고 부르는 모사가 있었는데 매우 견식이 있었지요. 주홍무는 '식량을 널리 모으고 담을 높이 쌓으며 왕이 되는 것은 늦춰야 한다'는 주승의 말을 들어 나중에 민심을 얻고 천하를 얻었습니다."

주원장은 정권을 얻고 황제가 된 후 31년(1368-1398) 동안 재위하였다. 그는 힘을 다하여 나라를 다스렸으며 제정한 일련의 정책과 제도는 그 영향이 컸으며, 진보적인 역할을 하여 명나라 200여 년의 기초를 닦았다. 그러나 그는 중앙집권적 군주전제를 전례 없을 정도로까지 발전시켰기에 이것은 결국 사회경제의 발전에 장애역할을 했고, 중국 봉건사회가 후기에 접어들게 하는 역사적 특색이 나타나게 하였다.

---

48) 王鶴濱, 《紫云軒主人—我們接觸的毛澤東》, 中共中央黨校出版社, 1991.

이자성李自成
섬북陝北인의 영웅

마오쩌동이 거울로 삼았던 농민봉기의 수령

마오쩌동은 이자성의 농민봉기에 대한 역사적 의의를 높이 평가하였고, 이자성의 개인적 품성을 숭배하였으며, 이자성이 실패한 교훈을 극히 중시하였다. 북경에 들어갈 때 그는 자신감에 차서 꿋꿋이 말했다. "우리는 결코 이자성처럼 되지는 않을 것이다."

마오쩌동은 중국현대사에서 농민혁명전쟁의 걸출한 수령이었다. 그는 정강산 홍색 근거지를 창립하고 노동자 농민의 무장 할거와 농촌으로 도시를 포위하는 것을 통하여 마지막에는 도시를 탈취한다는 길을 걸어 민주혁명의 승리를 쟁취한 인물이었다. 몇 십 년간의 무장투쟁 중에서 역사상 농민봉기의 경험, 교훈을 종합하고 거울로 삼는데 주의를 기울여 조심스럽고도 정확하게 혁명의 조타수가 되어 승리에서 승리로 나아갔다. 이 기간 명나라 말기 농민봉기의 수령인 이자성의 성패와 득실은 마오쩌동이 중점으로 연구한 대상이었고 항상 언급한 화제의 대상이었다.

마오쩌동과 함께 정강산 근거지를 창립한 담진림은 이렇게 회고하여 말하였다.

"1927년 대혁명이 실패한 후 마오쩌동은 상해의 당 중앙기관에 가서 일하라고 하자 이를 거절하였다. 그는 '나는 당신들과 같이 높은 빌딩에 있고 싶지 않습니다. 나는 산에 올라가서 녹림 친구들을 사귀겠습니다'라고 말했다. 그는 역사상의 농민봉기가 실패한 교훈을 종합하면서 우리에게 말했다. '이자성이 왜 실패했습니까? 매우 중요한 원인은 공고한 근거지가 없었기 때문입니다.' 마오쩌동이 농촌혁명 근거지를 창건하고 농촌으로 도시를 포위하는 사상의 형성은 '그의 실천을 통하여 중국혁명의 사회역사적 특징에 대한 인식과 떼어놓을 수 없다. 그는 어렸을 때 농촌에서 살았고 후에 또 농촌에서 조사연구를 한 적이 있다. 또한 대량의 중국사회역사에 관한 저작들을 읽었기에 중국농민의 문제와 중국사회의 역사적 특징을 잘 알고 있었고, 중국 역사상의 농민전쟁에 대해서도 십분 숙지하고 있었다.' 그리하여 일단 마르크스주의를 받아들이자 그는 중국혁명의 기본 문제에 대해 매우 빨리 깊고 정확한 견해를 갖게 되었던 것이다."

라고 했다. 1929년 마오쩌동은 홍군 제4군 제9차 당 대표대회를 위해 쓴 결의 〈당내의 잘못된 사상을 바로잡는 것에 관하여〉에서 명확하게 지적했다. "역사상의 유구주의(流寇主意)는 이미 오늘의 환경에서 허용되지 않는다는 것을 알아야 한다."

1938년 보위업무에 대한 연설에서 마오쩌동은 역사상의 농민봉기를 말하면서 또 한 번 이자성에 대해서 언급했다. 그는 이렇게 말했다. "우리 역사의 반란 수령은 나중에 모두 부패해 졌다. 황제가 되면서 나쁘게 변했다. 그러나 이자성은 시종 좋았다. 백성들은 모두 그를 칭찬했다. 왜냐하면 그는 농민의 이익을 대표하여 지주 계급을 향하여 반란했기 때문이다."[49]

승리했을 때 자만은 금물이라는 교훈을 알게 해준 영웅

1944년 항일전쟁이 곧 승리하는 역사적 시기에 이르자 마오쩌동은 또 한 번 이자

---

49) 《廣州農民運動講習所文獻資料》, 光州黨史資料叢刊. 中共廣東省委員會史研究委員會辦公室, 毛澤東主辦農民運動講習所旧址紀念館, 1983.

성 봉기의 경험 교훈에 대해 주의를 기울이며 연구하였다. 4월 초 그는 시간을 짬 내어 이건후가 쓴 《영창연의》를 읽었는데, 이 책은 섬감녕 변구 정부 부주석 이정명이 그에게 추천한 책이었다. 4월 29일 그는 이정명에게 편지 한 통을 썼다.

정명선생:

《영창연의》는 전에 많은 사람들이 빌려 읽었습니다. 요즈음 제가 한번 읽었는데 얻은 바가 많습니다. 또한 장래에 쓰기 위하여 한 권을 베껴서 보관하였습니다. 저자 이건후 선생이 이 책을 쓰시느라고 고생을 많이 하셨는데 선생께서 저를 대신하여 저자에게 깊은 경의의 뜻을 보내주십시오. 이 책은 이자성의 개인 품성을 찬미하였습니다만 전체 운동에 대해서는 폄하하였습니다. 실제로 진나라 이래 2천여 년 간 사회를 진보시킨 것은 농민전쟁이었습니다. 대순 황제 이자성이 영도한 농민전쟁이 바로 2천년 이래 이런 전쟁 중의 극히 유명한 한 사례입니다. 이 운동은 섬북에서 일어났는데 이는 실로 섬서인의 영광입니다.[50] 특히 선생과 저자 건후 선생의 영광입니다. 이 책을 만일 상술한 새 역사적 관점에 따라 수정한다면 인민을 교육하는데 매우 많은 역할을 할 수 있는데 저자의 동의를 구할 수 있겠습니까? 또 건후 선생의 건강은 요즘 어떠하신지요. 연안에 한 번 놀러 오실 수 있겠습니까? 건후 선생에게도 문안드립니다.

마오쩌동

4월 29일

《영창연의》의 작자 이건후와 이자성은 한 고향사람이었다. 그는 이자성이 "농민 출신으로서 싸우면 이기고 공략하면 반드시 성공하였다. 10여 년간에 걸쳐 명나라를 멸망시켰고 남쪽을 향해 나라를 세우고 통치했으며" 그 업적은 유방, 주원장과

---

50) 《毛澤東書信選集》, 人民出版社, 1983.

나란히 할 수 있다고 인정하였다. "또한 그는 재물을 탐내지 않고 색을 좋아하지 않았으며 떳떳하고 옛날 호걸의 기개가 있었으며" '위인'이었다고 하였다. 그는 존경과 숭배의 정을 가득 품고 1926년부터 이자성을 위하여 책을 쓰기 시작하였다. 정사, 야사와 지방지 등 60여 종의 고서적에서 사료를 수집하고 민간에서 전설을 수집하여 잘못된 부분을 바로잡고 진위를 고증하여 실제의 상황에 부합되도록 노력하였다. 원고가 나온 후 다른 사람들에게 보이고 의견을 청취하여 6번 원고를 수정한 후 1930년 12월에 원고를 완성했지만 줄곧 출판하지는 않았다. 전체 글자 수는 모두 40회 34만 자였다. 이 책은 이자성의 흥기, 실패, 명나라의 멸망 및 이와 관련되는 역사인물들에 대하여 고증을 진행하였고 중요한 사료적 가치를 갖고 있다. 그러나 묘사와 논설과정에서 낡은 역사관의 한계를 벗어나지 못해 뚜렷한 숙명론적 색채를 갖고 있으며, "성공하면 왕이고 실패하면 적이다"라는 식으로 이자성의 운명을 탄식하는 수준에서 결론을 내렸다.

역시 한 고향 사람인 이정명이 이 책을 마오쩌둥에게 읽으라고 추천했을 때, 마오쩌둥은 이 소설을 매우 중시하여 장래에 쓰기 위하여 특별히 한 부를 베껴 두었으며, 이정명에게 회신을 보내 자기의 관점을 말했던 것이다. 이정명은 편지를 받은 후 곧바로 이건후에게 전달했다. 얼마 지나지 않아 이건후는 마오쩌둥의 요청에 응해 흥분된 마음으로 연안으로 갔다. 마오쩌둥은 그를 열정적으로 접대했으며 그에게 200원의 변구화폐를 상으로 주었고, 또 그를 변구의 참의원으로 배속시켰다. 전국이 해방된 후 마오쩌둥은 또 이건후에게 섬서성 문사관에서 연구원을 맡고 동시에 '새로운 역사적 관점'으로 《영창연의》를 수정할 것을 요구하였다. 그러나 유감스럽게도 저자는 이 책을 다 수정하지 못하고 1950년에 병으로 작고하였다.

1944년은 이자성이 북경으로 쳐들어가 명나라를 전복시킨 지 300주년 기념일이었다. 역사학자 곽말약은 중경에서 《갑신 300년제》라는 사론을 썼다. 전문은 1.9만 자로 중경 《신화일보》 1944년 3월 19일부터 22일까지 연재되었다. 이 글은 명나라 말기와 청나라 초기 이래 국민당의 어용 사학가들이 특별히 크게 선양했던 "이자성은 만년의 도적이고 충정황제는 현명한 군주이다"라는 관점을 뒤집고, 이자성이 영도한 것은 "규모가 크고 긴 시간을 거친 농민혁명"이라고 찬양했으며, 농민혁명은 역사를 밀고 나아가는 동력이라는 유물론적 역사관을 처음으로 천명하였다. 곽말약 글의 또 다른 특징은 봉기군이 북경에 쳐들어간 후 몇몇 수령들이 부패해지고 종파투쟁이 발생한 정경을 서술하면서 그 역사적 교훈을 종합하고 일체의 혁명을 종지로 하는 계급 혹은 사회집단은 "승리했을 때 자만하는 것을 막아야 한다"는 극히 중요한 역사적 경험을 천명하였으며, 동시에 이자성의 농민봉기는 성공하더라도 언젠가는 변질하게 될 수밖에 없는 역사적인 필연성을 가지고 있었다고 지적하였다.

이 글은 발표된 지 얼마 지나지 않아 연안에 전해졌다. 4월 12일 마오쩌둥은 당 고급간부들에게《학습과 시국》이라는 보고를 할 때 이렇게 말했다. "우리 당의 역사에서 몇 차례의 큰 자만심이 존재하고 있었는데 그때마다 전부 손해를 입었었다. …… 전 당의 동지들은 이 몇 차례의 자만과 착오를 계율로 삼아야 한다. 요즘 우리는 곽말약이 이자성을 논한 글을 인쇄했는데, 이는 동지들에게 거울로 삼고 승리하였을 때 자만하는 착오를 다시는 범하지 않게 하려는 것입니다." 얼마 지나지 않아 당 중앙과 마오쩌둥은《갑신 300년제》를 정풍문서로 결정하고 전 당에 보내 학습하게 하였다. 마오쩌둥은 승리하게 되면 자만하고 따라서 손해를 입는 착오를 어떻게 피할 것인가 하는 것을 가장 깊게 고민하였다. 1949년 3월 5일 전국에서 승리하는 것이 이미 정해진 상황에서 그는 7기 2중 전회의 보고 중 전 당에 경고했다. "우리는 이제 곧 전국에서 승리하게 된다. …… 승리했기 때문에 당 내부에서는 자만 정서, 공신이라고 자처하는 정서, 멈추어 서서 진보를 추구하지 않는 정서, 향락을 추구하면서 더 이상 힘든 생활을 하지 않으려는 정서가 자라날 수 있다. 승리했기 때문에 사람들은 우리에게 감사하다고 하고 자산계급도 뛰쳐나와 떠받들 것이다. 적의 무력은 우리를 정복할 수 없다. 이 점은 이미 증명되었다. 그러나 자신계급이 추켜올리는 것을 통해 우리 대오 중에서 의지가 박약한 자를 정복할 수도 있다. 이런 공산당 인들이 있어서는 안 된다. 사탕폭탄의 공격을 견뎌내지 못하고 사탕폭탄 앞에서 실패해서는 안 된다. 우리는 이런 상황을 반드시 방지해야만 한다. …… 중국혁명은 위대한 것이다. 그러나 혁명 이후의 길은 더욱 길고 일은 더욱 위대하고 힘들 것이다. 이 점을 당 내부에 분명히 말하지만 동지들은 계속 각고 분투하는 작풍을 견지해야만 할 것이다." 7기 2중 전회 이후, 서백파[51]의 중앙기관은 북경에 들어갈 준비를 하기 시작하였다. 하루는 마오쩌둥이 이은교에게 물었다. "은교 동지, 북경에 들어가게 되는데 동지는 준비가 어떻게 되었소?" "물건은 다 정리했습니다. 아무 때나 행동할 수 있습니다." 이은교는 자신만만하게 대답하였다. "여기는?" 마오쩌둥은 이은교의 태양혈을 가리켰다. 그가 뜻을 알아차리지 못하자 또 이렇게 말했다. "조심하시오. 자산계급의 사탕폭탄에 맞아 이자성처럼 되어서는 안 되오." 마오쩌둥은 또 중앙 직속기관과 경호부대의 간부들을 소집하여 의미심장하게 말했다. "우리는 곧 북경에 들어가게 된다. 우리는 이자성이 북경에 들어가는 것과는 다르다.[52] 그들은 북경에 들어가자 부패해졌다. 그러나 우리 공산당원은 북경에 들어가는 것이 혁명을 계속 하고 사회주의를 건설하고 공산주의를 건설하려는 것이다."

3월 23일 마오쩌둥은 기타 영도자들과 함께 지프차에 올라 북경으로 들어갔다. 출발하기 전에 그는 또 다시 말했다. "오늘은 북경에 '시험을 치러' 들어가는 것입니다." 주은래도 옆에서 이어서 말했다. "우리는 다 시험에서 합격을 해야겠습니다. 물러나지 말고요." 마오쩌둥이 곧바로 이어서 말했다. "물러나면 곧 실패하는 것입니다. 우리는 결코 이자성이 되어서는 안 됩니다. 우리는 모두 좋은 성적을 얻기를 바랍니다." 말을 마치고 마오쩌둥은 자신감에 차서 자동차에 올랐다. 마오쩌둥의 이자성에 대한 평가는 그가 역사의 경험교훈을 종합할 줄 알고 역사를 거울로 삼아 역사의 착오를 다시 범하는 것을 피하면서, 혁명의 조타수가 되어 암초와 험한 여울을 피해 돌아가면서 승리에서 승리로 나아가야 한다는 것을 설명해 주었던 것이다.

---

51) 하북성(河北省) 석가장(石家庄)에 있는 유적지로, 태항산(太行山)의 동쪽 기슭에 있는 평산(平山)현에 위치한다. 이곳에는 중공중앙 구지(旧址), 서백패기념관, 석각원(石刻園), 혁명전통교육장 등이 있다. 마오쩌둥, 주덕, 유소기, 주은래, 임필시, 동필무 등이 살던 집들과, 중국공산당 7차 이중(二中) 전체회의를 열었던 장소가 있다.
52) 黃麗鏞편저, 《毛澤東讀古書實錄》, 上海人民出版社, 1994.

조설근曹雪芹
5번은 읽어야 발언할 수 있다는
계급투쟁 소설『홍루몽紅樓夢』의 작가

《홍루몽》을 안 읽으면 중국인이 아니다

한 편의 장편소설을 마오쩌둥은 다섯 번이나 읽었다. 이 소설이 바로《홍루몽》이었다. 마오쩌둥은 이 책을 역사서로써 읽으면서 그 예술적 성취를 중화민족의 자랑으로 보았다. 조설근은 왜 이 소설을 쓰려고 했던가?

《홍루몽》은 마오쩌둥이 제일 즐긴 한 편의 소설이었다. 건국 이전에 그는 이미 여러 차례 읽었고, 건국 이후에는 특히 그의 책상 위에 있어야만 하는 필수 서적이었다. 자료에 의하면 그가 읽은 판본들로는《전국족본홍루몽》,《지연재중평석두기》,《증평가주전도홍루몽》등 십여 종이 있다. 이 밖에 그는 또《홍루몽보》,《홍루환몽》,《속홍루몽》,《홍루진몽》,《홍루원몽》등《홍루몽》의 인물과 이야기를 답습하고 가공했거나 고쳐 쓴 작품도 읽어댔다. 마오쩌둥은 "홍루몽학"의 발전역사와 여러 가지《홍루몽》을 연구한 논저에 십분 관심을 기울였으며 역사상에 영향력 있는 학술관점과 "홍루몽학"연구의 진전 상황도 손금 보듯 알고 있었으니 "홍루몽학통"이라고 할 수 있었다. 마오쩌둥은《홍루몽》의 줄거리를 십분 익숙하게 알고 있었으며 인물들의 성격과 운명을 잘 알고 있었기에 이 책에 대한 많은 독특한 견해를 갖고 있었다. 그로 인해《홍루몽》을 여러 차례 언급하면서 책의 언어, 사례를 인용하여 여러 차례 조설근을 평가하였다.

1956년의 유명한 〈10대 관계를 논함〉이라는 연설에서 마오쩌둥은 이렇게 말했다.

"우리나라는 과거에 식민지, 반식민지였고 제국주의가 아니었다. 지금까지 사람들의 무시를 받아왔다. 공농업이 발달되지 못하고 과학기술 수준이 낮아 땅이 넓고 자원이 풍부하고 인구가 많고 역사가 유구하고 문학에 《홍루몽》이 있는 것 등을 제외하고는 많은 면에서 남들보다 못하여 자부심을 갖지 못한다." 여기에서 《홍루몽》에 대해 평가가 높다는 것은 더 이상 설명할 필요는 없을 것이다.

마오쩌둥이 《홍루몽》을 언급한 것 중에서 가장 이른 것은 1913년에 그가 한 《강당록》필기이다. 안에는 《홍루몽》속의 "뜻이 외설적이다"라는 설이 기재되어 있었다. 정강산에 있을 때, 한 번은 하자진이 마오쩌둥에게 그녀는 《삼국연의》와 《수호전》을 좋아하고 《홍루몽》은 좋아하지 않는다고 말했다. 그녀는 이렇게 말했다. "《홍루몽》은 사랑이야기만 해서 재미없습니다." 마오쩌둥은 그 말을 듣고 자신의 부동한 관점을 말했다. "당신의 그런 평가는 공정하지 못하오. 이 책은 얻기 어려운 좋은 책이오. 홍루몽에서는 두 개의 파를 썼는데 한 개 파는 좋고 한 개 파는 나쁘오. 가모, 왕희봉, 가정이 한 파인데 나쁜 파이고, 가보옥, 임대옥, 시녀들이 한 파인데 좋은 파요. 《홍루몽》은 두 파의 싸움을 썼소. 당신은 이 책을 자세하게 읽지 않은 것이 분명한데 다시 한 번 읽어보오."

연안에 도착한 후 마오쩌둥은 특별히 국민당통치구역에 사람을 보내어 《홍루몽》, 《수호전》 등 소설을 사오게 하였다. 연안에서 중공중앙 6기 6중 전회 확대회의의 휴식시간에 마오쩌둥은 여러 사람들과 뜰에서 산보하며 한담했다. 마오쩌둥은 중국에 《홍루몽》, 《수호》,《삼국》 등 세 부의 소설이 있는데 "이 세 부의 책을 다 읽지 못했으면 중국사람으로 칠 수 없습니다."라고 말했다. 하룡이 급히 "읽은 적 없습니다만 저는 외국인이 아닙니다."라고 말했다. 마오쩌둥은 서해동에게 물었다. "해동 동지, 이 세 권의 책을 읽어보았습니까?" 서해동은 "《홍루몽》은 읽은 적이 없습니다."라고 대답하였다. 마오쩌둥은 웃으면서 말했다. "그럼 당신은 절반은 중국 사람이라고 칠 수 있습니다." 서해동은 이 담화를 마음속에 기억해두었다가 어느 때인가 병에 걸렸을 때 병상에서 《홍루몽》을 다 읽었다.

계급투쟁의 의미를 일깨워주는 책

1938년 4월, 루쉰예술학원에서의 연설에서는 "《홍루몽》은 매우 훌륭한 책이다. 특히 이 책은 극히 풍부한 사회적 사료를 갖고 있다"라고 지적하였다. 이것은 그의《홍루몽》에 대한 평가를 명확히 표현하여 사람들의 편견을 바로잡아주었다. 5월 중순의 하루, 마오쩌동은 또 루쉰예술학원에 와서 학원생들에게 보고를 하였다. 루쉰예술학원과 사회의 관계를 말할 때 그는 "《홍루몽》에는 대관원이 있다. 대관원에는 임대옥, 가보옥이 있다. 학생들의 루쉰예술학원은 소관원이다. 당신들도 임대옥, 가보옥이다(여기까지 말하고 마오쩌동은 두 팔을 가슴 앞에 모으면서 웃었다). 그러나 우리의 여성동지들은 울 줄 밖에 모르는 임대옥과는 다르다. 우리 여성동지들은 임대옥보다 훨씬 낫다. 노래를 할 줄 알고 연극을 할 줄 알며 장래에는 전선에 나가서 싸울 수도 있다. 항일민주근거지는 바로 대관원이다. 당신들의 대관원은 태항산, 여량산에 있다."라고 말했다. 연안에서 문인들과 담화를 나눌 때 그는《홍루몽》에 대한 관점을 늘 발표했다. 저명한 작가 모순은 이렇게 추억하였다. 1940년 6월에 연안에 있을 때 한번은 마오쩌동이 문안을 왔다. "나와 함께 중국고전문학에 대해 터놓고 이야기해 봅시다.《홍루몽》에 많은 투철한 견해를 발표했더군요."

1954년 마오쩌동은 항주에서 휴양하고 있었다. 어느 날 아침 그와 경호원 장선붕 등은 북고봉에 오르기로 약속하였다. 출발한 후 하늘에서는 작은 비가 내리기 시작했다. 산은 높고 길은 미끄러워 걷기 매우 힘들었다. 그러나 마오쩌동은 등산에 경험이 있어 걸음이 온건하였다. 그는 등산하면서 장선붕 등과 고금을 담론하였다. 그는 장선붕 등에게《홍루몽》을 본 적이 있느냐고 물었는데 모두들 보았다고 대답했다. 그는 또 몇 번 보았느냐고 물었다. 어떤 사람은 한 번이라고 말했고 어떤 사람은 두 번이라고 말했다. 마오쩌동은 그의 신변의 한 나이가 지긋한 의사에게 몇 번을 보았으며 무슨 느낌이 있었는가를 물었다. 나이가 지긋한 의사는 두 번 봤으며 "저는 가부의 사람들이 모두 위생을 잘 지켜 밥 먹기 전에 꼭 손을 씻는 것을 발견했습니다"

라고 말했다. 의사의 말이 끝나자 마오쩌동은 크게 웃으면서 여러 사람들에게 말했다. "《홍루몽》이 책은 매우 잘 썼습니다. 이 책은 계급관계를 쓴 것입니다. 다섯 번을 봐야 발언권이 있습니다."[53] 이어서 그는 또 말했다. "많은 세월을 거치면서 많은 사람들이 연구했지만 진정으로 알지 못하고 있습니다."

장선붕을 제외하고도 마오쩌동 신변의 많은 근무요원들 예를 들면 왕해용, 이연성, 설환, 후파 등에게도 마오쩌동은 그들이 《홍루몽》을 읽게끔 계시를 준 적이 있었다. 왕해용은 마오쩌동의 사촌형 왕계범의 손녀인데 장기간 마오쩌동의 신변에서 일했다. 마오쩌동은 일찍 왕해용에게 말했다. "네가 《홍루몽》을 읽지 않고 어떻게 봉건주의가 무엇인지 알겠느냐?" 설환은 공안 일에 종사했으므로 이 책은 문예서적이니까 보아도 되고 보지 않아도 된다고 생각했다. 마오쩌동은 그에게 말했다. "공안 일을 한다고 볼 필요가 없다고? 이 안에 얼마나 많은 인명안건들이 있는지 모르는구먼. 이 책은 계급투쟁을 쓴 책이므로 보아야 하오. 최저로 다섯 번을 보아야만 알 수 있소."

소설이 아닌 역사서로 읽어야 하는 책

1964년 8월 북대하에서 마오쩌동은 몇 명의 철학종사자들과 이야기를 나누었다. 《홍루몽》을 언급할 때 그는 "《홍루몽》을 나는 최소한 다섯 번은 읽었습니다……. 나는 이 책을 역사서로 읽었습니다. 처음에는 이야기로 읽었는데 나중에는 역사로 읽었습니다. 누구나 다 제4회를 중시하지 않는데 그것은 총 강령입니다. 또 《냉자흥이 영국부를 말하다》와 《호료가》와 주석이 있습니다. 제4회 《호로승이 호로안을 제멋대로 판결하다》는 호관부에 대해 이야기했으며 4대가족을 말했습니다. 즉 '가는 가짜가 아니다. 백옥으로 방을 만들고 금으로 말을 만들었다. 아방궁 3백 리에 금릉의

---

53) 《毛澤東的讀書生活》, 三聯書店, 1986.

한 사관이 묵을 자리가 없다. 동해에는 백옥으로 된 침대가 부족하여 용왕이 금릉왕을 청한다. 풍년에 좋은 큰 눈(雪)(薛)이고 진주는 흙 같고 금은 철과 같다'가 그것입니다.《홍루몽》은 4대 가족을 썼는데 계급투쟁의 격렬함과 몇 십 명의 목숨을 썼습니다. 지배자는 2십여 명이고 (어떤 사람은 계산해보고 33명이라고 했다) 그 외에는 모두 노예인데 삼백여 명입니다. 원앙, 사기, 우이저, 우삼저 등이 그들입니다. 역사를 이야기할 때에는 계급투쟁의 관점으로 보지 않으면 안 됩니다.《홍루몽》은 세상에 나온 지 2백여 년이 되었는데도 홍루몽 학을 연구하는 사람들은 아직도 잘 알지 못하고 있습니다. 여기에서 문제의 어려움을 알 수 있습니다. 유평백, 왕곤륜은 모두 전문가입니다. 하기방은 서두를 썼습니다. 또 오세창도 연구했습니다. 이것은 새로운 홍루몽 학이며 옛날의 홍루몽 학은 셈에 넣지도 않았습니다.《홍루몽》에 대한 채원배의 관점은 틀렸습니다. 호적의 관점이 비교적 정확합니다. 소위 비교적 정확하다고 하는 것은 호적이 채원배의 '수수께끼 맞추기' 식의 연구방법을 돌파하고 작자의 가세를 고증하고 작품의 판본, 작가와 작품의 관계를 연구한 것을 가리키는데, 이것은 사상방향에서는 한 개의 진보입니다'라고 말했다.

《홍루몽》제4회는 설 씨 가문의 멍청한 패왕 설반이 풍연을 때려죽였는데 풍 씨의 가족들이 관아(衙門)로 가서 애걸복걸을 했지만, 응천지부로 있는 가우촌이 설 씨 가문을 "호관부"에 두고 있어 관직을 보호하기 위해 법을 어기면서 설반을 법망에서 빠져나가게 했다. 이것은 마오쩌둥이 보기에는 관리사회의 어두운 면과 계급압박의 심각성을 심각하게 폭로한 것이었다. 소위 "총 강령"이라는 것은 전 편의 주제사상을 가장 잘 반영할 수 있는 요점이다. 홍루몽 학의 역사에서는 홍루몽의 총 강령을 경시하는 편이 많았다. 지연재는 "너무 기뻐하면 슬픔이 생기고 사람은 사물로 바꿀 수 없으며 꿈과 같아 깨고 나면 모든 것이 텅 빈 것이다"라는 네 개 구절을 전체 책의 총 강령으로 볼 수 있다고 하였다. 왕희렴은 이 책의 강령이 제5회라고 인정하였다. 또 어떤 사람은 "진가경"이라는 세 글자에 관심을 갖는다. "진은 정이다. 정은 가볍게 할 수 있어도 기울이면 안 된다. 이것이 전체 책의 강령이다."《홍루몽》의

지척본 제4회의 총평에는 칠언절구가 한 수 있는데 첫 두 구절은 "호관부를 보고 펜을 들어 세도의 비애를 말하라"이다. 이것은 호관부의 중요성을 제일 먼저 인식한 것이지만 그것으로 전체 책을 개괄하지 않았다. 마오쩌둥이 제4회를 전체 책의 총 강령이라고 명확하게 단정한 것은 선인들이 한 적이 없는 독특한 것이었다. 《지연재가 석두기를 다시 평가하다》의 84회 복사본에 마오쩌둥은 4대 가족의 사치 호화한 면모를 묘사한 몇 마디 말 옆에 연필로 세 개의 동그라미를 그리고 "이 네 가족은 모두 서로 친척으로 연결되어 하나가 손상되면 다 같이 손상되며 하나가 영예로워지면 또 다 같이 영예로워지며 서로 부축하고 가려주며 다 함께 호응한다"는 단락에 동그라미를 그렸는데 이것도 한 측면으로 그의 제4회에 대한 중시를 반영하였다.

마오쩌둥은 《홍루몽》을 하나의 거울로 삼고 봉건말기의 인정세태를 전면적으로 투시하였다. 가 씨 집안이 망하게 된 원인에 대해 마오쩌둥은 이렇게 말했다. "《홍루몽》 제2회에서 냉자흥은 가 씨 집에는 '놀고만 먹는 사람은 많고 방법과 계획을 세우는 사람은 한 명도 없었다'고 했는데, 이는 너무 지나치게 말한 것이다. 탐춘도 가계를 관리한 적이 있었다. 하지만 그녀는 대리였다. 그러나 가 씨 집은 그렇게 무너져 내린 것이다." 마오쩌둥은 《홍루몽》을 매우 상세하게 말했으며 늘 그 중에서 사회관계와 사회본질의 내함을 반영하는 것들을 발굴하였다. 1995년 말부터 1996년 초까지 그는 소련정치경제학교과서를 말한 담화에서 말했다. "우리나라는 일찍부터 토지매매가 있었다. 《홍루몽》에는 이런 말이 있다. '초라한 빈집에는 당시의 홀씨가 침대에 가득하였고, 시든 풀이 있는 마당은 전에 노래 부르고 춤추던 곳이었다. 거미줄은 기둥에 가득 쳐 있었으며 녹슨 커튼은 여전히 창문에 걸려있었다.' 이 말은 봉건사회에서 사회관계의 흥성쇠퇴 변화는 가족의 와해와 붕괴라는 것임을 설명했다. 이런 변화는 토지소유권의 부단한 전이를 만들었으며 또한 농민이 토지에 연연하는 심리를 키웠다."

마오쩌둥은 또 《홍루몽》의 이야기 줄거리에서 가부장제도의 운명을 보아냈다. 그는 "우리나라의 가부장제도는 흔들린 지가 오래되었다. 《홍루몽》에서 가부장제도가 부단히 분열되고 있는 것을 보아낼 수 있다. 가련은 가사의 아들이지만 가사의 말을 듣지 않는다. 왕부인은 왕희봉을 농락해 갔지만 왕희봉은 갖가지 방법으로 남몰래 개인재산을 모았다. 영국부의 최고 가장은 가모였지만 가사와 가정은 또 각자 자기의 타산이 있었다."

마오쩌동은 또 사람들과《홍루몽》중의 어떤 세부묘사에 대해 담론하기를 즐겼다. 예를 들면 "가모가 죽으니 모두가 울었다. 그러나 그 울음에는 각각의 마음과 목적이 있었다. 만일 같으면 개성이 없는 것이다. 우는 것은 같았지만 마음 아픈 곳은 달랐다. 나는 사람들에게 유씨 아주머니와 진현가가 주방을 빼앗는 그 몇 단락의 묘사도 권고한다. 가보옥은 밥을 먹고 옷을 입을 때 모두 시녀의 시중을 받아야 하며 자기 혼자 할 줄 모른다. 임대옥은 다정다감하고 눈물을 잘 짜며 소상관에서 살며 피를 토하고 폐병을 앓는다. 현대 청년들로 말하면 준칙으로 삼기에는 부족하다. 사람들은 늘 방관자가 당사자보다 사물을 더 바르게 본다고 말한다. 이 말은 절대적이 아니다. 어떤 때에는 당사자가 방관자보다 사물을 더 잘 본다. 그는 그 피해를 깊이 받기 때문이다. 어느 한 번, 누군가 나에게 말했다.《홍루몽》의 가보옥은 복을 누릴 줄도 모른다고. 대관원 안에 그렇게 많은 시녀와 아씨들이 있는데 다 좋다. 그런데 왜 꼭 임대옥만을 사랑하는가? 이것도 방관자들이 이해가 되지 않는 부분이다. 그러므로 방관자만이 꼭 잘 아는 것은 아니다. 이것은 당신이 어떻게 보는 가에 달렸다. 나는 면마다 보고 면을 몇 개 더 보려고 한다. 그렇지 않으면 잘못 보게 되고 헛갈리게 될 뿐만 아니라 어떤 사람은 깨닫지 못하는데 이런 사람은 적지 않다."

마오쩌동은 또 "가정에 대해 나는 동서양을 다 합쳐도 진정으로 행복한 가정은 많지 않다고 생각한다. 대다수는 그럭저럭 지내고 있다. 그것은 원래 그럭저럭 만들어졌기 때문이다. 진정으로 독립 자주적으로 선택하여 건립한 가정은 얼마나 될 것인가? 내가 보기에는 많지 않다. 부모, 형제, 친척, 친구, 어느 누가 몇 마디라도 하고 싶어 하지 않겠는가? 이 몇 마디는 아무렇게나 하는 말이 절대 아니고 참고로만 할 수 있는 것이 아니다. 듣지 않는다면 보자! 가정을 모두 그럭저럭 건립했기 때문에 역시 그럭저럭 지내기 십상이다. 겉으로 보기에는 조용하거나 떠들썩하지만 속은 어떠한지 누가 알 수 있는가? 큰 가정일수록 모순이 더 많고 파가 더 많고 밖에는 더 많이 감추어야 하며 체통을 갖추어야 한다.

《홍루몽》에서 쓴 몇 개 가정 중에서 주로 쓴 가정은 한 개였지만 대표적인 가정이고 가정을 통하여 사회를 반영하였다. 가정은 사회의 축소판이다. 그래서 나는 《홍루몽》을 보지 않으면 중국의 봉건사회를 알지 못한다고 말했다. 책 속의 그 사람들은 모두 일정한 계급을 대표하고 있으며 이렇게 그들의 모순충돌, 모순갈등의 발생과 발전을 보아야 한다."

역사적, 정치적 각도로 《홍루몽》을 보았을 뿐만 아니라 마오쩌동은 또 《홍루몽》의 언어예술을 즐겨하였다. "작자의 언어는 고전소설 중에서 제일 좋았으며 인물도 생동적으로 썼다"고 인정하였다. 1937년 4월 28일, 마오쩌동은 루쉰예술학원에서 《어떤 예술가로 될 것인가》라는 연설을 할 때 《홍루몽》의 세부묘사에 대해 이야기할 때 이렇게 말했다. 책에서는 가련(賈璉)이 우이저(尤二姐: 가련의 첩)의 곁에서 집으로 돌아갈 때 "말에 올라 등자를 걷어차고 갔다"라고 했는데 경험이 없으면 "등자를 걷어차다"를 쓸 수 없다. 그는 이것으로 문예창작자는 사람들로 하여금 두고두고 음미하게 하는 예술품을 써야 하며 생활에 깊이 들어가야 한다고 설명하였다. 마오쩌동은 여러 차례 왕희봉이라는 이 사람을 오묘하게 썼다고 하였다. 그는 왕희봉을 높이 평가했다. 왕희봉은 내무부장을 할 감이며 그녀에게 전략적인 두뇌가 있다고 칭찬하였다. 한 번은 그는 유머적으로 말했다. "왕희봉이 우이저 사건을 처리할 때 참으로 도리가 있고 날카로움이 있고 절도가 있었다." 마오쩌동은 또한 왕희봉이 또 음험하고 악랄한 수법을 잘 쓴다고 말했다. 그는 이렇게 말했다. "그녀는 가서를 죽이면서도 원이 없고 죽을 때까지도 깨닫지 못하게 하였다." 그는 8기 2중 전회에서의 연설에서 이렇게 말했다. "온 몸이 찢기면서라도 황제를 말에서 끌어내린다. 이것은 옛사람이 한 말인데 이 사람이 바로 왕희봉이라는 사람이며 그녀가 한 말이다." 그 이후의 여러 차례의 연설에서 그는 이 말을 줄곧 인용하여 사람들로 하여금 사상을 해방하고 대담히 생각하고 일할 것을 격려하였다.

　마오쩌둥이 《홍루몽》을 많이 읽었기 때문에 그는 평소에 사람들에게 연설할 때 늘 자신도 모르게 인용하면서 이치를 설명하였다. 이는 언어표현의 효과를 증대시키는데 특히 효과가 있었다. "세 가지를 반대하는" 운동 중에서 "가정이 벼슬하다"라는 이야기로 당원간부들이 사람들에게 에워싸이는 것에 대해 경계심을 불러일으키도록 교육했으며, 1957년 3월 1일 최고국무회의의 폐막연설에서 왕희봉이 유 씨 외할머니에게 한 "크면 큰대로의 어려움이 있다"라는 말로 큰 나라의 일은 그렇게 쉽게 처리할 수 없음을 설명했다. 1963년 9월 28일 중앙업무회의에서 국제형세를 담론할 때 그는 또 이 말을 비러 지금 미국과 소련 두 나라는 다 어려움을 겪고 있으며 ……이 점을 잊지 말아야 한다고 설명했다. 《홍루몽》에서 냉자흥이 말한 것처럼 "발이 백 개인 벌레는 죽어도 굳지 않는다"는 뜻이다. 8기 2중 전회에서 북경성에 2개 사령부가 있다고 말할 때 우리의 옛사람 임대옥은 이렇게 말했다. 동풍이 서풍을 압도하지 않으면 서풍이 동풍을 압도한다.

　1957년 모스크바에서 공산당과 노동자당 대표회의에서의 발언에서 그는 이 말로 "세계의 좋은 형세"를 설명하였다. "지금 나는 국제 형세가 새로운 하나의 전환점에 왔다고 느꼈다. 세계에는 동풍과 서풍 두 갈래의 바람이 있다. 중국에는 동풍이 서풍을 압도하지 않으면 서풍이 동풍을 압도한다는 성어가 있다. 내가 보기에 목전의 형세의 특징은 동풍이 서풍을 압도한 것이다. 다시 말하면 사회주의의 힘이 자본주의의 힘에 대해 압도적인 우세를 점한 것이다." 1958년의 성도 회의에서 소홍이 말한 "천리에 긴 장막을 쳐도 끝나지 않는 연회석은 없다"로 모이고 흩어지는 것의 변증법과 사물의 전화를 설명하였다.

　조설근의 펜 끝에서 가보옥은 봉건가정의 불효자식이었지만, 조설근 자신이 주관적 입장에서 봉건제도를 반대하는 사상을 피력했음을 설명한 것은 아니었다. 1964년 8월에 판전의 문장에 관한 담화에서 마오쩌둥은 이렇게 말했다. 조설근은 《홍루몽》을 쓰면서 봉건제도의 '하늘'을 보충하려고 했다고 했다. 그러나 《홍루몽》에서 쓴 것은 모두 봉건가정이 쇠락하는 것을 쓴 것이다. 조설근의 세계관과 그의 창작에 모순이 발생했다고 할 수 있다.[54] 이러한 분석은 사람들에게 엥겔스의 발자크에 대한 평론을 연상케 한다. "그는 그가 사랑하는 귀족의 필연적인 쇠퇴를 보고 그들에게 더 좋은 운명이 어울리지 않음을 보았다……이런 모든 것들을 나는 현실주의의 가장 위대한 승리 중의 하나라고 생각한다."

조설근의 재능은 걸출하였고 공헌은 탁월하였으며 영향은 매우 컸다. 그리하여 그는 당연히 마오쩌둥의 높은 평가와 열성적인 숭배를 받을 수 있었던 것이다.

---

54) "조설근은 《홍루몽》을 쓰면서 봉건제도의 '하늘'을 보충하려고 하였다. 그러나 《홍루몽》에서 쓴 것은 봉건가족의 몰락이었다. 여기에서 그의 세계관과 창작 사이에 모순이 생겼다고 할 수 있다."張貽玖, 《毛主席的書房》, 勞動者出版社, 1987.

엄복^{嚴復}
중국공산당이 출현하기 이전에 중국이
나아갈 진리를 찾아낸 개척자

엄복의 신학문에 대한 관점

마오쩌둥은 엄복을 중국공산당이 세상에 나오기 전에 서방에서 진리를 찾은 대표적인 인물로 나열하였다. 마오쩌둥은 중국이 아편전쟁에서 패한 후 중국의 대문이 서양의 총포에 의해 열리자 "진보를 추구하는 중국 사람들은 서방의 새로운 이치를 이해할 수 있다면 무슨 책이라도 다 보았다. 일본, 영국, 미국, 프랑스, 독일에 파견된 유학생들은 놀라울 정도로 많았다. 국내에서는 과거제도를 폐지하고 학교를 세우고 우후죽순처럼 서방을 따라 배우려고 노력하였다. 내가 청년시기에 배운 것도 이런 것들이었다. 이런 것들은 서방 민주주의의 문화 즉 소위 새로운 학문이었다. 그 당시의 사회적 학설과 자연과학을 포함한 서양학문은 중국의 봉건주의문화 즉 이른바 구학과는 전연 다른 것이었다. 이런 신학을 배운 사람들은 오랜 기간 동안 일종의 자신감이 생겨나게 됐고, 이런 것들이 중국을 구할 수 있다고 생각하였다. 구학파를 제외하고 신학파는 이러한 점을 의심하는 사람들이 거의 없었다. 나라를 구하려면 유신을 해야 하고, 유신을 하려면 외국을 배우는 수밖에 없다는 생각이었다."라고 말했다.⁵⁵ 이처럼 외국을 배우고 서방을 배우는 새 조류 가운데서 엄복은 중요

---

55) 〈인민민주독재를 논함〉, 《모택동선집》 제4권, 1469-1470쪽.

한 역할을 하였다고 보았던 것이다.[56]

엄복은 복주(福州) 선정학당(船定學堂) 제1기 졸업생이었다. 졸업한 후 그는 군함에서 5년 동안 실습을 하고 싱가포르, 페낭 및 일본 등지를 다니면서 시야를 넓혔다. 그리고 1877년 엄복은 영국에 가서 유학을 하였다. 그리니치해군대학에 입학하여 몸소 영국의 사회제도를 관찰하고 자본주의의 사회정치학설을 연구하면서 "서학"과 "중국학"의 같은 점과 다른 점을 분석하였다. 1879년에 학업을 마치고 귀국하여 복주 선정학당에서 교습하는 일을 맡았다. 이듬해에는 천진 북양수사학당(北洋수사학 장)에서 총교습을 담임했고, 후에는 총판(總辦)으로 승진하였으며, 모두 20년 동안을 가르치는데 바쳤다. 청일전쟁 후 엄복은 "중국에서 서학의 제1인자"라는 이름에 걸 맞게 중국사회의 폐단의 원인이 어디에 있는지를 간파했기 때문에 강유위, 양계초가 이끄는 변법운동에 적극 참가하지 않고 필생의 정력을 중국근대의 사상계몽사업에 바쳤다.

사회의 역사발전은 진화의 원칙을 고수한다

1896년부터 1908년까지 엄복은 서방의 중요한 저작을 번역하여 중국에 소개했다. 주요 서적으로는 아담·스미스의 《원부(原富 : 중역 서명) : 국부론》, 헉슬리의 《천연 론》, 뮬러의 논리학 즉 《뮬러명학》, 몽테스키외의 《법의 정신》등이 그것이다. 엄복이 번역한 번역서들은 한동안 유행되었으며 그 당시의 중국 사상계에 매우 큰 영향을 끼쳤다.

엄복은 중국이 여러 차례 싸우면서 계속적으로 패배하자 이는 사람들의 사상과 관념이 낙후된 때문이라고 생각하였다. 유럽과 아메리카는 다윈의 《종의 기원》이라 는 책이 세상에 나온 후 "학술과 정치교육에서 일시적으로 현저한 변화를 일으켰다"

---

56) "1840년 아편전쟁이 실패한 이후 선진적인 중국 사람들은 서방에서 진리를 찾으려고 많은 애를 썼다. 홍수전(洪秀全), 강유위(康有爲), 엄복, 손문 등은 중국공산당이 세상에 나타나기 전에 서방에서 진리를 찾았던 인물들이다."모택동, 《인민주독재를 논함》, 《마오쩌뚱선집》 제4권.

당시의 서방사람들은 이미 생물진화의 관점을 보편적으로 가지고 있었다. 종(種)은 장기적인 생존경쟁과 자연적인 선택을 거치면서 형성된 것이라는 관점은 사회역사관으로 나타났으며, 사회역사발전은 진화의 법칙을 준수한다는 것을 강조하였다. "즉 진화와 발전은 자연계와 사회역사의 발전법칙이라는 것을 인정한 근본적인 관점이, 서방사람들로 하여금 옛것을 경시하고 현재를 중시하며 적극적이고 진취적이며 낡은 법칙을 지키지 않는다는 관점을 정립하게 하였고, 선진적인 과학기술까지 첨가하여 서방인들이 부유해지고 나라가 강대해지게 하였다"고 말했던 것이다. 이런 진화된 사회역사관으로 중국의 반면적인 점을 관찰하면서 중국역사는 한 번 흥하면, 한 번 쇠하는 역사적 순환발전을 벗어나지 못하였다고 지적하였다. 이 두 가지 사회역사관이 달랐기에 중국과 서방의 가치판단도 달랐던 것이고, 이로써 두 가지 전혀 다른 역사적 태도가 출현하였다고 보았던 것이다. "중국인들은 옛것을 좋아하고 현재를 경시하여 조상의 업적만을 추앙할 뿐 노력을 중시하지 않는다"고 했다. 또 "서방사람들은 현재 노력하여 옛 것을 이긴다"고 하여, "그들은 옛 성현들에 대한 구애를 받지 않고, 집요하게 앞으로만 밀고 나아간다"고 했다. 이러한 두 가지 태도에서 출발하여 전자는 규칙대로 하는데 습관이 되어 있지만 후자는 혁신하는데 치중한다. 바로 이런 관념상의 차이가 중국과 서방이 물질기술 등 면에서 차이를 초래했다고 보았던 것이다. 그리하여 중국인이 서방을 배우려면 먼저 서방인적인 관념으로써 중국인의 낙후된 관념을 개조해야 한다고 강조했다. 다시 말해서 엄복은 큰 힘을 아까워하지 않고 유럽의 사상과 관념을 받아들여야 한다고 부르짖었던 것이다.

헉슬리의 《천연론》에 대한 번역과 그것이 중국사회에 미친 영향

엄복이 번역한 8대 저작물 중에서 영향이 제일 컸던 것은 《천연론》이었다. 《천연론》은 엄복이 헉슬리의 《진화론과 윤리학》이라는 책의 일부 내용을 번역한 책이다. 원서는 1883년에 출판되었는데 엄복은 서방의 학술명작들을 번역할 때 제일 먼저

이 책부터 시작했다. 헉슬리는 다윈 학설의 가장 열렬한 선전자였으며 끊임없이 글을 써서 다윈의 진화론을 지지하였다. 그의 활동과 저작은 한 시대에 영향을 주었으며 과학의 발전을 촉진하였다. 헉슬리는 "물경천택(物競天擇), 적자생존(適者生存)"을 생물계의 발전법칙으로 하고 생물은 부단히 진화하는 것이며 예전부터 절대 불변하는 것이 아니라고 하였다. '물경'은 바로 '생존경쟁'이며 "자기가 존재하기 위해 싸우는 것이다", '천택'은 '자연선택'이며 '자연도태'이다. 존재하거나 망하는 것은 '천택'에 맡기는 것이다. 그는 "싸우고 선택하여 변화가 생긴다"고 하는 생물의 이 발전법칙은 또한 일부 자연현상과 사회현상을 해석하는데도 쓰일 수 있다고 생각했다. 《천연론》이 논술한 "사물은 자연의 선택을 받아 우수하면 살아남고 열등하면 도태되고", "적응한 자는 생존한다"는 진화법칙은 중국의 전통적인 "옛것을 숭상하고 지금의 것을 경시하는 관점"과 "오늘날이 옛날보다 못하다"는 관점은 완전히 상반되는 개념이었다. 이미 중국 전통문화의 여러 가지 부족한 점과 많은 결함을 느끼고 있던 지식계층들에게 이러한 개념은 자연과학에 관한 학설이었을 뿐만 아니라 특히 사회학설이기도 했다. 그리하여 이러한 개념은 특이한 흡인력을 갖게 되었다. 이 6만 자에 불과한 '서양책'은 엄복의 제자들과 신진 지식계층들에게 유행되어졌고 그 반향은 매우 강렬하였다. 몇 년 사이에 '물경천택', '적자생존'은 이미 사회에서 유행어가 되었다.

호적(胡適)이 이름을 '적(適)'이라고 고치고, 진형명(陳炯明)이 호를 '경존(競存)'이라고 지은 것을 보면 이 책이 지식인들에 미친 영향이 얼마나 컸는지를 알 수 있을 것이다. 그밖에 엄복은 이 책을 번역할 때 신(信 : 원문에 충실하게 번역할 것), 달(達 : 번역문이 매끄러워야 할 것), 아(雅 : 번역한 문장이 간결하고 품위가 있어야 할 것)라는 번역 원칙을 세워놓고, 그 원칙에 따라 번역을 하였다. 그러면서 그는 원전의 내용에 충실하면서도 의역에 치중하여 항상 원작의 어떤 사상이나 관점에 대해 자신의 견해를 끼워 넣어 이를 '복안 : 엄복의 안'이라고 주석를 달았으며, 어떤 것은 번역할 때 의견을 써넣고 주석을 달지 않기도 해 이 책이 중국의 현실과 밀접하게 결합될 수 있도록 하였다. 그래서 노신은 엄복이 "천연론을 만들었다"고까지 말했던 것이다.

〈유물적 역사주의 태도로써 엄복을 평가한 마오쩌동〉

청나라 말기 열강들의 "국토를 분할하려는 위협" 앞에서 이 책은 전국에 멸망을 구원하고 생존을 도모하라는 경종을 울려주었다. 그 당시 유신운동에서 여론지도와 사상무기의 역할을 하였다. 비록 우리들은 사회다윈주의는 과학적이지 않다고 생각하지만 자연과학과 사회과학은 서로 떨어져 있는 것은 아니다. 자연관과 세계관, 역사관은 서로 영향이 있는 것이다. 유럽 문예부흥운동 중에서 자연과학의 발전과 인문주의사상은 동시에 발전하고 서로에게 영향을 주었다. 마오쩌동은 당시 《천연론》의 영향을 매우 많이 받았다. 《윤리학원리》를 읽고 쓴 평어와 주석에서 그는 늘 진화론의 관점을 운용하였다. 진화론의 사상은 중국인이 마르크스주의 세계관과 역사관을 배우게 한 시작이었다.

마오쩌동은 1936년 연안에서 미국기자 에드가 스노우와 담화할 때 이렇게 회억하여 말했다. "(나는) 한 가지 자기 수양을 위한 계획을 세웠는데 매일 호남성립도서관에 가서 책을 읽는 것이었다. 나는 이 계획을 실행하는 데에 매우 진지하게 임했다. 이렇게 보낸 반년이라는 시간이 나에게는 매우 가치가 있었다고 생각한다. 매일 아침 도서관이 문을 열자마자 나는 들어가 점심시간에 잠깐 휴식을 취하면서 떡 두 개를 사먹었다. 이것이 나의 점심식사였다. 나는 매일 도서관이 문을 닫을 때까지 책을 읽었다. 이 자기 수양기간에 나는 많은 책을 읽었고 세계지리와 세계역사를 배웠다. 도서관에서 나는 처음으로 세계지도를 보았고 또 커다란 흥미를 갖고 세계지도를 공부하였다. 나는 아담 스미스의 《원부》를 읽었고, 다윈의 《종의 기원》을 읽었으며 존·스튜어트 밀의 논리에 관한 책을 읽었다. 나는 루쏘의 저작을 읽었고 몽테스키외의 법률에 관한 책을 읽었다." 마오쩌동이 말한 이 책들은 대부분 엄복이 그때 번역한 것들이었다. 청년 마오쩌동이 이런 책들의 영향을 받은 것은 주로 두 개 면에서 표현된다. 하나는 《천연론》 중에서 천명한 운동, 변화, 투쟁, 발전의 자연관을 받아들였다는 점이다. 즉 투쟁 중에서 생존을 추구하고 변화 중에서 발전을 추구한다는 것이다. 두 번째는 민족소질에 대한 제고와 개조를 강조함으로써 세계발전의 경쟁조류에 적응해야 한다는 것이다. 예를 들면, 1917년 8월 23일 모 인사에게 보낸 편지에서 그는 이렇게 말했다. "세상은 역시 크다. 사회의 조직은 매우 복잡하고 수천 년의 역사를 갖고 있는데, 국민들의 머리는 꽉 닫혀있어 열기가 어렵다.

세상 사람들을 움직이려면 세상 사람들의 마음을 움직여야 하며 겉에 드러나는 현상을 추구하지 말아야 한다" 또한 "세 가지 교육을 함께 중시하며" "문무를 겸비해야 한다"는 주장을 제기하고 "국민의 본질을 변화시키는 것"을 추구하여 "심신이 함께 완벽한 새로운 국민을 만들어 국가의 위기를 구원해야 한다"고 하였다. 그밖에 진화론은 또 마오쩌둥 등 사람들이 마르크스주의 학설을 받아들이는데 이론적 기초를 닦도록 해주었다. 노신 및 중국공산당의 가장 이른 창시자인 예를 들면 이대소, 진독수 등은 거의 모두가 진화론의 감화를 받은 후 그 다음에야 마르크스주의를 받아들였던 것이다.

하지만 엄복의 만년은 시대의 조류에 뒤떨어져 보수파로 전환되었다고 평가되고 있다. 이에 대해 많은 사람들이 안타까워했다. 그러나 마오쩌둥은 1949년 6월에 《인민민주독재를 논함》을 쓸 때, 엄복이 만년에 들어 시대에 뒤쳐졌다고 평하면서도 그의 젊었을 때의 혁명정신과 선진적 사고에 대해서는 높이 평가하여 그의 역사적 공헌을 충분히 인정해 주었다. 이러한 마오쩌둥이 엄복에게 취한 태도는 역사적 유물주의라고 할 수 있을 것이다.

강유위康有爲

대동大同의 길을 찾지 못한『대동서大同書』의 저자

강유위의 꿈

　강유위와 그의 명저《대동서》는 마오쩌동의 청년기, 중년기, 만년기 모두에 영향을 주었다. 청년시기에 그는 강유위를 숭배하였으며, 만년에는 "대동"의 이상을 현실로 변화시키려고 애썼다. 중국근대사에 깊은 낙인을 찍어놓았던 것이다……

　마오쩌동은 동산학당(東山學堂)에서 공부할 때 강유위와 양계초의 저서들을 접하였다. 후에 그는 스노우에게 이 지나간 일을 회억하며 말할 때 이렇게 말했다.《신민총보(新民叢報)》를 "나는 읽고 또 읽어 암기할 때까지 읽었다. 나는 강유위와 양계초를 숭배한다."[57] 1949년에 그는《인민민주독재를 논함》이라는 글을 쓸 때 "1840년 아편전쟁이 실패한 그때로부터 선진적이었던 중국인들은 천신만고 끝에 서방에서 진리를 찾았다"는 말을 했다. 그는 그때 강유위를 "중국공산당이 세상에 나오기 전에 서방에서 진리를 찾은 인물들 중의 한 대표자"라고 칭송했다.

　마오쩌동의 평가는 근거가 있는 것이었고, 강유위 또한 그러한 평가를 받는데 손색이 없는 인물이었다. 왜냐하면 강유위는 청나라 말기 유신운동의 영도자였고, 또한 중국근대사상사 상에서 중요한 역할을 했던 사상가 중의 한 사람이었다. 그는 공

---

57) "나는 경서를 읽는 데는 관심이 없었다. 당시 나는 사촌형이 나에게 보내준 두 가지 간행물을 읽고 있었는데, 그 책에서는 강유위의 유신운동을 서술하고 있었다. 그 중의 한 책을 《신민총보》라고 했는데 양계초가 주필이었다. 나는 이 간행물들을 읽고 또 읽어 암기할 때까지 읽었다. 나는 그때 강유위와 양계초를 숭배했다."〈마오쩌동이 1936년 미국기자 에드가 스노우와의 담화에서〉, 李銳,《毛澤東早年讀書生活》, 遼寧人民出版社, 1992.

맹학설을 대표로 하는 유가사상의 체계를 계승하고 깊이 연구하였으며, 새로운 해석과 새로운 발굴을 하는데 노력하면서 유신운동을 추진하는데 힘썼다. 동시에 그는 시야를 돌려 큰 흥미를 갖고 서방의 문화를 배웠는데, 당시의 자연과학지식과 천부인권설을 포함한 서방지식은 모두 그의 이론무기가 되었다. 강유위는 후에 황제를 보호하고 혁명을 반대하였는데, 이는 프랑스의 대혁명에서 얻은 "교훈" 때문이었다. 그는 프랑스의 혁명이 80년 동안 대란을 거치면서 몇 백만 명이나 되는 사람들이 희생되었다고 생각하였다. 그는 중국에서 혁명을 하면 몇 백 년 동안 대란이 멈추지 않을 것이라고 생각하였다. 그는 중국과 외국의 몇 천 년간의 역사적 변화를 고찰하고 인류고난의 근원을 분석하여 나라 사이의 경계선, 민족 사이의 경계선, 가정 사이의 경계선을 없애는 것을 통해 전 인류가 모두 자유롭고 평등하고 평화로우며 민주적이고 행복한 생활에 도달할 수 있게 해야 한다고 주장하였다. 그는 이상적인 태평성세, 즉 대동세계를 창조하고자 했다. 이렇게 해야만 "백성들의 고통을 구제하고 즐겁게 살 수 있으며, 자기 자신은 고난을 구제해 주는 구세주라고 생각했다" 지금 보면 그의 어떤 의론은 유치하고 우스꽝스럽기까지 하지만, 선구자로서 진리를 찾으려 했던 열정은 사람들에게 감동과 존경을 주었다.

강유위의 《대동서》

인류의 이상사회는 어떠한 것이었는가? 이것은 강유위가 오랜동안 사고했던 대문제였다. 그는 젊었을 때에 《인류의 공리》라고 하는 책을 썼는데 거기에서 이미 후에 나온 《대동서》의 기본사상을 털어놓았다. 《대동서》는 전체 10부로 나뉘어진 책이다. 즉 갑부: 세계에 들어가서 민중이 고통 받는 것을 보다. 을부: 국계(國界)에 가서 대지(大地)를 합치다; 병부: 급계(級界)에 가서 민족을 평등하게 하다. 정부: 종계(種界)에 가서 인류를 같게 만들다; 무부: 형계(形界)에 가서 독립을 보장하다. 기부: 가계(家界)에 가서 천민(天民)이 되다; 경부: 산계(産界)에 가서 함께 생업을 하다. 신부: 난

계(亂界)에 가서 태평(太平)을 다스리다; 임부: 유계(類界)에 가서 중생들을 사랑하다; 계부: 고계(苦界)에 가서 극락에 가다.

양계초는《청대학술개론》에서《대동서》의 내용을 아래와 같이 개괄했다. "1. 국가를 없앤다. 전 세계에 한 개의 총 정부만을 두고 약간의 구역으로 나눈다. 2. 총 정부와 구 정부는 모두 인민들이 선거한다. 3. 가족이 없다. 남녀는 1년 이상을 동거하지 못한다. 기간이 넘으면 사람을 바꾸어야 한다. 4. 임신한 여성은 태교원(胎敎院)에 들어가야 하고 태어난 어린이는 육영원에 들어가야 한다. 5. 어린이는 나이에 따라 몽양원(蒙養院)과 각 급 학교에 들어가야 한다. 6. 성년이 된 후 정부에서 농업, 공업 등 생업을 지정해준다. 7. 병에 걸리면 양병원(養病院)에 들어가며, 늙으면 양로원에 들어간다. 8. 태교, 육영, 몽양, 양병, 양로 등 원은 각 구에서 최고 설비로 갖추어야 하며 들어가는 사람은 최고의 낙을 누린다. 9. 성년남녀는 이런 원에서 몇 년간을 복무해야 한다. 지금 우리가 병역 의무를 지는 것과 같다. 10. 공공기숙사, 공공식당을 설립한다. 등급의 차이가 있게 하여 사람들이 자유롭게 사용토록 한다. 11. 나태함에 대해 경고하는 것이 최고의 형벌이다. 12. 학술상에서 새로운 발명을 하거나 태교 등 5개 원에서 특별한 일을 하여 성적이 있는 자는 특별상을 받는다. 13. 죽으면 화장하고 화장터 옆은 비료공장을 만든다."

이 책을 쓴 후 강유위는 오랜 시간동안을 비밀에 부치고 사람들에게 보이려 하지 않았으며 그와 가장 친근한 학생 양계초 등 소수 사람들에게만 보게 하였다. 강유위 생전에는 갑, 을 두 개만 발표했었는데, 제일 처음에 발표한 것이 1913년의《불인(不忍)》잡지였다. 그 후 1919년에 단행본으로 인쇄되었다. 전체 책은 1935년에 이르러서야 중화서국에서 출판하였는데, 그 때 저자는 이미 세상을 떠난 지 8년이 되는 해였다. 강유위는 이 책에서《춘추공양전》의 설에 의거하여 사회의 발전을 거란세(據亂世), 승평세(升平世), 태평세(太平世) 등 세 개의 세상으로 나누었다. 태평세는 이상사회의 최고계단이다. 또한《예기》〈예운편(禮運篇)〉 중의 "소강(小康)", "대동(大同)"의 설을 결합하여 "신명성왕(神明聖王)은 일찍이 고려했고 우려했다. 그래서 삼통삼세(三

統三世)의 법을 세워 거란세 이후에 쉽게 승평세, 태평세로 가고, 소강 이후에 대동에 들어가게끔 하였다". 그는 또 상세하게 표를 열거하여 (모두 약 100조목) "대동은 거란세에서 시작한다", "대동은 승평세에서 서서히 진보한다", "대동은 태평세에서 이룩된다"고 하는 정황을 대비하여 조망하였다. 예를 들면 태평세에서 "국계가 없는 것을 세계라 한다", "인민은 모두 세계의 공민이다" 등이 그것이다.

《대동서》와 마오쩌둥

강유위의 대동사상 및 《대동서》는 중국의 근대사에서 중요한 영향을 발휘하였다. 많은 사람들이 이 사회적 이상에 마음을 기울였으며 청년 마오쩌둥도 그 중의 한 사람이었다.

마오쩌둥은 동산학당에서 공부할 때 강유위의 저작을 접촉해본 적이 있으며, 이를 숭배했다고 말했다. 1917년 8월 23일 마오쩌둥은 여금희(黎錦熙)에게 보낸 편지에서 이렇게 말했다. "공자는 이 뜻을 알았다. 그리하여 태평세를 세우는 것을 곡(鵠)이라고 했으며 거란, 승평의 양 세(世)를 폐하지 않았다" 역시 《춘추공양전》의 "삼세"의 설을 《예운》의 "대동" 설에 결합하여 말한 것인데, 강유위의 《대동서》에서의 설법과 동일하다. 아마 그는 이때 이미 《대동서》를 읽었던 듯하다. 물론 1913년에 《불인》잡지가 발표한 갑, 을 두 개 부를 기준으로 했을 경우이다.

《대동서》 중에는 이상사회의 정치, 사회생활, 공농업 생산에서 가정과 혼인에 이르기까지 모두 구체적으로 묘사하였다. 마오쩌둥은 이런 것에 대해 매우 관심을 가졌다. 1919년 12월, 《호남교육월간》에 발표한 《학생의 일》이라는 글에서, 비록 일본 신촌주의(新村主義)의 영향을 받고 쓴 것이긴 하지만, 그 중의 일부 구체적인 설계는 《대동서》의 영향을 받은 것이 확연했다. 예를 들면 마오쩌둥은 이 글에서 이렇게 말했다. "약간의 새로운 가정을 합치면 하나의 새로운 사회를 만들 수 있다. 새로운 사회의 종류는 많아서 다 열거할 수는 없지만 몇 가지를 들겠다. 공공육아원, 공공

몽양원, 공공학교, 공공도서관, 공공은행, 공공농장, 공공공장, 공공소비사, 공공극장, 공공병원, 공원, 박물관, 자치회 등을 합쳐 새로운 학교, 새로운 사회라고 하며 한 개의 '새마을'이 된다. 나는 악록산(岳麓山) 일대가 호남 근처에서 새마을을 건설하기에 제일 좋은 곳이라고 생각한다." 이것이 바로 마오쩌둥이 당시에 꿈꾸었던 "새마을 계획"이었다.

《대동서》중의 기타 일부 의견도 마오쩌둥에게 영향이 있었다. 예를 들면 "남녀는 평등하고 서로 독립되어야 하며 정으로 서로 어울려야 한다. 사사로이 약속을 한 것은 부부가 아니다." "아내는 남편이 먹여 살릴 필요가 없으며" "어린 아기는 어머니가 키울 필요가 없다"는 등이 그것이다. 더욱이 사회의 모든 죄악을 모두 가정에 돌리고 가정을 방해한 자는 "대동의 세" 제14조인 공해(公害)에 종합해 넣었다. "그러므로 가정은 거란세에서 인도(人道)를 유지하는 필수적인 도구이며, 태평세는 헤어짐의 고통을 가장 용인하지 못한다." "농부의 낙"에 대해서는 "앉아서 일한 돈을 받으며, 돈을 물 쓰듯 쓰며, 공공기숙사에 살며, 배우자와 같이 살며, 공부를 좋아하는 사람은 도서관에 가고, 재능을 배우고 싶은 사람은 가르침을 받으며, 공공식당에서 밥을 먹으며, 공원에서 거닐며, 매일 일을 몇 시간 하는 외에는 모두가 자유이다."라고 말했다. 후에 "대약진운동"시기에 마오쩌둥은 여러 차례 가정을 폐지하자는 주장을 제기했었다. 인민공사가 공공기숙사, 공공식당 등을 많이 만들자 마오쩌둥은 매우 크게 칭찬했다. 《대동서》중 "중국 강남의 좋은 벼, 하북의 좋은 밀, 강절(江浙)의 좋은 뽕나무, 사천(四川)의 좋은 약, 광동(廣東)의 좋은 꽃과 과일, 북구(北口) 밖의 좋은 가축과 목장, 연해의 좋은 생선과 소금"은 후에 《농업발전요강 40조》에 반영되었다.

여기서 말해야 할 것은 마오쩌둥은 공산주의자가 된 후에도 늘상 "대동"을 인용해 미래 공산주의사회를 말했다는 점이다. 그가 《인민민주독재를 논함》에서 강유위의 이 말을 한 것이 바로 그 한 예이다. 1958년 8월, 인민공사화 운동에서 마오쩌둥은 하북성 서수(徐水)를 시찰하였다. 세 번째 되는 날, 중공중앙 농촌업무부 부장 진정인(陳正人)이 서수에 와서 중앙의 지시라면서 전달했는데, 바로 서수에서 공산주의를 시험하려는 것이었다. 동시에 강유위의 《대동서》를 《공산당선언》과 함께 현지의 간부들에게 추천하여 학습하게 하였다. 이것은 우연의 일치가 아니고 바로 마오쩌둥이 《대동서》를 숭배한 것과 관계가 있는 일이었다.[58]

양계초의 강유위에 대한 평

한 마디로 말해서 《대동서》는 강유위가 자산계급 자유파 개량주의의 사상을 반영한 것이었고, 유럽 공상사회주의가 그에게 미친 영향이 얼마나 컸었는가를 반영하는 것이었고, 더욱이는 공정하고 행복한 이상사회에 대한 중국인들의 갈망을 반영한 것이라고 할 수 있을 것이다. 그러나 강유위는 그의 대동학설에 대해 "지금 실시하려고 하는 것이 아니고 미래에 하려고 하는 것이다"라고 생각했기 때문에, 그의 뜻이 비록 대동에 있었다고 할지라도 현실적인 일은 소강사회를 만드는데 있었다고 봐야 할 것이다. 그는 "소강으로 지금의 세상을 구원하고 정치적 문제와 사회도덕문제에 대해서는 원래의 상태를 유지하는 것을 당연한 일로 보았다"(양계초, 《강유위전》). 그러므로 《대동서》가 완성된 후에도 그는 이 사실을 비밀로 했으며 사람들에게 보여주지 않았던 것이다.

강유위는 성격상에서 약점이 있었다. 그는 자신이 중화 5천 년의 문화를 집대성한 사람이라고 여기고 자기를 너무 자신했다. 양계초는 《청대학술개론》에서 자기와 선생님을 비교하면서 말했다. "양계초와 강유위가 제일 상반되는 점은 강유위는 너무 편견이 있다는 것이고 양계초는 너무 편견이 없다는 것이다. 일을 처리하는 데는 법칙이 있고 학문을 탐구하는 데도 법칙이 있다. 강유위는 늘 이렇게 말했다. '나는 서른에 다 배웠고 그 이후로는 더 이상 나아가지 않았으며 나아갈 필요도 없었다.' 그

---

58) "자산계급의 민주주의가 노동자계급이 영도하는 인민민주주의에 자리를 내주고, 자산계급공화국이 인민공화국에 자리를 내주면 한 가지 가능성은 있다. 즉 인민공화국을 거쳐 사회주의와 공산주의에 도달하며, 계급의 소멸과 세계의 대동에 도달하는 일이다. 그러나 강유위는 《대동서》를 썼지만 대동으로 도달하는 길을 찾지도 못했고 찾을 수도 없었다. ……유일한 길은 노동자계급이 영도하는 인민공화국을 거치는 것뿐이다."마오쩌둥, 〈인민민주독재를 논함 - 중국공산당 28주년을 기념하여〉, 《모택동선집》 제4권.

러나 나 양계초는 그렇게 생각하지 않았다. 늘 배움에서 이루지 못했다고 느꼈고 다 이루지 못할 까봐 걱정하여 수십 년을 방황하면서 계속 배웠다. 그러므로 강유위의 학술에 대해서는 지금 정확히 논할 수 있다. 그러나 양계초는 너무 편견이 없었기 때문에 사물의 법칙을 준수하는 것에만 의존했기에 그 창조력이 강유위에 미치지 못하였다고 단언할 수 있다." 강유위에 대한 양계초의 평가는 비교적 정확한 것이었다. 강유위는 "편견이 너무 많았는데" 그것이 장점이기도 하고 단점이기도 하였다는 점이다. 그가 젊었을 때 "편견이 너무 많았기" 때문에 마음을 굳게 먹고 기운을 떨쳐 나아갈 수 있었고, 굴하지 않고 거대한 힘으로 유신변법의 발전을 계속해서 추진해 갈 수가 있었던 것이다. 그러나 또한 너무나 편견이 많았기 때문에 시대의 발전에 따라 발전할 수가 없었고 점차 시대에 뒤떨어지게 되었던 것이다.

중국을 진정으로 사랑했던 강유위

강유위가 혁명을 반대한 것과 청나라 통치자가 혁명을 반대한 것은 근본적인 구별이 있는 것이었다. 강유위는 "혁명공포론"자였다. 그가 중국에서 혁명이 일어나는 것을 반대한 것은 혁명이 중국에 더 큰 재난을 가져다 줄 것 같아 겁을 냈던 것이다. 그는 프랑스대혁명과 세계상의 많은 중소국가의 혁명역사에서 혁명의 부작용을 보았기 때문에, 평화적이고 점진적인 방식으로 사회개혁을 진행하는 뜻을 견지하였다.

강유위가 유신운동의 기수로 있었던 그 역사는 빛나는 일이었다. 그는 시대의 진보적인 사조를 불러일으켜 서방의 선진적인 사회정치학설로서 중국의 전통적인 학설인 유가학설을 타파하고 다시 짰는데, 이것은 중국사상사에서 획기적인 의의를 갖는 일이었고 폭풍우와 같은 충격력을 지닌 것이었다. 동시에 강유위가 오로지 사상가로서만 활동한 것은 아니었다. 그는 서재 안에서 맴도는 사변을 달가워하지 않았고, 시대의 전열에 서서 현실투쟁에 투신하여 대단한 위력을 가진 정치활동가로서 활동했던 인물이었고 변법운동을 조직하고 영도한 인물이었다. 그는 중국의 심각한 위기를 구제하려는 희망을 가지고 개혁과 유신이라는 방법을 택하여 전면에 나섰던 인물이었던 것이다. 또한 그것을 위해 뛰어다녔고 이를 완수하기 위해 각계를 향해 호소하였다. 그의 이러한 공적은 영원히 역사서에 기록되어져야 할 것이다.

담사동譚嗣同
죽음으로써 자신의 사상을 실천한 혁명가

유신운동 중 희생되어 무술 '6군자'로 칭송된 변법가

그의 저서 《인학(仁學)》과 그가 변법(變法)을 위하여 용감하게 헌신한 정신은 마오 쩌둥에게 깊은 영향 주었으며, 마오쩌둥은 그를 매우 흠모하였다.

담사동은 중국 근대의 유명한 개량파 정치가이며 사상가였다. 무술유신운동(戊戌維新運動 : 1898)을 주도한 사람 가운데 하나로 순무(巡撫 : 명 청대의 지방장관) 담계순(譚繼洵)의 아들로 태어났다. 어려서부터 문장에 능통하고 의협심이 강했으며, 서북(西北) 중원(中原) 동남(東南)의 각 성(省)을 두루 다녔다. 1894년 조선에서 갑오농민전쟁(甲午農民戰爭)으로 청일전쟁이 일어나자, 중국의 허약함에 통분하여 개혁에 뜻을 두고 신학(新學)을 적극 제창하고 변법(變法)을 선전했다. 1896년 아버지의 명으로 난징[南京]에 가서 후보지부(候補知府 : 府의 장관후보)가 된 후 스스로 캉유웨이[康有爲]의 사숙제자(私淑弟子 : 글방제자)라고 칭했다.

1897년 이후에는 후난(湖南) 순무(巡撫)였던 진보잠(陳寶箴), 안찰사(按察使)였던 황준헌(黃遵憲) 등이 새로운 정치 건설에 협조하여 시무학당(時務學堂)을 설립하고 남학회(南學會)를 조직하여 〈상보 湘報〉를 창간했고, 동시에 강을 운항하는 기선(汽船)을 만들고, 철로의 보수와 광공업 관련 사업을 추진하는 등 후난 지방에서 유신운동을 활발히 전개했다. 1898년 7월 청(淸)의 광서제(光緖帝)가 친히 그를 불러 4품 벼슬인 군기장경(軍機章京)에 임명했다. 그는 양예(楊銳) 임욱(林旭) 유광제(劉光第)와 함께 새로운 정치에 참여하여 군기사경경(軍機四京卿)이라 불렸고, 백일유신(百日維新) 중에 광서제를 도와 유지(諭旨 : 황제가 신하 백성에게 내리는 지시)를 초고(草稿)하고 장주(章奏 : 신하가 임금에게 아뢰는 글)를 비준하는 등 새로운 정치를 추진한 주요인물이 되었다. 얼마 후 서태후(西太后)가 정변을 일으켜 광서제는 옥에 갇히고 담사동은 강광인 양심수 임욱 양예 유광제 등과 함께 피살되어 '무술6군자'(戊戌六君子)라고 불리게 되었다. 그가 저술한 것들은 대부분《담사동전집 譚嗣同全集》에 전해지고 있는데,《인학》또한 여기에 수록되어 있다.

불인(不仁) 불통(不通)의 어두운 사회적 국면을 깨뜨리자

그의 사상과 학설은 주로 그가 저술한《인학》이라는 책에서 엿볼 수 있다. 이 책은 2권으로 되었는데, 1896년에 완성되었으며, 양계초에 의해 제일 먼저 일본에서 발행되었다.《인학》에서 말한 인(仁)은 "천지만물의 근원으로서 유심(唯心 : 관념)이며 유물(唯物)이다."라고 했고, 또 "이태(以太, 본래 물리학용어인 '에테르')가 세계에 충만하여 세상이 생겼다"고 주장했다. 그의 사상은 과학과 종교, 유물론과 유심론, 변증법과 형이상학 등 완전히 대립되는 관점으로 채워져 잡다하고 모순된 체계를 이루고 있다. 정치적으로는 봉건군주제를 맹렬히 공격하고 봉건적인 삼강오상(三綱五常)과 도덕관념을 비판했다.

이 책의 철학적 관점의 요지는 "세계는 발전하고 있다"는 것이며 "새로워지고 또 새로워진다"는 것을 사물변화의 법칙으로 보았던 것이다. 즉 "어제의 새로운 것은 오늘에 와서는 낡은 것이며, 오늘의 새로운 것은 내일에 가면 또 낡은 것이 된다. 따라서 새로운 도리와 새로운 일일지라도 이러한 것들보다 더 새로운 것들이 있게 마련인 것이다."라고 보았던 것이다.

《인학》에서 그는 당시 물리학의 '에테르'개념으로써 세계의 근원을 설명하면서 세계 각 종 현상들과 관련되는 변화와 결합은 모두가 이 '에테르'의 작용이라고 여겼다.

'에테르'는 생기지도 없어지지도 않으며, 부단히 변화하고 모였다가는 흩어지면서 세계만물의 변화와 운동을 형성한다고 보았던 것이다. 이 '에테르'의 정신이 곧 '인'으로 표현했던 것이다. 곧 '인'의 내용은 '통(通)'이며 "통의 형상은 평등이다"라고 했던 것이다. 인—통—평등은 만물이 발전하는 법칙이며 유물론의 색채를 띠고 있다. 철학에서 변법의 이론적 근거를 제공해 주었으며 "하늘은 변하지 않고 도(道) 또한 변하지 않는다"는 완고한 수구사상을 비판하였다. 책에서는 삼강오륜의 도덕준칙에 대해 격렬한 비판을 했으며, 그 도덕준칙은 봉건 독재를 수호하는 도구이며, 가장 암흑적이고 도리가 없는 것이라고 여겼다. 이 책에서 그는 중국근대 이래의 불행은 사람들의 마음이 만든 것이므로 '마음의 힘'으로 액운을 풀 수 있다고 하면서, 사람들에게 마음의 힘을 발휘하여 모든 사람들을 질곡에 빠뜨리는 올가미를 뚫고 모든 '불인(不仁)', '불통(不通)'의 어두운 국면을 깨뜨려야 한다고 하였다. 이런 식으로 그의 철학은 적극적인 사회정치적 의의를 갖고 있었던 것이다

담사동의 "마음의 힘(心力)"을 전수받은 마오쩌둥

담사동의 《인학》 사상은 당시 사회에 매우 큰 영향을 끼쳤다. 예를 들면 제1사범학교의 교사였으며 담사동과 접촉한 적이 있는 양창제(楊昌濟, 마오의 두 번째 부인이었던 양카이홍의 아버지로 마오의 스승이었다)는 담사동을 매우 숭배하였다. 마오쩌둥이 청년시기에 《인학》을 읽은 것은 양창제의 영향을 받았기 때문이었다. 양창제는 담사동의 《인학》을 특히 중요시하면서 사람마다 독립적으로 분투하고 마음의 힘을 발동하는 정신을 갖고 있어야 한다고 주장하였다. 그는 늘 학생들에게 《인학》을 읽어주고 강의하였으며 한동안 《인학》을 연구하고 담론하는 것이 학생들의 풍조가 되기도 했다. 그런 가운데서도 마오쩌둥이 유난히도 열심히 이 책을 읽었는데, 그의 일기 혹은 노트에 기록한 것을 보면 항상 "담류양(譚瀏陽)의 영령은 우주에 가득 차 있

으며, 사멸되지 않을 것이다"라는 유형의 글들이 주류를 이루고 있었다.[59]

청년 마오쩌둥이 《인학》을 읽고 받은 영향은 주로 두 가지 측면이라고 할 수 있다. 하나는 일체의 불평등한 올가미를 헤집고 뚫고 나오는 것이다. 1917년 9월 23일의 장곤제(張昆第)의 일기에 의하면 첫날밤 마오쩌둥과 채화삼(蔡和森), 장곤제 세 사람이 "밤에 대담을 나눌 때"면 또 담사동과 그의 《인학》에 대해 주로 논의하였는데, 후에 마오쩌둥은 "이전에는 담사동, 오늘날에는 진독수(陳獨秀)가 있다. 이 두 사람은 정말로 웅대한 기백이 있다"고 인정하였다.[60]

1936년에 에드가 스노우와 대화할 때 마오쩌둥은 분명하게 이 당시의 일들을 기억하며 말했다. "이 당시 나는 《마음의 힘》이라고 하는 글을 썼다. 나도 그 때에는 관념론자였다. 양창제 선생님은 그의 관념론적 관점에서 출발하여 나의 이 글을 높이 칭찬했으며 100점 만점을 주었다." 마오쩌둥은 이 글에서 '마음의 힘'을 발동할 때의 억제할 수 없는 경지에 대해 서술했는데, 이는 담사동이 《인학》에서 서술한 내용과 상당히 비슷하였다. 이른바 '마음의 힘'이라는 것은 오늘날의 말로 표현하면 사람의 '주관적 의지'를 말하는 것이었다. 마오쩌둥은 그 후부터 시종일관 사람들의 활동 중에서 '의지'의 능동적 역할을 강조하였는데, 그것은 그가 젊었을 때 '마음의 힘'이라는 설을 받아들였던 데서 연유하고 있었던 것이다.

담사동의 애국적인 마음, 법을 개혁시키려고 한 언행, 혁명에 대한 의지, 헌신하려는 정신, 철학사상은 중국 근대사에서 큰 영향을 발휘했으며, 이는 마오쩌둥이 매우 높게 평가한 것에서도 알 수 있으며, 또한 향후에도 대대로 존경을 받게 될 것이다.

59) 陳晋主編, 《毛澤東讀書筆記解釋》, 廣東人民出版社, 1996.
60) "모윤지(毛潤之, 모택동의 호가 윤지 임)는 이렇게 말했다. "지금 국민들의 생각은 좁디좁은 데, 러시아의 톨스토이처럼 일체 현상의 올가미를 뚫고 이상적인 세계로 발전시키는 것을 몸으로 행하며, 책을 쓰고, 진리를 위해 죽으며, 아무 것도 돌보지 않는 대 철학 혁명가, 대 윤리 혁명가를 어떻게 얻을 수 있겠는가? 이전의 담사동과 오늘날의 진독수 등은 웅대한 기백과 기력을 가지고 있는 사람들로써, 오늘날의 저속한 학자들은 이들을 따를 수 없는 것이다."(〈1917년 9월 23일 張昆弟의 일기〉, 《毛澤東早期文庫》湖南出版社, 1990)

손문^{孫文}
불요불굴의 의지력으로 성공한 혁명가

중국혁명의 선구자

손문은 20세기 중화민족의 첫 번째 가는 위인이었다. 그의 공헌은 더 없이 크고, 그가 남긴 유산 또한 매우 풍부했다. 마오쩌둥은 일생동안 그를 존경하고 숭배했으며, 중국공산당을 이끌고 손문을 계승하여 그의 염원을 실현하려고 결심하였다. 마오쩌둥의 손문에 대한 높은 평가와 많은 의론은 손문을 선전하고 민중을 교육하는 데 매우 기여하였다.[61]

손문은 중국의 위대한 민주혁명 선구자였다. 그는 중국을 개조하기 위하여 전심전

---

61) "손문의 위대성은 어디에 있는가? 그가 추창한 '삼민주의 강령', '통일전선 정책', '각고 분투한 정신' 등에 있다. ……대혁명가 손 선생의 삼민주의 강령과 통일전선정책은 반식민지에 처해있는 국가에 대해 가장 위대한 공헌을 하였다. 뿐만 아니라 손 선생의 위대함은 또한 그의 '각고 분투하는 정신' '불요불굴의 정신' '혁명적 의지력' '혁명정신' 등에도 있다. 이런 의지력이 없었더라면 그의 주의와 정책은 실현될 수 없었을 것이다. 방금 읽었던 《총리유촉(總理遺囑)》의 서에서 '국민혁명 40년 동안 모든 힘을 다했다'고 말했던 것처럼, 이 40년 동안 수많은 곤란과 곡절을 겪었으면서도 손 선생은 언제나 좌절할수록 분발하였고, 굽힐 줄 몰랐으며 더욱더 분발하였다. 많은 추종자들이 곤란과 유혹 앞에서 낙심하고 뜻을 버리거나 적에게 항복하고 변절할 때에도 손 선생의 의지는 언제나 확고하였고, 손 선생은 자신의 주의를 견지하였다. 그의 일생 중 그가 추창한 삼민주의는 발전될 수만 있었지 버려질 수는 없었다. ……이러한 모든 것들은 그가 곤란과 좌절을 두려워하지 않고 굽히지 않으며, 더욱 분발하는 혁명적 의지력과 혁명실천정신이 서로 결합되어 나타난 것으로 손 선생은 위대한 혁명가로서의 모범을 보여주었다." 毛澤東, 〈孫中山 逝去 13週年 및 적에 항거하다 희생된 장령들에 대한 추도석상에서의 강연〉, 《毛澤東文集》 제2권. "위대한 혁명선구자 손중산 선생을 기념한다! 그가 중국의 민주혁명 준비기에 확고하게 중국혁명 민주파의 입장에 서서 중국의 개량파들과 첨예한 투쟁을 벌였던 것을 기념한다. 그는 이 투쟁에서 중국혁명민주파의 기치를 높이 들었다. 그가 또 신해혁명시기에 인민을 영도하여 봉건제도를 전복시키고 공화국을 건립했던 위대한 공적을 기념한다. 그는 정치사상면에서 우리에게 많은 유익한 것들을 남겨주었다. 현대 중국인은 극히 일부분의 반동분자를 제외하고는 모두 손 선생 혁명사업의 계승자이다. …… 손 선생은 겸허한 사람이다. 나는 그의 연설을 여러 차례 들으면서 그에게는 일종의 위대한 기백이 있음을 느꼈다. 그가 중국의 역사 상황과 목전의 사회 상황을 연구하고, 또 소련을 포함한 외국의 상황을 연구하는데 주의를 기울이는 것을 보고 그가 매우 겸허하다는 것을 알았다. 그는 중국을 개조하기 위하여 전심전력하며 필생의 정력을 바쳤다. 참으로 나라를 위하여 생명의 마지막 순간까지 온 힘을 다했던 것이다. 이전 시대의 시대적 조류를 지도했던 많은 위대한 역사적 인물들은 대부분 그들의 결함이 있었고, 그도 또한 결함이 있었다. 그러나 이것은 당시의 역사적 상황 때문이었으므로 그러한 상황을 설명하며 사람들로 하여금 이해토록 하게 해야 하며, 선인들에게 더 이상의 가혹한 요구를 할 필요까지는 없는 것이다." 毛澤東, 〈孫中山先生을 紀念하며〉 1956년 11월 12일, 《毛澤東選集》 제4권.

력하며 필생의 정력을 바쳤다. 나라를 위하여 생명의 마지막 순간까지 온 힘을 다하면서 역사에 위대한 공훈을 세웠다. 그는 정치사상과 혁명정신 등 면에서도 후세사람들에게 소중한 유산을 남겨주었다. 그는 세기의 위인이며 중국인들이 대대로 존경하고 추앙하였다.

마오쩌동은 손중산에 대해서는 그를 근대이래 중국혁명의 선구자로서 숭배하였다. 1949년 6월, 마오쩌동은 《인민민주독재를 논함》이라는 글에서 손문 및 기타 인인지사(仁人志士)들을 찬미하면서 홍수전, 강유위, 엄복과 손문은 중국공산당이 세상에 나오기 전에 서방에서 진리를 찾은 인물들을 대표한다고 하였다. 그리고 이 네 명의 인물들 중에서도 손문은 가장 걸출한 한 사람이며, 마오쩌동이 위에 열거한 인물들 중에서 유일하게 만나본 사람이었다.

1924년 제1차 국공합작 이후 마오쩌동은 국민당 중앙후보위원으로 있었으며 국민당 중앙선전부와 농민부에서 일한 적이 있었다. 이 기간에 그는 손문의 여러 차례의 연설을 들었다. 후에 마오쩌동은 손문의 연설을 들은 인상에 대해 이렇게 말했다. "그에게 일종 위대한 기백이 있음을 느꼈다. 그가 중국의 역사적 상황과 목전의 사회적 상황을 연구하고 또 소련을 포함한 외국의 상황을 연구하는데 주의를 돌리는 것을 보고 그가 매우 겸허하다는 것을 알았다."

1945년 4월, 마오쩌동은 한 회의에서 손문에 대해 이렇게 말했다. "손중산을 나는 본 적이 있다. 여기 앉아있는 사람들 중에도 그를 본 사람이 있다. 그는 1925년에 서거했다. 그가 국민혁명 39년에 온 힘을 다할 때 나는 그를 보았다. 그때 그는 이미 60세가 거의 되었다. 국민당이 제1차 전국대표대회를 열었을 때 여기 앉아 계시는 임백거(林伯渠) 동지도 참가한 사람 중의 하나이다. 우리는 공산당원의 자격으로 국민당의 대표대회에 출석하였다. 즉 이른바 '당을 뛰어넘은 사람'이었다. 국민당원이면서도 동시에 또한 공산당원이었다."[62]

---

62) 《중공중앙문건선집》 제15권, 98쪽.

1964년 10월, 마오쩌둥은 또 한 담화에서 손문을 보았을 때의 인상을 이야기했다. 그때 손문은 그의 생명이 다하는 마지막 1년이었으며, 심한 질병이 그를 괴롭혀 말이 떨렸다. "그는 다른 사람들이 그와 말을 많이 하지 못하게 하였다."

마오쩌둥은 손문에 대해 마음속으로부터 탄복하고 숭배하였으며, 그가 민주혁명의 선구자로서 세운 불후의 공적과 시대의 발전에 따라 부단히 전진하는 정신, 불요불굴하며 좌절을 받을수록 분발하는 투지를 숭배하였다. 1956년 11월 12일 손문 탄신 90주년을 기념하는 《손중산을 기념하며》라는 글에서 마오쩌둥은 손문이 중국 민주혁명 준비시기에 중국개량파와 첨예한 투쟁을 벌인 "중국혁명 민주파의 기수"였다고 말하였다. 봉건제도를 뒤엎고 공화국을 건립하고 구 삼민주의를 신 삼민주의로 발전시키는데 위대한 공적을 세웠다고 하면서 "현대 중국인은 한 줌의 반동분자를 제외하고는 모두 손 선생 혁명사업의 계승자라고 할 수 있다"고 말하였다.

중국혁명의 중요한 이정표

1953년 3월, 건국 후 마오쩌둥은 처음으로 남경을 돌아볼 때, 특별히 중산릉으로 가서 손문 선생의 능에서 위령제를 지냈다. 마오쩌둥의 경호실장인 이은교(李銀橋)는 이 상황을 이렇게 기술하고 있다.

"능 위의 평평한 대(臺)에 올라가면 대 중앙이 바로 제사지내는 사당이다. 마오쩌둥과 기타 영도자들은 중산 선생의 좌상 앞에서 묵념을 했다. 그리고 왼쪽에서 오른쪽으로 가면서 사방 둘레의 벽에 새긴 《건국대강》을 진지하게 살펴보았다.

진의는 마오쩌둥이 오랫동안 서있는 것을 보고는 그가 지칠까봐 앞으로 나가 말했다. "주석님, 또 몇 곳이 있는데요. 어서 가시지요"

"음, 음."하고 마오쩌둥은 대답은 하면서도 여전히 비문을 읽어내려 갔다. 다 읽은 뒤에야 그는 제당 뒤에 있는 묘실로 들어갔다. 묘실은 어두워서인지 분위기가 엄숙했고 경건하였다. 가경시(柯慶施)가 마오쩌둥의 옆에 서서 작은 소리로 소개했다. "이 둥근

형태(穹窿)의 묘실은 직경이 약 16미터이고, 천장의 도안은 국민당의 당 휘장입니다." 마오쩌동은 머리를 들고 한동안을 자세하게 둘러보면서 말했다. "그러면 중산 선생의 유체는 어디에 놓았는가?"

"이 위의 흰 와상(누워 있는 형태의 대리석 상)은 대리석으로 만든 것입니다. 손중산 선생의 유체를 넣은 자색으로 된 동관(銅棺)은 이 와상 아래 5미터 되는 곳에 있습니다." 가경시는 손문의 와상을 가리키면서 대답했다.

마오쩌동은 머리를 끄덕여 알겠다고 했다. 그는 손문의 와상을 오래도록 응시하면서 한동안을 말하지 않았다. 무언가를 사고하는 듯하였다. 그리고 나서 긴 숨을 내쉬더니 뒷짐을 지고 대리석 와상을 한 바퀴 돌았다.

마오쩌동은 제당을 걸어 나와 밖의 넓은 대로 나왔다. 그는 두 손을 허리에 짚고 눈을 들어 멀리 바라보았다. 비옥한 들판이 한눈에 들어왔다. 산의 위와 아래에는 소나무들이 녹색 바다처럼 출렁이고 있었다. 그는 말을 하지 않은 채 한가로이 거니는 듯하더니 갑자기 무엇인가를 생각해낸 듯 하였다……"

50여 년 전, 마오쩌동은 "우리는 역사를 단절시키지 말아야 한다"라는 주제로 강연을 할 때 이렇게 말한 적이 있다. "공자로부터 손중산에 이르기까지 우리는 모두를 소중한 유산으로써 계승해야 한다." 여기에서 마오쩌동은 손문을 중국 역사 발전의 한 중요한 이정표로 보았던 것이다. 손문이 중화민족을 진흥 발전시키기 위해서 한 노력은 탁월했고, 이를 위해 한 공헌은 거대하였다. 그리하여 마오쩌동의 마음속에 위치한 그의 지위는 숭고한 것이었다. 마오쩌동은 손문에 대해 여러 차례 과학적인 평가를 한 적이 있었는데, 이런 평가들은 중국공산당원과 전체 중국인민의 마음속에 확실하게 각인되었다. 손문의 유지는 중국공산당이 계승했으며, 그의 이상은 이미 빛나는 현실로 변화했으며, 이를 토대로 중화민족은 계속해서 번영 발전을 지향하고 있는 것이다.

채원배蔡元培, 차이위안페이
인간세상의 좋은 아버지

혁명가이며 교육자였던 채원배

채원배(1863. 1~1940. 3. 5)는 중국의 혁명가 교육자로 현대 중국사에서 중요한 시기인 1916 26년에 북경대학 총장을 지냈다. 이 시기 북경대학은 중국인들이 민족주의와 사회개혁에 눈을 뜨게 하는 데 중요한 역할을 담당했는데, 이러한 환경을 만들어 놓은 사람이 바로 채원배였다.

그는 1890년에 진사(進士)가 되었는데, 과거가 시행된 이래 가장 어린 진사 합격자 중 한 사람이었다. 1904년 혁명집단인 광복회(光復會)에 참여해 회장으로 추대되었지만, 이 집단에 속한 대부분의 사람들이 1905년에 손문(孫文)이 조직한 동맹회(同盟會)에 가입하면서 채원배도 가입하여 동맹회 상해지부장이 되었다. 중화민국의 임시총통이 된 손문은 1912년 1월 채원배를 교육총장에 임명했으나, 6개월 후 군벌 원세개(袁世凱)가 총통이 되자 그는 사직을 하고 유럽으로 건너갔다. 그는 1916년 말까지 유럽에 머물면서 근공검학(勤功儉學)운동을 주도했는데, 이 운동에 참여한 2,000여 명의 중국인 학생과 노동자들은 프랑스에 건너가 공장에서 일하면서 학업을 계속했고, 후에 지도자가 된 주은래 등소평 등 많은 중국인들이 이 운동에 참여했다.

1916년 채원배는 중국의 주요 지역인 절강(浙江) 성정부의 주석을 사양한 뒤 중국 최고의 명문인 북경대학의 총장이 되어, 1919년에 일어난 반제국주의 운동인 54운동의 구심점이 되었다. 1928년 학문연구의 최고기관인 중앙연구원의 설립에 참여했고, 이곳의 초대 원장이 되었으며, 1935년 모든 직위를 사퇴하고 상해로 돌아가서 여생을 조용히 마쳤던 진정한 중국혁명의 지도자였다.

채원배와의 인연

"학계의 태두이며 인간세상의 본보기"라는 높은 평가를 마오쩌둥에게 받을 수 있는 사람이 이 세상에 몇 명이나 있을 수 있었겠는가? 채원배는 이런 평가를 받기에 손색이 없던 인물이었다.

마오쩌둥이 채원배를 알게 된 것은 그의 최초의 선생님이었던 양창제(楊昌濟) 덕분이었다. 1918년 봄 양창제는 채원배의 초빙을 받고 북경대학으로 가서 교수가 되었다. 프랑스에 가서 고학하며 공부하자는 운동을 할 때, 채원배는 그 발기인 중의 한 사람이었다. 마오쩌둥은 북경에 온 후 북경대학 도서관에서 말단직원으로 있으면서 채원배를 알게 되었다. 프랑스에 가서 고학하는 활동을 위한 조직을 할 때 마오쩌둥은 신민학회의 회원들과 함께 채원배·호적 등 유명 인사들을 초청하여 "회원들이 문제를 제기하고 답을 청하는 형식으로 학술과 인생관에 대한 문제를 토의하였다" 신문학연구회 외에도 마오쩌둥은 북경대학 철학연구회와 평민교육 강연단의 활동에도 참가하였다. 철학연구회는 양창제·호적 등이 발기했고, 채원배는 이 회의 회장이었다. 이 회가 설립된 목적은 "동양과 서양의 여러 철학을 연구하고 새로운 지식을 여는 것"이었다. 마오쩌둥은 이 회에서 대량의 서방 철학서들을 읽었다. 이대소(李大釗)의 소개로 마오쩌둥은 소년중국학회에 가입하였다. 채원배는 한때 무정부주의에 열중하면서 이 회가 창립하자마자 찬사를 아끼지 않으며 최초로 서명하고 발기하였다. 마오쩌둥도 그때 이러한 면에 대한 이상을 갖고 있었다. 양창제가 1920년 1월 17일에 북경에서 서거할 때 마오쩌둥은 양씨 집을 위하여 상가를 지켰고, 상을 치렀다. 채원배 이대소 등 29명은 부고장을 내는데 서명하였고, 유족들에게 자금을 모아주어 생활에 도움이 되게 하였다. 채원배는 또 마인초(馬寅初)·호적 등과 함께 연명으로 공고를 내어 북경대학생들에게서 조의금을 모아 유가족에게 주어 가족들이 영구를 모시고 고향으로 돌아가 안장할 수 있도록 해주었다.

채원배의 협력과 지지

1920년 10월 호남교육학회는 학술강연회를 거행하면서 채원배, 장병린, 오경항 등을 호남에 초청하여 강연을 하도록 하였으며, 호남의 《대공보(大公報)》는 마오쩌동에게 강연의 기록을 맡아달라고 요청하였다. 채원배는 모두 12차례의 강연을 하였는데 그 중 2번은 마오쩌동이 기록했으며, 모두 신문에 기고가 되었는데, "채혈민(蔡子民, 채원배의 호 필자 주) 강연 마오쩌동 기록"이라고 서명되었다. 한 편은 《미술의 가치》라는 제목인데, 채원배는 미술의 수련을 받으면 고상하고 활발한 인생관을 키울 수 있다고 주장했다. 또 다른 한 편은 《학생들에 대한 희망》이라는 주제인데, 5.4정신을 계승하여 사회로 나가 대중운동과 결합할 것을 학생들에게 요구하며 격려하였다. 채원배는 '5.4운동' 이후부터 전국 학생계의 분위기가 변화되었다고 여겼다. 그는 많은 새로운 현상, 새로운 각오는 모두 5.4운동 이후에 발생하였는데 그 중요한 흐름은 4가지로 요약될 수 있다고 했다. 그것은 "첫째, 자신이 자신을 존중한다. 둘째, 외로움을 공동으로 바꾼다. 셋째, 자신의 학문능력에 대해 확실하게 안다. 넷째, 계획적으로 운동한다"는 것이었다. 채원배는 마지막에 이렇게 말했다. "나는 교육계에서 20여 년을 일해 왔는데 학생들의 활동에 반대해본 적이 한 번도 없다. 나는 단지 학생들이 많은 면에서 알고 각성하기만을 바랄 뿐이며, 매사를 의식적이고 계획적으로 행동했으면 하고 바랄 뿐이다."

마오쩌동이 장사(長沙)에서 자수대학(自修大學)을 창립하고 평민교육을 발전시킬 때 채원배는 이를 힘껏 지지해주었으며, 학교의 명예이사로 초빙되는 일에도 응했다. 그는 《호남자수대학조직대강》을 받은 후 너무 기뻐서 곧바로 《호남자수대학의 소개와 설명》이라는 긴 글을 써서 《신교육》 제5권 제1기에 발표하였다. 이 대학은 "연구를 중시하고 도서관과 실험실을 중시하여 나의 이상과 잘 어울린다"고 하였다. 그러면서 "우리나라의 국서원(國書院)과 서양연구소의 장점을 활용한 것으로, 각 성에서 새로 설립한 대학의 모범이 될 수 있다"고 하였다. 이 글은 영향력이 매우 컸다. 채원배가 명예이사의 초빙에 응한 것과 이를 선전해준 것은 청년 마오쩌동에게는 매우 큰 격려였음에 틀림없었다.

학계의 태두이며 인간세상의 본보기

1930년 10월 24일 마오쩌동의 첫 번째 부인이었던 양개혜가 체포되자 채원배는 신속하게 구원할 수 있는 방법을 강구하였다. 몇 명의 저명인사들과 연합하여 국민당 정부 호남성 주석 하건(河健)에게 전보를 쳐서 보석을 허락해줄 것을 요구하였다. 양개혜가 굽히지 않고 마오쩌동과의 부부관계를 끊는다는 성명을 신문에 내는 것에 대해 단호히 반대했기 때문에, 하건은 양개혜를 총살하고 나서 답전을 보냈는데, 거기에는 "전보가 늦게 도착했다"고 핑계를 댄 내용이 담겨 있었다.

1936년 9월 22일에 마오쩌동은 채원배에게 편지 한 통을 썼다. 편지의 서두에는 이렇게 썼다. "5.4운동 시기에 북경대학의 교실에서, 옛 북경에서의 집회에서, 호남에서의 강좌에서 선생님의 위대한 말씀을 여러 번 들었었는데 어언간 20년이 훌쩍 지나갔습니다." 편지의 끝에는 이렇게 감동적으로 말했다. "선생님은 수천 리 밖의 학생들로 하여금 지식을 넓히도록 하셨고 그들에게 무한한 가능성을 만들어주셨습니다." 편지에서는 채원배에 대해 숭배하는 정과 많은 가르침을 바란다는 희망의 마음을 표현하였다.

국민당 내의 저명한 민주인사였던 채원배는 '9.18' 이후부터 단호하게 항일을 주장하였다. 혁명지사들을 살해하는 것을 반대하고, 그들을 구원하기 위하여 1932년에 송경령·노신 등과 함께 중국민권보장동맹을 발기하였다. 1939년 홍콩에 이주할 때는 《서행만기(西行漫記)》와 《속서행만기(續西行漫記)》를 자세히 읽고 찰기(札記 : 간단히 기록하는 것 필자 주)를 썼다.

1940년 2월에 마오쩌동 등이 발기한 섬감녕변구 자연과학연구회, 연안 각계 헌정촉진회의 성립대회에서 채원배는 모두 명예의장단의 성원으로 추대되었다. 같은 해 3월 5일 채원배는 홍콩에서 병사하였다. 마오쩌동은 특별히 그의 가족에게 조전을 보냈다. "채혈민 선생은 학계의 태두이고 인간세상의 본보기셨다. 서거하셨다니 놀랍고 애통하다."[63] 조전은 비록 짧았지만 채원배에 대해 경모하는 마음이 가득했으며 무한한 애도의 마음을 표현했다. 1962년 봄 채원배의 아들 채무기가 북경에서 중국공산당이 거행한 초대회에 참가했을 때, 진의(陳毅)가 특별히 그를 데리고 가서 마오쩌동에게 인사시켰다. 마오쩌동은 그의 손을 꼭 잡고 말했다. "당신의 아버지는 정말로 좋은 사람이었습니다."[64]

채원배는 중국 근대의 저명한 민주혁명가이고 교육가이고 과학자였다. 그의 이론과 실천은 중국역사에서 보기 드문 깊은 영향을 남겼다. 마오쩌동은 그를 "학계의 태두이며 인간세상의 본보기"라고 했는데, 그는 이런 평가를 받기에 손색이 없었던 인물이었다.

---

63) "혈민(孑民, 채원배의 호)선생은 학계의 태두이고, 인간세상의 본보기이다. 서거했다니 놀랍고 애통하다(孑民先生, 學界泰斗, 人世楷模, 遽歸道山, 震悼曷極)"(〈1940년 3월 5일 채원배가 서거했을 때 마오쩌동이 그의 가족에게 보낸 조전(弔電)〉)
64) "당신의 아버지는 정말로 좋은 사람이다(你的父親眞是好人)。"(〈1962년 봄에 마오쩌동이 채원배의 아들 채무기를 회견했을 때의 담화〉, 李銳, 《毛澤東早年讀書生活》, 遼寧人民出版社, 1992.)

양계초梁啓超
용두사미식 일생을 살았지만 호소력 있던 문장가

양계초를 숭배했던 어린 시절의 마오쩌동

양계초의 정감 있는 글은 호방한데다 표현력이 좋아 정적들은 도망간 반면 대중들은 좋아하였으며 뜻 있는 지사들의 마음은 그에게 쏠렸다. 청년 마오쩌동도 예외가 아니었다. 그 당시에는 "강유위와 양계초를 숭배하였다"고 술회하였다. 그러나 후에 마오쩌동은 마르크스주의의 신사조를 받아들이면서 양계초를 포기하였다.

양계초는 마오쩌동에게 가장 큰 영향을 끼쳤던 사람으로 마오쩌동의 소년시대부터 그의 영향을 받기 시작했다고 했다. 마오쩌동이 양계초의 저술을 접촉한 것은 그의 사촌형 문운창(文運昌)이 그에게 책을 빌려주면서부터였다. 그 당시 마오쩌동은 동산(東山)고등소학당에서 공부를 했다. 그의 외삼촌의 아들이며 동창생이기도 한 문운창이 그에게 두 권의 책을 가져다주었는데, 그것이 바로 양계초가 주필을 담당했던 《신민총보(新民叢報)》와 강유위의 《대동서(大同書)》였다. 그때 마오쩌동은 고문을 잘 써서 선생님으로 부터 매우 관심 대상이었지만 경서 읽는 것은 싫어했었다.

1936년 그는 연안의 땅굴 집에서 미국기자 에드가 스노우를 접견하면서 담화할 때 이렇게 회고했다. "당시 나는 사촌형이 내게 보내준 두 가지 간행물을 읽고 있었는데, 그 책에는 강유위의 유신운동을 서술하고 있었지요. 그 중의 한 책이 《신민총보》였는데, 양계초가 주필을 담당한 것이었습니다. 이 간행물들을 나는 읽고 또 읽어 암기할 정도까지 읽었지요. 나는 그때 강유위와 양계초를 매우 숭배했습니다."

그때 그는 양계초의 정치적 주장을 찬성했을 뿐만 아니라 "서방의 나라를 부강하게 하는 길을 찾아내고자 자본주의를 숭배했던 개량파도 좋다"고 생각했고, 또한 그의 문학 품격도 양계초의 새로운 문체의 영향을 받았다. 양계초는 호가 임공(任公)이었는데 이를 흉내내어 마오쩌둥은 자기에게 '자임(子任)'이라는 별명을 달기도 했다. 이를 통해 그가 당시 얼마나 양계초를 숭배했었는지 그 숭배 정도를 알 수 있을 것이다.

양계초의 문장과 사상

양계초는 국학대사(國學大師)였다. 그의 글은 기세가 드높고 감정이 풍부하고 서정적인 면도 풍부하였다. 오기창(吳其昌)의 《양계초전》에서는 그를 이렇게 찬양하였다. "정감을 가득 지닌 문필가로서 그의 문장은 유창하고 통쾌하고 힘차며 우아하다. 읽을 때에는 혼을 빼앗기고 피로를 잊으며 분노가 솟구치기도 하고 뜨거운 눈물을 흘리게 하기도 한다."

양계초의 사상관점은 복잡하고 변화가 많으며 모순이 있으나 그 학식이 해박하여 백과전서적인 인물이었다. 그의 마력을 갖고 있는 글은 몇 세대의 지식인들에게 영향을 주었으며, 중국 근대 계몽운동사에서 훼멸될 수 없는 공적을 쌓았다. 주집신(朱執信), 유아자(柳亞子)로부터 호적, 장몽린(蔣夢麟)에 이르기까지, 진독수(陳獨秀)로부터 오옥장(吳玉章), 임백거(林伯渠)에 이르기까지, 노신(魯迅)으로부터 곽말약(郭沫若), 추도분(鄒韜奮)에 이르기까지 모두가 이러한 면의 회억을 가지고 있었다.

《신민총보》는 그 이름에서 알 수 있듯이, 당시 양계초의 중심사상은 진화론을 이론 기초로 하는 소위 '신민론(新民論)'이었다. 그는 〈신민설(新民説)〉이라는 제목으로 《신민총보》에 20여 편의 논문을 연속적으로 발표하면서 이런 관점을 반복적으로 세상에 천명(闡明)하였다. 즉 "중국국민은 공덕(公德), 사덕(私德), 국가, 권리와 의무의 사상이 결핍하여 '노예근성'이 강하고 '독립성'이 적어 '국민의 문화소질이 낮고' '지혜가 트이지 못했으므로' 새로운 국민이 있어야만 새로운 국가가 있을 수 있고, 새로운 정치가 있을 수 있다"고 여겼다. 그러면서 "우리나라가 유신하려면 우선 우리 국민이 유신해야 하며", "새로운 국민이 있다면 새로운 제도가 없고, 새로운 정부가 없고, 새로운 국가가 없을까 하고 걱정을 하겠는가?"라고 한탄했다.

양계초의《신민설》에 매료되었던 마오쩌둥

마오쩌둥이 동산학당에서 공부를 할 때는 1910년 하반기였다. 이때《신민총보》는 정간된 지 3년이나 되었었다. 그러나 벽지 시골에서 온 소년에게는 그 중 일련의 주장들이 모두 처음 보고 듣는 것들이었으며, 이를 통해 각성되어 참신한 각도로 중국을 사고하고 인생을 사고하게 되었던 것이다.

그는 이런 글을 대하면서 "읽고 또 읽어 암기할 때까지 읽었다"고 했다. 그가 여기서 받은 영향은 매우 오랜 시간동안 지속되었다. 후에 그는 '신민학회'를 조직하여 "학술을 혁신하고 품행을 단련하여 인심과 풍속을 개량하는 것을 종지로 하였다"고 했다. 이런 점에서 양계초의 '신민설'이 그에게 얼마나 큰 영향을 주었는가를 알 수 있는 것이다.

지금도 소산(韶山)기념관에는 마오쩌둥이 당시에 읽던《신민총보》(제4호)가 보존되어 있다. 그 중에는 양계초의《신민설》제6절 "국가의 사상을 논함"이 게재되어 있는데, 이 글에서 그는 '국가'와 '조정'이라는 두 개념의 차이를 해설하면서 양계초는 이렇게 말했다. "국가는 하나의 회사와 같고 조정은 회사의 사무소와 같다. 조정의 권력을 잡은 자는 사무소의 모든 일을 한다.…… 그러나 양자는 성질이 다르다. 그 대소와 경중은 서로 넘을 수가 없는 것이다. 그러므로 법왕 루이 14세의 '짐은 곧 나라다'라고 하는 한 마디 말은 대역무도한 말이기에 구미의 삼척동자들까지도 그에게 침을 뱉으며 욕을 하는 것이다.…… 조정은 정식으로 성립된 것이어야만 나라를 대표할 수 있고, 조정을 사랑하는 것이 나라를 사랑하는 것이 된다. 조정은 정식으로 성립된 것이 아니면, 나라에 해가 되며, 조정을 바로잡는 것이 나라를 사랑하는 것이 되는 것이다."

이러한 양계초의 글 옆에다 마오쩌동은 이렇게 평가하는 말을 쓰고 있다. "정식으로 성립한 국가가 입헌국가이다. 헌법은 인민에 의해 제정되고, 군주는 인민에 의해 추대된다. 국가가 정식으로 성립하지 않은 것은 독재국가이며, 이런 나라의 법령은 군주가 제정하는 것이므로 인민들은 그러한 군주를 마음에 들어 하지 않는다. 전자는 지금의 영국, 일본 등 여러 나라들이고, 후자는 중국의 수천 년 이래의 여러 왕조들이다." 이러한 평어는 양계초의 사상을 정확히 이해하고 받아들이고 있을 뿐만 아니라 거기에 마오쩌동의 독창적인 견해도 깃들여져 있는데, 이러한 지식은 16, 7세의 시골소년에게 있어서 매우 소중한 것이었다.

동산을 떠나서 장사에 온 후 양계초의 저술은 여전히 마오쩌동의 필독서였다. 광주 황화강기의(黃花崗起義)가 실패하여 72명의 열사가 희생된 후 마오쩌동은 격앙된 심정으로 한 편의 글을 써서 학교의 벽에 붙여, "손문이 일본에서 돌아와 총통이 되고 강유위가 총리를 맡고 양계초가 외교부장을 맡아야 한다"고 공개적으로 주장하였다. 그러나 바로 마오쩌동이 후에 자신에 대해 말한 것처럼 "이러한 정견은 좀 어리석었다"고 반성하였다. 그렇지만 그가 당시에 강유위와 양계초를 얼마나 숭배했었는지를 이러한 글을 통해서도 알 수 있는 것이다.

양계초를 혹평하기도 한 말년의 마오쩌동

1958년 4월 11일 오전 마오쩌동은 무한의 동호반점(東湖飯店)에서 당시의 인민일보 주필이었던 오랭서(吳冷西)와 담화하면서 신문을 만드는 것에서부터 양계초에 이르기까지 논의하였다. 마오쩌동은 먼저 양계초가 《시무보(始務報)》와 《청의보》를 만든 공적을 높이 평가하였다. 그는 "당시에 호소력을 가장 많이 갖고 있던 정론가였다"고 인정했으나, 무술변법(戊戌變法) 이후의 양계초는 잘한 것도 있고 못한 것도 있다고 했다. 마오쩌동은 이렇게 말했다. "무술정변 이후 양계초는 일본에 망명하여《청의보》를 만들었으나, 그 후 점차 혁신의 필설이 무뎌지고 완고한 왕정 지지파가 되어 군주입헌을 옹호하고 민주공화를 반대하였다. 후에 그는 원세개 대통령과 단기서의 집정을 옹호하였다. 그러면서도 원세개가 황제로 칭하는 것은 반대하였으며 장훈의 복벽을 반대하였다."

양계초가 신문을 만든 것에 대해서는 감탄하면서 말했다. "양계초는《시무보》를 창간할 때 처음에는 확실히 고생스러워 했다. 그는 자신이 평론을 썼고 또 다른 사람들이 보내온 원고를 수정해야 했으며 편집 작업과 교정 작업을 모두 그 혼자서 담당하였는데, 이것은 매우 어려운 일이었다. 나중에야 7, 8명으로 증가했는데, 그 중의 세 명의 조수 모두가 광동사람이었다." 그러나 한편으로는 양계초가 정론을 씀에 있어서 늘 태도가 엄숙하지 못했다고 비평하였다. "그는 글의 기세를 따졌지만 지나치게 대구법을 늘어놓았다.

그는 고금을 논하는 것을 즐겨했는데, 늘 옳은 것 같지만 사실은 옳지 않을 때가 많아 사람들에게 경솔하고 천박한 느낌을 주었다. 그 자신도 때로는 입에서 나오는 대로 아무렇게나 말한다는 것을 인정하기도 했다." 마오쩌동은 "글을 쓸 때, 특히 정론을 쓸 때에는 세력으로 사람을 내리누르며 이치에 맞지 않는 말로 억지를 부리는 것을 가장 꺼려했다. 양계초 그 때의 사람들은 '서학(西學)'을 아는 것을 자랑하기 좋아하여 수학, 화학, 물리와 정치를 같이 논하면서 자연과학기술의 술어를 가지로 정론을 써서 늘 많은 웃음거리를 만들어내곤 했다"고 비평했다. 마지막에 마오쩌동은 또 다시 지적하기를 "신문작업을 하려면 지식이 넓고 많아야 할뿐만 아니라 얕은 지식은 피해야 하는데 이것을 실행하는 것은 쉬운 일이 아니다. 그러므로 열심히 공부해야 하는 것이다"라고 했다.

곽말약은《소년시대》라는 책에서 양계초를 이렇게 평가했다. "솔직하게 말해서……그는 자산계급혁명시기의 유력한 대변인이었다. 그의 공적은 장태염(章太炎)에 못지않다." 그러나 양계초의 일생은 복잡하였다. 마오쩌동은 그에 대해 칭찬도 하였고 비판도 하였으며, 그의 잘한 부분은 인정했고 잘못한 부분은 부정하는 것을 통해 양계초를 이해하는데 필요한 방향을 제공해 주었다고 하겠다.[65]

65) "양계초의 일생은 조금은 용두사미 격이었다. 그의 활동이 가장 휘황찬란했던 시기는 《시무보(時務報)》와 《청의보(淸議報)》를 발간하던 몇 년간이었다. 그가 쓴 《변법통의(變法通議)》는 《시무보》에 연재되었는데, 논조가 예리하고 조리가 있으며, 감정이 자유분방하고 통쾌하며 힘차다. 게다가 그의 글은 과거 고문(古文)의 폐단을 반대하였기 때문에 이를 청신하고 알기 쉬워 사람들이 한동안 많이 읽었다. 그는 당시에 가장 호소력이 있는 정치평론가였다." "무술정변 이후 양계초는 일본에 망명하여 《청의보(淸議報)》를 발간했다. 그 후에는 점차 혁신적인 필설이 없어지고 완고한 왕정 지지파가 되어 군주입헌을 옹호하고 민주공화를 반대하였다. 후에 그는 원세개(袁世凱) 대통령과 단기서(段祺瑞)의 집정을 옹호하였다. 그러면서도 원세개가 황제로 칭하는 것은 반대하였으며 장훈(張勳)의 복벽(復辟)을 반대하였다. 유럽전쟁이 끝난 후에는 유럽을 순회하였으며, 귀국한 후에는 곧바로 정계에서 탈퇴하여 저술하는 일과 강의하는 일에 전념하였다." 〈1958년 마오쩌동이 인민일보 편집장 오랭서(吳冷西)와 한 담화에서〉, 范忠程主編, 《博覽群書的毛澤東》湖南出版社, 1993.

진독수陳獨秀, 천두시우
사상계의 스타

진독수를 우상으로 섬겼던 학생 마오쩌동

진독수는 앞과 뒤의 차이가 매우 큰 인물이었다. 중대한 공로가 있었을 뿐만 아니라 매우 큰 착오도 범했기 때문이다. 마오쩌동을 도와주기도 했었고, 마오쩌동을 공격하고 압박하기도 했었다. 이런 복잡한 관계의 복잡한 인물을 마오쩌동은 어떻게 평가했을까? 마오쩌동이 그에 대해 취한 태도는 역사유물론적 태도였다

진독수는 복잡한 인물이었다. 그는 5.4 신문화운동 중에서 조기 마르크스주의의 전파와 중국공산당의 창당을 주도했다는 점에서 중요한 역할을 했으며 특출한 공헌을 했다. 그러나 그는 후에 '우'경 기회주의적 착오를 범해 중국공산당에 큰 손실을 주었다. 마오쩌동은 그러한 그의 착오에 대해 확고한 투쟁을 한 적이 있었다. 이 복잡한 인물에 대해 마오쩌동은 역사적 유물론의 원칙을 견지하여 하나를 둘로 나눠 공적을 말할 때에는 공적을 말하고 과오를 말할 때에는 과오를 말하면서, 사람을 정확하게 인식하고 평가하는 범례를 제공해 주었다.

진독수는 《신청년》 잡지의 창간을 통해 정치무대로 나갔고, 세상에 이름을 떨쳤다. 마오쩌동이 제1사범학교에서 공부할 때 제일 즐겨 읽었던 잡지가 바로 《신청년》이었다. 1936년에 마오쩌동은 미국의 종전기자 에드가 스노우와 담화할 때 감격에 겨워하며 당시의 《신청년》이 그에게 준 영향을 말한 적이 있었다. 당시 그는 이렇게 말했다. "《신청년》이라는 유명한 신문화운동 잡지는 진독수가 주필이었다. 나는 사

범학교에서 공부할 때부터 이 잡지를 읽기 시작하였다. 나는 호적과 진독수의 글을 매우 숭배하였다. 그들은 내가 포기한 양계초와 강유위를 대체할 수 있었던 인물들이었으며, 한동안 나의 본보기가 되었다."

마오쩌둥은 자신의 체험을 통해 진독수가 5.4운동 중에서 보여주었던 특출한 공헌을 이야기했다. 진독수와 오우(吳虞) 등이 공가점(孔家店)을 타도하는 글, 이대소의 《청춘》, 《오늘》 등의 계몽작품은 모두 마오쩌둥과 그의 학우들이 심취하여 읽던 글들이었다. 그들은 늘 이런 글 중의 근사한 단락을 베낀 다음 자신의 의견을 넣어서 열렬한 토론을 진행하였던 것이다.

《신청년》과 《상강평론》

《신청년》 잡지는 민주와 과학이라는 두 개의 큰 기치를 높이 들었다. 진독수는 글에서 이렇게 말했다. "진덕수 선생을 옹호하려면 공교(孔敎), 예법, 정절(貞節), 낡은 윤리, 낡은 정치를 반대하지 않으면 안 된다. 새(賽) 선생을 옹호하려면 낡은 예술, 낡은 종교를 반대하지 않으면 안 된다. 덕(德) 선생을 옹호하고 또 새 선생을 옹호하려면 국수와 낡은 문학을 반대하지 않으면 안 된다." 마오쩌둥은 이런 주장을 전적으로 찬성하면서 후에 그가 주필을 담당했던 《상강평론(湘江評論)》에서도 민주와 과학을 크게 선전하였다. 《신청년》은 '문학혁명'이라는 구호를 제기하였다. 진독수는 《문학혁명론》이라는 글에서 이렇게 말했다. "꾸미고 아첨하는 귀족문학을 넘어뜨리고 평이하고 서정적인 국민문학을 건립하여야 한다." "진부하고 허세를 부리는 고전문학을 넘어뜨리고 신선하고 성실한 사실문학을 건설하여야 한다." "어둡고 난해한 산림문학(山林文學, 도의적, 교훈적, 철학적 문학을 말함)을 넘어뜨리고 명료하고 통속적인 사회문학을 건립하여야 한다." 마오쩌둥은 《상강평론》에서 이렇게 말했다. "귀족의 문학, 고전적인 문학, 죽은 형식의 문학을 평민의 문학, 현대의 문학, 생명이 있는 문학으로 변화시켜야 한다." 진독수는 《헌법과 공교》라는 글에서 헌법에 공자를 존경하는 조문을 넣는 것을 반대하였고, 종교신앙의 자유를 주장하였다. 마오쩌둥은 《상강평론》을 창간하는 선언문에서 이렇게 말했다. "종교 면에서 '종교를 위해 개혁을 했는데' 종교 신앙의 자유를 얻었다." 《상강평론》과 《신청년》은 서로 호응하면서 《상강평론》이 마치 《신청년》의 메아리처럼 그 영향을 확대해 갔다.

마오쩌둥이 충심으로 숭배했던 유일한 인물 진독수

1918년 8월, 마오쩌둥은 북경에 가서 양창제(楊昌濟)의 소개로 북경대학 도서관에서 조수생활을 하였다. 그러면서 그가 숭배한 지 오래되었던 진독수와 접촉하면서 담화할 기회가 있었다. 진독수는 그에게 매우 큰 영향을 주었다. 진독수는 그 당시 북경대학 문과학장이었다. 후에 마오쩌둥은 에드가 스노우와 지나간 일들을 이야기할 때 이렇게 말했다. "그때 나는 국립 북경대학에 있었다. 그가 나에게 미친 영향은 아마 다른 어떤 사람들보다도 많았을 것이다." 1919년 6월11일 진독수는 전단을 배포하다가 북양정부에 의해 체포되었다. 마오쩌둥은 곧 자기가 방금 창립한 《상강평론》 창간호에 《진독수의 체포와 구원》이라는 2천여 자의 긴 글을 발표하여 진독수가 체포된 경과와 여러 면으로 구원해야만 되는 상황을 서술하였으며, 장스자오(章士釗)가 북양정부에 보낸 문자옥(文字獄)을 일으키지 말라는 긴 전보를 기술해 넣었다. 그리고 이렇게 말했다.

"우리는 진독수 군을 사상계의 스타라고 인정한다. 진독수 군이 한 말은 머리가 조금 명석한 사람이 들으면 그가 하려는 말이 무엇인지를 모두 알수가 있다. 지금의 중국은 매우 위험하다고 볼 수 있다. 병력이 약하고 재력이 부족하다는 위험이 아니고 내란으로 인해 사분오열 되는 위험도 아니다. 그 위험이란 전국 인민의 사상계가 극도로 공허해지고 부패하게 된 것을 말한다. 중국의 4억 인민 중 3억9천만 명은 미신을 믿는다. 신과 귀신을 믿고 물상(物像)을 믿고 운명을 믿고 강권을 믿는다. 개인이 있고 자기가 있고 진리가 있다는 것을 전혀 인정하지 않는다. 이것은 과학사상이 발달하지 못한 결과이다. 중국은 이름은 공화국이지만 실은 독재국이며 점점 더 좋지 않게 되어간다. 최고 권력자인 나를 다른 사람이 대체한다고 하는 것은 대중들의 마음속에 민주가 없기 때문에 민주가 어떤 것인지를 모르기 때문이다. 진독수 군이 평소에 폭로한 것이 바로 이 두 가지이다. 그는 일찍이 이렇게 말한 적이 있다. 우리가 사회에 미움을 산 것은 과학과 민주를 위했기 때문이다. 진독수 군은 이 두 가지 때문에 사회에 미움을 샀고 사회는 체포와 감금으로 그에게 보답했다. 역시 죄에 따라 벌을 준 것이라 하겠다! ……진독수 군의 체포는 진독수 군을 전혀 손해가 되게 하지 않았고, 새 조류에 대한 큰 기념을 남기게 하였으며, 그로 하여금 그를 더욱 빛나게 하였다. 정부는 그를 죽일 담량이 없다. 죽이더라도 진독수 군의 굳고 높은 정신을 조금도 손상되게 할 수가 없다. 진독수 군은 이렇게 말한 적이 있다. '실험실을 나서면 감옥에 들어가고, 감옥을 나오면 실험실에 들어간다.' 또 이렇게 말했다. '죽는 것은 두렵지 않다.' 진독수 군은 그 말을 실험해 보이게 되었다. 나는 진독수 군의 만세를 기원한다! 나는 진독수 군의 굳고 높은 정신이 만세에 이르기를 기원한다!'[66]

마오쩌둥의 모든 저작들 중에서 이렇게 고상한 찬송을 살아있는 사람에게 한 것은 두 번 다시 없었다. 여기서 당시 진독수가 마오쩌둥에게 준 영향이 얼마나 크고 깊었는지를 알 수 있는 것이다. 그는 청년 마오쩌둥이 충심으로 우러나오는 마음으로 숭배했던 것이다.

---

66) "진독수는 이전부터 학계에서 명망을 얻고 있었으며, 그 언론과 사상은 모두 국내외에서 인정을 받았다. 진독수는 근대사상을 제창하는데 가장 힘 쓴 사람이며 학계의 중진이다. 우리는 진독수에 대하여 그를 사상계의 스타라고 인정해야 한다. 진독수가 한 말은 두뇌가 조금이라도 명석한 사람이라면 그가 하려는 말이 무엇인지를 다 알게 된다."마오쩌둥, 〈진독수의 체포와 구원〉, 《湘工評論》 창간호, 1919년 7월 14일 《毛澤東早期文庫》, 湖南出版社, 1990.

중국역사를 수정할 때 진독수의 공로를 평가해야 한다

　1919년 12월 하순 마오쩌둥 등이 영도하는 호남 대표단은 북경에 와서 진독수와 접촉하고 담화하였다. 이 때 진독수와 이대소(李大釗)는 모두 중국문제를 해결하려면 반드시 마르크스주의에 의해야 한다고 인정하고 있었다. 이것은 마오쩌둥에게 영향을 주지 않을 수 없었다. 마오쩌둥도 이 때 "마르크스주의의 방향으로 재빨리 전환 발전하였다. 내가 이 면에 흥미를 느끼게 된 데는 진독수의 도움도 있었다"라고 회고하였다.

　1920년 5월 마오쩌둥은 두 번째로 상하이에 왔다. 그는 여기서 진독수를 다시 만났으며, "호남(湖南)을 개조"하는 문제에 대해 토론하였고, 마르크스주의의 학습문제도 담론하였다. 이 당시에 대해서 마오쩌둥은 이렇게 회고하였다. "내가 두 번째로 상하이에 갔을 때 진독수와 내가 읽은 마르크스주의 서적을 토론한 적이 있다. 나의 일생 중에서 중요한 시기라고도 할 수 있었던 이 시기에 진독수는 자기가 믿고 있는 말들을 했고 나에게 깊은 인상을 남겼다."

　진독수는 청년 마오쩌둥을 상당히 중시하였다. 1920년, 그는 《호남인의 밑바닥 정신을 환영한다》라는 글을 발표한 적이 있는데, 그 때 마오쩌둥이 영도한 대표단은 북경에서 활동하고 있었다. 진독수는 글에서 호남인의 분투정신을 언급하였는데 각고의 노력을 하며 분투한 학자 왕선산(王船山), 든든한 병영을 만들고 사투를 벌였던 서생 증국번(曾國藩), 나택남(羅澤南), 강인하고 동요함이 없던 군인 황극강(黃克強)과 채악(蔡鍔)을 예로 들었다. 이어서 이렇게 말했다. 그들의 분투정신은 "이미 점차 사랑스럽고 존경할만한 청년들의 몸에서 부활되고 있다. 이 사랑스럽고 존경할만한 청년들 중에는 분명히 북경에 온 마오쩌둥이 있다"고 했던 것이다.

　마오쩌둥이 나중에 진독수와 생긴 의견의 불일치는 대혁명시기에 농민문제를 대할 때 생겼으며, 그 후에 중국혁명의 전도, 국민당에 대한 평가와 무장투쟁 등의 문제를 대하면서 확대되었다. 당의 5차 대회에 이르기까지 진독수는 마오쩌둥의 정확한 의견을 압도하였다. 1927년 대혁명이 실패한 후 마오쩌둥의 진독수에 대한 평가는 많은 변화가 생겼으며, 많은 글에서 "진독수의 '우'경기회주의적 착오"가 언급되었다. 마오쩌둥은 1939년 5월 4일 쓴 〈청년운동의 방향〉에서 "진독수도 마르크스주의를 '신앙하지 않았는가? 그는 후에 무엇을 했는가?' 그는 반혁명으로 갔다"라고 말했다. 1945년 8월 13일, 마오쩌둥은 《항일전쟁 승리 후의 시국과 우리의 방침》이라는 글에서 또다시 진독수를 비판하였다. "우리는 인민의 대표가 되었기 때문에 잘 대표해야 하며 진독수와 같아서는 안 된다. 진독수는 반혁명의 인민에 대한 공격에 대해 날카롭게 맞서고 한 치의 땅도 양보하지 않는 방침을 취하지 않았기 때문에, 1927년 몇 개월 안에 인민들이 얻어 놓은 권리를 모두 잃어버렸다."[67] 비록 이처럼 강력하게 비판했지만, 마오쩌둥은 1942년 3월 20일 중공중앙 학습조에서 《어떻게 중국공산당 당사를 연구할 것인가》라는 제목의 연설을 할 때 이렇게 말했다.

"진독수는 5.4운동의 총사령관이다. 지금은 아직 우리가 진독수의 역사를 말할 때가 아니다. 장차 우리가 중국역사를 수정할 때 그의 공로를 말해야 한다." 1945년 4월 21일 《중국공산당 제7차 전국대표대회의 업무방침》이라는 보고에서 또 이렇게 말했다. "진독수라는 이 사람에 대해 오늘 우리는 말할 수가 있다. 그는 공로가 있었다. 진독수는 5.4운동의 총사령관이다. 전체 운동은 사실상 그가 영도한 것이다. 그와 그 주위의 한 무리의 사람들, 예를 들면 이대소(李大釗) 동지 등이 큰 역할을 하였다. 우리는 그때 구어체 문장을 짓는 것을 배웠다. 그가 문장에 문장부호를 적는 것을 보았는데 그것은 큰 발명이었다. 또 그에게서 세상에 마르크스주의가 있다는 것을 들었다. 우리는 그들 세대의 학생이다. 5.4운동은 중국공산당을 대신하여 이끌 간부들을 준비하였다. 그때 《신청년》 잡지가 있었는데 진독수가 주필이었다. 이 잡지와 5.4운동에 의해 놀라 깨어난 사람들 중 일부가 공산당에 들어왔으며, 이런 사람

---

67) "어떤 청년들은 입으로만 삼민주의를 외치거나 마르크스주의를 신앙한다고 크게 떠들지만 이것은 계산에 넣을 수 없다. 히틀러도 '사회주의를 신앙한다'고 말하지 않았는가? 무솔리니도 20년 전에는 사회주의자였다. 그들의 사회주의는 도대체 무엇이었는가? 원래는 파쇼주의였다! 진독수도 마르크스주의를 신앙한 적이 있지 않는가? 그는 후에 무엇을 했는가? 그는 반혁명으로 가버렸다. 장국도도 마르크스주의를 신앙한 적이 있지 않는가? 그는 지금 어디에 갔는가? 그는 자그마한 차이로 수령에 빠졌다."〈신민주주의의 헌정〉,〈청년운동의 방향〉,《모택동선집》 제2권.

들은 진독수와 그의 주위의 사람들의 영향을 많이 받았다. 그들이 모여 당이 성립되었다고 말할 수 있다. ……진독수에 대해서는 장차 당사를 수정할 때 또다시 언급되어야 할 것이다."[68]

지금의 당사(黨史)에서는 진독수를 잊지 않고 있으며, 그의 공로에 대해 많은 페이지를 할애하고 있다.

---

68) "진독수는 5.4운동의 총사령관이다. 지금은 우리가 진독수의 역사를 선전할 때가 아니지만, 장차 우리가 중국역사를 수정할 때는 그의 공로를 말해야 할 것이다."마오쩌둥 〈어떻게 중국공산당 당사를 연구할 것인가?〉, 《毛澤東文集》 제2권.

노신魯迅, 루신
공자는 고대의 성인이고, 노신은 근대중국의 성인이다

중국을 아는 사람은 장개석과 노신이고, 반만 아는 사람은 마오쩌둥이다

노신 선생은 마오쩌둥이 일생동안 학습하고 연구하고 숭배한 위인이었다. 노신에 대한 높은 평가, 많은 논설은 마오쩌둥이 평한 인물들 중에서 매우 드문 경우이다. 마오쩌둥은 그의 마음과 노신의 마음은 밀접한 관계가 있다고 말했다. 그들은 어떻게 '밀접한 관계'를 가지고 있었던 것일까?

마오쩌둥은 중국현대작가들의 작품은 상대적으로 적게 읽었으며 중국의 현대작가들에 대해서도 극히 적게 언급하였다. 그러나 노신에 대해서만은 예외였다. 그는 노신 및 그 저작에 대해 많이 논하였는데, 그 논한 횟수가 많고 평가가 높기로 고금의 중국문화인 중에서 비교할만한 사람이 없었다.

마오쩌둥이 노신의 작품을 알고 읽기 시작한 것은 '신문화운동' 때부터였다. 그 당시 그는 《신청년》잡지의 열렬한 독자였다. 노신 최초의 구어체 소설과 일부 잡문이 《신청년》에 발표되고 있었다. 1932년 말에 풍설봉(馮雪峰)이 상해에서 서금(瑞金)으로 와 마오쩌둥에게 어떤 한 일본인이 말하는데 전 중국에는 단지 두 사람하고 반 사람 만이 중국을 알고 있는데 한 사람은 장개석이고, 다른 한 사람은 노신이며, 반 사람은 마오쩌둥이라고 말했다고 알려주었다. 이 얼토당토않은 말에 대해 마오쩌둥은 "하하"하며 크게 웃었다. 그는 웃음을 멈추고 한참을 깊이 생각한 후 그 일본인의 말을 인정하면서 "그 일본인은 간단한 인물이 아닙니다. 그는 노신이 중국을 안다고 말했다는데 그 말은 아주 정확한 말입니다"하고 말했다고 한다.

노신은 생전에 마오쩌동을 만나보지는 못했다. 노신은 홍군(紅軍)이 2만5천리 장정을 통해 마침내 섬북(陝北)에 도착했다는 소식을 접하고 전보를 보내 홍군의 승리를 축하하면서 "당신들의 몸에 인류와 중국의 희망을 기탁(寄託)한다"고 말했다. 노신이 서거하기 전에는 또 인편을 통해 상해에서 멀리 섬북에 있는 마오쩌동에게 두 다발의 소시지를 보내면서 편지를 함께 보냈다.

중국의 첫째가는 성인은 공자도 아니고 나 마오쩌동도 아니다. 바로 노신이다

마오쩌동이 처음으로 공개적으로 전면적으로 노신을 평가한 것은 1937년 10월 19일이었다. 이 날은 노신 서거 1주년이 되는 날이었다. 이날 마오쩌동은 섬북공학(陝北公學)에서 《노신을 논함》이라는 강연을 하였다. 강연 내용은 이 학원의 교원인 왕대막(王大漠)에 의해 기록되었으며, 이듬해 3월 제10기 《7월》이라는 잡지에 정식으로 발표되었다. 마오쩌동은 다음과 같이 말했다.

"우리는 오늘 노신 선생을 기념하면서 먼저 노신 선생을 알고 그가 중국 혁명에서 어떠한 위치에 있었는지를 알아야 한다. 우리가 그를 기념하는 것은 그가 훌륭한 글을 써서 위대한 문학가가 되었기 때문일 뿐만 아니라, 또한 그가 민족해방의 선두주자이고 혁명에 큰 도움을 주었기 때문이다. 그는 공산당 조직의 한 사람은 아니지만 그의 사상, 행동, 저술을 보면 모두 마르크스주의자라고 할 수 있다. 그는 우리 당 밖에 있던 볼셰비키(블라디미르 레닌이 인솔한, 러시아 사회민주노동당의 분파로서, 멘셰비키나 사회혁명당에 비하여 소수파이었지만, 인사와 요직을 얻어서 다수파를 자칭했다. 폭력에 의한 혁명, 철저한 중앙집권에 의한 조직 통제를 주장하였다. 이 특징은, 그대로 후신인 소비에트연방공산당(즉 소련공산당 으로 인계됨)이었다. 더구나 그의 만년에는 더욱 젊은 힘을 나타냈다. 그는 일관적으로 봉건세력과 제국주의와 굴하지 않고 단호한 투쟁을 전개하였으며 적들이 그를 압박하고 짓밟는 열악한 환경에서도 참고 저항하였다. …… 노신은 괴멸되어가는 봉건사회에서 나왔지만 총부리를 돌려 그가 지내온 부패한 사회를 공격하였으며 제국주의라는 사악한 세력을 향하여 공격하였다. 그의 용감하고 유머 있고 힘 있는 필체로 암흑세력의 부정한 얼굴을 그려냈으며, 제국주의의 추악한 가면을 그려냈다. 그는 그야말로 위대한 화가였다. 그는 근년에는 무산계급의 민족해방 입장에 서서 진리와 자유를 위해 싸웠다."

이어서 마오쩌동은 "노신정신"의 세 가지 특징에 대해 구체적으로 천명하였다.

"첫째는 그의 탁월한 정치적 선견이다. 그는 망원경과 현미경으로 사회를 관찰하였기 때문에 멀리 보았고 진실 되게 보았다. 그는 1936년에는 대담하게 트로츠키 비적의 위험한 경향을 지적하였다.(《트로츠키파에 답하는 편지》) 현재의 상황은 그의 견해가 얼마나 정확하고 분명했었는지를 완전히 증명해 주고 있다. 노신의 가치를 논한다면 내가 보기에 중국에서 첫 번째 가는 성인이라고 본다. 공자는 봉건사회의 성인이었고, 노신은 현대중국의 성인이다. 우리는 그를 영원히 기념하기 위하여 연안에 노신기념관을 설립하였으며, 연안에 노신사범학교를 세워 후세사람들이 그의 위대함을 알 수 있게 하였다. 둘째는 그의 투쟁정신이다. 방금 언급했지만, 암흑과 폭력의 습격에도 쓰러지지 않고 홀로 서 있는 나무였으며, 양쪽으로 쓰러진 작은 풀이 아니었다. 그는 정치의 방향을 분명히 보았으며, 한 개의 목표를 향해 용기를 내어 싸웠으며, 중도에 타협하지 않았다. 어떤 철저하지 못한 혁명가들은 처음에는 투쟁에 참가하지만, 나중에는 꽁무니를 빼고 만다. 예를 들면 독일의 카우츠키(考茨基, 독일의 사상가 경제학자 역사가), 러시아의 브레하노프(普列漢諾夫, 예술사회학가)가 바로 뚜렷한 예이다. 중국에도 이런 사람들이 적지 않다. 노신 선생이 말한 것처럼 처음에는 모두 '좌'이고 혁명적이었다가 압박을 받게 되면 어떤 사람은 곧 변절을 하고 동지를 적에게 바쳐 그들과의 첫 대면을 축하하는 선물로 대신하곤 한다(《1934년 11월 17일 노신이 소련군에게 보내는 편지》). 노신은 이런 사람을 미워하였으며 이런 사람들과 투쟁하였다. 그가 영도하는 문학청년들에게는 확고하게 투쟁하고, 앞장서며, 자기의 길을 개척할 것을 수시로 교육하고 훈련시켰다. 셋째는 그의 희생정신이다. 그는 적들에 의한 그에 대한 위협, 유혹, 박해를 전혀 두려워하지 않았으며, 그 예봉을 피하지 않았으며, 예리한 칼과 같은 붓으로 그가 증오하는 모든 것을 향해 찔렀다. 그는 늘 전사의 피로 물든 흔적 속에 서서 강인하게 저항하면서 울부짖으며 전진하였다. 노신은 철저한 현실주의자였다. 그는 조금도 타협하지 않았으며 확고한 마음을 갖추고 있었다. 그는 한 편의 글(《페어플레이는 천천히 돌아가야 한다는 것을 논함》을 가리킨다)에서 물에 빠진 개는 때려야 한다고 주장하였다. 그는 만일 물에 빠진 개를 때리지 않으면 그 개가 뛰어나왔을 때 당신을 물을 것이고, 최소한 그 개는 당신에게 흙탕물을 튀게 할 것이므로 끝까지 때릴 것을 주장하였다. 그는 착한 척 하는 위선자의 색채가 전혀 없었다. 지금 일본제국주의라고 하는 이 미친개를 우리는 아직 때려서 물에 빠지게 하지 못했다. 우리는 그가 다시 살아나지 못하고 중국국경에서 물러나갈 때까지 때려야 한다. 우리는 노신의 이런 정신을 따라 배우고 전 중국에서 운용될 수 있도록 해야 한다."

이 강연에서 볼 수 있듯이 마오쩌둥은 노신에 대해 매우 존경하고 흠모하였다. 그는 큰 적 앞에 있는 현재의 상황에서 노신의 투쟁정신과 희생정신을 배울 것을 강조하여 간부와 전사, 그리고 전국인민이 용감하게 일어나 일본제국주의와 투쟁할 것을 고무 격려하는데 그 뜻이 있었던 것이다. 노신 선생의 정치적 선견지명을 배워 혁명승리의 밝은 미래를 보아야 하며, 일시적인 곤란에 무서워서 쓰러지지 말고 자신감을 세워야 한다고 했던 것이다. "노신은 중국에서 첫 째 가는 성인이다"라고 하는 관점을 그는 만년까지도 가지고 있었다. 1971년 11월 20일, 무한에서의 담화에서 그는 이렇게 말했다. 노신은 중국의 첫 째 가는 성인이다. 중국의 첫 째 가는 성인은 공자도 아니고 나도 아니다. 나는 성인의 학생에 불과하다.[69]

노신의 자아비판 정신을 숭배한 마오쩌동

마오쩌동은 노신의 자아비판 정신을 십분 숭배하였으며, 자기를 엄하게 반성하며 채찍질하는 노신의 정신을 따라 배웠다. 1966년 7월 8일 그는 쟝칭(姜靑)에게 보내는 편지에다 다음과 같이 썼다. "나와 노신의 마음은 통해 있다. 나는 그의 솔직함을 좋아한다. 그는 자신을 해부할 때 늘 다른 사람을 해부할 때보다 더 엄하게 한다고 하였다. 몇 차례 넘어진 후에도 나는 늘 노신처럼 그리했다. 그러나 동지들은 이런 나를 늘 믿지 않았다." 마오쩌동은 노신의 《천재가 없을 때》라는 글의 관점에 완전히 찬동하였다. 노신이 글에서 "천재는 깊은 산 속과 황야에서 저절로 나서 자라는 괴물이 아니다. 천재를 자라게 하는 것은 민중으로부터 생기고 자라나는 것이다. 그러므로 이런 민중이 없으면 천재가 없다"라는 말 아래에 붉은 펜으로 굵은 선을 그었다는 점에서 그것을 증명했다. 마오쩌동은 여태껏 천재를 신격화하는 것을 찬성하지 않았다.[70] 천재는 조금 총명할 따름이고 부지런한데서 오는 것이다. 그러나 참된 지식은 실천에서 나오는 것이다. 마오쩌동은 사람은 자신을 아는 것이 소중한 것이며, 늘 자신의 약점과 결점과 착오를 생각해보아야 한다고 주장하였다. 이렇게 해야만 맑은 두뇌를 유지하고 끊임없이 학습하고 실천하고 개진하게 되어 착오를 적게

---

69) "노신의 가치를 중국에서 따진다면 내가 보기에는 중국의 첫 째 가는 성인이다. 공자는 봉건사회의 성인이고, 노신은 현대중국의 성인이다." 모택동, 〈1937년 10월 19일 연안섬북공학에서 노신 서거 1주년 기념대회의 연설〉, 《모택동문집》 제2권.
70) "나는 천재가 아니다. 나는 공자의 책을 6년 동안이나 읽었으며, 1918년에야 마르크스-레닌주의를 읽었다. 그런데 어찌 천재라고 할 수 있겠는가?" 胡哲峰, 孫彦 編, 《毛澤東談毛澤東》, 中共中央黨校出版社, 1993.

범하고 무엇인가를 해낼 수 있다고 보았던 것이다.

결국 이러한 자신에 대한 채찍질을 통해 새로운 상황에 대한 이해를 거듭하며 정확한 노선을 찾아낼 수 있었고, 나아가 자신에게 다가오는 수많은 도전을 이겨나갈 수 있었던 것이니, 그러한 방법과 지혜를 바로 노신이라는 인물에게서 배웠던 것임을 알 수 있는 것이다.

마오쩌동이 죽기 전까지 손에서 놓지 않았던 노신의 작품

노신은 세계에서 가장 많은 작품을 쓴 작가로서 세계 기네스북에 올라 있다. 그러나 그는 다작으로만 유명한 것이 아니라, 문학작품을 통해 잠들어 있던 근대 중국을 깨운 시대의 길잡이였다는 점에서 더 높은 평가를 받는 인물이었다. 이러한 그의 작품 세계를 가장 높게 그리고 가장 잘 평가한 사람이 바로 마오쩌동이었다.

먼저 우리가 알아야 할 노신의 작품들을 살펴보자. 원래 그는 단편작가로서 글을 쓰기 시작했다. 그의 단편은 제1소설집 《눌함》(15편, 1923 초판)과 제2소설집 《방황彷徨》(11편, 1926)에 담겨 있다. 그러나 그는 소설 활동을 개시함과 동시에 평론적인 수필을 썼으며, 소설 활동을 그만둔 뒤에도 죽기 직전까지 평론 수필을 계속 집필했다. 그러므로 양적으로는 소설보다 수필이 훨씬 많았다. 수필집으로는 《열풍 熱風》(1925) 《화개집(華蓋集)》(1926) 《화개집속편》(1927) 《이이집(而已集)》(1928) 《삼한집(三閒集)》(1932) 《이심집(二心集)》(1932) 《남강북조집(南腔北調集)》(1934) 《위자유서(僞自由書)》(일명 《불삼불사집(不三不四集)》,(1933) 《준풍월담(准風月談)》(1934) 《화변문학(花邊文學)》(1936) 《차개정잡문(且介停雜文)》(1937) 《차개정잡문 2집》(1937) 《차개정잡문말편(末編)》(1937) 등이 있다. 뒤에 열거한 3권은 사후에 출판된 것으로 부인 쉬광핑(許廣平)이 편집한 것이다.

이외에 초기 일본 유학 중에 쓴 것을 포함하면 논문집 《분(憤)》(1927), 산문시집 《야초(野草)》(1927), 회고문집 《조화석습(朝花夕拾)》(1928), 역사소설집 《고사신편(故

事新編》(1936)이 있고, 베이징대학에서의 강의를 정리한 《중국소설사략(中國小說史略)》(처음에는 상 하권으로 나누어 출판되었음. 1925)과 소설사 관계자료집 《소설구문초(小說舊聞鈔)》(1926) 등이 있다.

또 이상에서 열거한 수필집에서 빠진 단문과 시(구체시와 신체시)를 묶은 《집외집(集外集)》(1935)과 역서의 서문이나 부기(附記), 서간 등을 모은 《집외집습유(集外集拾遺)》(사망 후 1938년 《노신전집(魯迅全集)》에 수록)가 있다. 노신의 서간집으로는 부인 쉬광핑과 결혼 전에 주고받은 서간집 《양지서(兩地書)》(1933)가 있고, 노신 자신이 친지에게 보낸 것은 쉬광핑 편 《노신 서간(魯迅書簡)》(1946)에 수록되어 있다. 또한 노신은 1912년 5월 5일 최초로 베이징에 온 날부터 죽기 전 날인 1936년 10월 18일까지 25년에 걸쳐서 메모 형식의 일기를 썼는데, 자신이 직접 쓴 원고의 사진판(1951)과 그것에 의거한 활자본(1958)이 있다. 단 1922년분이 분실되어 완전하지는 않다.

노신에게는 외국문학의 번역서도 많다. 일본 유학중에 일본어와 독일어를 공부했는데 이 두 외국어 역서는 《노신역문집(魯迅譯文集)》(10권, 1958)에 수록되어 있다.

이러한 노신의 작품을 매우 즐겨 읽은 사람이 바로 마오쩌동이다. 그는 일생동안 세 가지 판본의 《노신 전집》을 읽고 보존했다. 그는 1938년부터 1976년 서거할 때까지 노신의 책은 언제나 그의 탁자 위에 늘 놓여 있었고, 매일 읽는 책이었으며, 진지하게 읽었고, 읽고 또 읽었다. 1975년 7월, 마오쩌동은 노인성 백내장에 걸려 수술을 받았고 수술 후 시력이 좋지 않게 되자 신변의 근무요원들에게 노신의 작품을 읽게 하였다.[71] 노신은 《준풍월담(准風月談), 번역에 관하여(하)》라는 글에서 약간 썩은 곳이 있다고 해서 전체 사과를 버려 버리는 문예계의 행위를 비판하였으며, 장신구는 순금이어야 하고 사람은 완벽한 사람이어야 한다는 사상은 잘못된 것이라고 비평했다. 노신은 썩은 사과를 먹는 예로써 사람들이 결함이 있는 문예작품을 읽는 것이라고 하면서 이러한 작품에 대해 정확히 대처할 것을 경고했다.

---

71) "나는 노신의 책을 읽기 좋아한다. 노신의 마음과 나의 마음은 밀접한 관계를 갖고 있다. 나는 연안에서 밤마다 노신의 책을 읽으면서 언제나 잠자는 것을 잊었다." 逢先知, 石仲泉, 《모택동의 독서생활》 제184쪽, 三聯書店, 1986.

마오쩌둥은 노신의 이러한 견해에 찬동하였다. 근무요원이 훌륭한 부분을 읽을 때면 그는 연신 잘 썼다고 칭찬하였다. 1976년 9월, 마오쩌둥이 서거하기 얼마 전에도 그의 침실 침대, 탁자, 책꽂이에는 새로 인쇄한 큰 글자로 된 《노신전집》이 놓여있었는데, 어떤 것은 귀퉁이가 접혀져 있었고, 어떤 곳에는 종이쪽지가 끼워져 있었고, 어떤 책은 펼쳐진 채 덮지 않은 상태로 있었다.

노신의 잡문은 핍박 속에서 잉태되었다

노신의 작품에 대해 마오쩌둥이 가장 즐긴 것은 그의 잡문이었는데, 특히 후기 노신의 잡문들은 전투정신이 풍부하고 변증법으로 가득 차 있었다. 마오쩌둥은 노신이 바로 잡문을 무기로 하여 전투를 하는 가운데서, 비록 마르크스주의로 무장하고 조직적으로 볼셰비키에 가입하지는 않았지만, 그는 진정한 볼셰비키였다고 평했다.

1957년 3월 8일 마오쩌둥은 문예계의 대표들과 담화할 때 이렇게 말했다. "노신은 공산당원은 아니지만 마르크스주의의 세계관을 이해하고 있었다. 그의 잡문에 힘이 있는 것은 바로 마르크스주의 세계관이 있기 때문이다. 내가 보기에 노신이 죽지 않았으면 계속해서 잡문을 썼을 것이다. …… 그는 말하거나 잡문을 쓰면서 문제를 해결했다."

이틀이 지난 후, 3월 10일, 마오쩌둥은 신문출판계의 대표와의 담화에서 또 노신의 잡문을 말했다. 그는 "속담에 '온 몸이 찢기면서라도 황제를 말에서 끌어 내린다'는 말이 있는데, 이런 사람이 바로 노신이다. 그러기에 노신은 진정한 마르크스주의자였고, 철저한 유물론자였던 것이다. …… 노신의 시대에 정리를 당한다는 것은 바로 감옥살이와 죽임이었지만 그는 두려워하지 않았다. 잡문을 어떻게 써야 하는지 지금 우리는 경험이 없는데, 내가 보기에는 노신을 옮겨다가 여러분들이 그를 따라 배우고 연구해야만 할 것이다. 그는 잡문에 많은 면을 할애했는데, 정치, 문학, 예술 등을 다 섭렵했다. 특히 후기에는 정치에 대해 가장 많이 논했다. 다만 경제를 말한 것이 적었을 뿐이다. 노신의 것은 모두 핍박을 당하며 나온 것이다. 마르크스주의도 핍박에 의해 배웠던 것이다. 그는 독서 가문 출신으로 사람들은 그가 '봉건 잔여세력'이기에 안 된다고 하였지만 노신은 여전히 글을 썼다."[72]

다시 이틀이 지난 후 마오쩌동은 전국 선전공작회의 석상에서 연설하면서 또 다시 노신의 잡문에 대해 언급하였다. 그가 보기에 노신의 잡문은 그 문장이 길지는 않지만 분석력이 대단했다고 평했다. "분석하는 방법은 바로 변증법적 방법이었다. 분석한다는 것은 바로 사물의 모순을 분석한다는 것이다. 생활을 잘 알지 못하고 모순에 대해 진정으로 알지 못한다면 정확한 분석을 할 수가 없다. 노신의 후기 잡문이 가장 깊고 힘이 있으며 일반적이지 않은 것은 이 시기에 그가 변증법을 배웠기 때문이다." "노신의 잡문은 대부분은 적을 향한 것이다. 적과 아를 구분하고 적대적인 입장에 서서 적을 대하는 태도로 썼다. 그는 동지들에 대해서는 쓰질 않았고, 열정적으로 인민들의 사업을 보호하고 인민들의 각오를 높이겠다는 태도로 썼으며, 조소와 공격적 태도로써는 서술하지 않았다."[73]

이상에서와 같이 마오쩌동은 노신의 잡문에 대해서 평가했는데, 그 목적은 당시의 문예종사자와 신문종사자들을 인도하고 격려하여 노신의 전투정신을 배워 잡문이라는 무기로써 사회상의 암흑적인 면과 투쟁하게 하려 했던 것이었으며, 동시에 노신의 잡문을 쓰는 방법 즉 분석하는 방법을 배워 변증법을 잘 운용하도록 하려는 것이었다.

전투정신으로 글을 쓰는 노신의 방법을 그대로 수용한 마오쩌동

노신의 정신과 방법에 대해 마오쩌동은 1959년 12월부터 1960년 2월에 이르기까지 소련의 《정치경제학 (교과서)》을 읽고 발표한 담화에서 계속하여 논하였다. 그는

---

72) 《모택동의 신문 공작 문선》, 190-191쪽.
73) 《모택동의 신문작업문선》, 198쪽.

이렇게 말했다.

"노신의 전투방법의 중요한 특징은 그를 향한 모든 화살을 다 받아서 잡고 있다가 기회가 있으면 화살을 쏜 사람을 향하여 공격하는 것이다. 다른 사람이 그가 말을 할 때에 는 남북 사투리를 다 쓴다고 하자 그는 곧 《남강북조집》을 써냈다. 양실추가 그를 낡은 사회를 배반하고 무산계급에 항복했다고 하자 그는 곧 《이심집》을 써냈다. 다른 사람이 그의 글은 레이스(무늬 있는 테두리로 장식하는 헝겊)로 둘러싸여 있다고 하자, 그는 곧 《화변문자》를 써냈다. 《신보》의 《자유담》 편자가 국민당의 압력을 받고 《자유담》은 정치를 담론하지 말고 풍월만 담론해야 한다고 투덜거리면서 말하자 그는 《준풍월담》을 써냈다. 국민당은 그가 타락한 문인이라고 욕하자 그는 필명을 '타락문(墮落文)'이라고 지었다. 그는 죽기 전에도 다른 사람은 죽기 전에 참회를 하며 자기의 적을 용서하지만, 그는 자기의 '원수'에 대해 '그들에게 원망하라고 하게 하라. 나는 한 명도 용서하지 않을 것이다'라고 말했다. 우리는 노신의 이런 전투정신과 방법을 배워야 한다."[74]

마오쩌둥은 다른 사람들에게 노신이 잡문을 쓰는 것을 배우라고 호소했을 뿐만 아니라, 만일 자신이 장래에 은퇴하는 것이 허락되면 잡문을 쓰고 싶다고 50년대 후기에 말한 적이 있다. 사실상 마오쩌둥은 청년시기부터 일생동안 대량의 시사정론을 썼는데, 대부분은 출중한 잡문이었고, 이들 잡문은 노신의 품격을 많이 띠었다고 할 수 있다.

마오쩌둥은 또한 노신의 소설을 좋아하였다. 늘 《아Q정전》을 예로 들어 문제를 설명했다. 1956년 4월 25일 그는 〈10대 관계를 논함〉이라는 연설에서 이렇게 말했다.

---

74) 《당의 문헌》, 1992년 제1기.

"《아Q정전》은 좋은 소설이다. 나는 읽어본 적이 있는 동지들이 또 한 번 읽어보고 읽어본 적이 없는 동지들은 잘 읽어보기를 권고한다. 노신은 이 소설에서 주로 한 낙후해 있는 각성하지 못한 농민에 대해 썼다. 그는 '혁명을 못하게 하다'라는 한 장을 쓰면서 가짜 외국 놈이 아Q로 하여금 혁명을 하지 못하게 하는 것을 지적했다. 사실 아Q의 당시의 이른바 혁명은 다른 사람처럼 물건을 좀 가지려는 것뿐이었다. 그러나 이런 혁명도 가짜 외국 놈은 못하게 하였다. 이런 점에서 어떤 사람은 가짜 외국 놈과 비슷한데 그들은 착오를 범한 사람들이 혁명을 못하게 하고 착오를 범한 것과 반혁명의 경계를 구분하지 못하며 심지어는 일부 착오를 범한 사람을 죽여 버리기까지 했다. 우리는 이 교훈을 기억해야 한다. 사회에서 다른 사람들을 혁명하지 못하게 하는 것이나 당내에서 착오를 범한 동지들이 착오를 고치지 못하게 하는 것은 모두 나쁜 것이다."[75]

암흑시대의 중국에 등불이 켜지고 있음을 세상에 알린 노신

1959년 여름 여산(廬山)회의 기간에 마오쩌둥은 노신을 몇 차례 말하면서 《아Q정전》을 말할 때 이렇게 말했다. 노신은 마르크스주의자다. "매서운 눈초리로 천부(天夫)의 손가락질에 대항했고, 머리를 숙여 유자의 소가 되겠다"고 한 이 두 마디의 말은 변증법에 아주 어울리는 말이다. 착오를 범한 동지에 대해서는 갈 길을 내주어야 하며, 《아Q정전》의 가짜 외국 놈처럼 다른 사람을 혁명하지 못하게 하지 말아야 하며, 사람들에게 출로를 내주어야 한다. 마오쩌둥이 이 예를 반복적으로 말한 것은 전 당의 동지들을 교육하여 "혁명은 언제나 사람이 많을수록 좋다"라는 도리를 알게 하려는데 그 목적이 있었다.[76]

---

75) 《모택동의 저작선독》 하권 제738-739쪽.
76) "노신의 시 중 '매서운 눈초리로 천부(千夫)의 손가락질에 대적하고, 머리 숙여 유자(儒子)의 소가 되어야 한다'는 두 구절은 우리의 좌우명으로 삼아야 한다. 여기서 말하는 '천부'는 적을 가리키며, 어떠한 흉악한 적에 대해서도 우리는

마오쩌둥은 노신을 극히 숭상하고 선전하였다.[77] 1961년 10월 7일 그는 일중우호협회 중국방문대표단, 일본민간교육가대표단 등 일본 외빈을 회견할 때 노신의 《무제》라는 시집을 일본 친구에게 증정하면서 다음과 같이 말했다.

"당신들이 중국에 오는 것을 우리는 감사하게 생각하며, 모든 중국 사람들 또한 감사하게 생각한다. 나는 당신들에게 줄 것이 없다. 다만 내가 붓으로 쓴 '노신의 시'를 당신들에게 주고자 한다. 노신은 중국이 암흑시대에 있을 때 위대한 혁명 전사였고 문학전선의 영도자였다. 그가 쓴 것은 구어체 시로 4구로 되어 있다. 시의 원문 내용은 '만민의 검은 얼굴 쑥밭에 파묻힐 제, 누가 감히 읊을 손가, 하늘땅을 뒤흔들 비장의 노래를. 이내 생각의 나래 펼쳐 온 누리 굽어보니, 소리 없는 이곳에도 뇌성벽력이 울리고 있네'이다. 이 시는 노신이 중국이 암흑기에 처해 있던 시기에 쓴 것으로 너무나 어두운 통치 하에서 한줄기 광명을 보았음을 설명해 주고 있다"고 했다.[78] 마오쩌둥은 일본 친구들이 노신의 이 시를 이해하지 못할까봐 곽말약에게 특별히 번역하게 해서 주었다. 곽말약은 《노신의 시를 번역하다》라는 책에서 이렇게 말했다. "노신의 이 시는 세상을 떠나기 얼마 전에 일본의 사회평론가 아라이 이타루(新居格)에게 써준 것인데, 아라이 이타루가 중국을 방문해서 상해를 찾았을 때 노신을 방문한 감사의 뜻으로 써 준 것이다. 그 뜻은 당시의 중국이 세 개의 큰 산이 주는 압박 하에서 백성들이 도탄에 빠져 있지만, 그러한 고난 중에서도 해방운동을 하고 있는 중국공산당을 빗대어

절대 굴복하지 않아야 한다는 것을 말하고 있다. 여기서의 '유자'는 무산계급과 인민대중을 가리킨다. 모든 공산당원, 모든 혁명가, 모든 혁명적인 문예종사자들은 모두 노신을 본보기로 하여 배워야 하며, 무산계급과 인민대중의 '소'가 되어야 하며, 나라를 위해 죽을 때까지 온 힘을 다하여야 한다." 모택동, 〈연안에서의 문예 좌담회 상에서의 연설〉 《모택동선집》 제3권.)

77) "노신은 중국문화혁명의 수장이다. 그는 위대한 문학가였을 뿐만 아니라, 위대한 사상가이고 위대한 혁명가였다. 그는 가장 굳세고 굽히지 않는 사람이었다. 그는 노예근성이나 아첨하는 근성이 조금도 없었다. 이것은 식민지   반식민지 인민들에게 제일 소중한 성격이었다. 노신은 문화전선에서 전 민족을 대표하여 적을 향해 돌진한 가장 정확하고, 가장 용감하며, 가장 단호하고, 가장 충실하고, 가장 열정적인 전례 없는 민족영웅이었다. 노신이 지향한 방향은 바로 중화민족이 지향할 새로운 문화방향이었다." 모택동, 〈신민주주의론〉, 《모택동선집》 제2권.

78) 《모택동의 외교문선》, 484쪽.

서, 우리를 찾아온 그대들이 '소리 없는 중국'이라고 해서 정말로 소리가 없는 것이라고 보지 말아달라는 기원 하에 써준 것이다."[79]

마오쩌동의 그 호방하고, 유창하며, 힘 있고, 멋있게 쓴 서예 작품은 일본친구들에 대한 두터운 정감을 충분히 표현해 냈을 뿐만이 아니라, 시를 쓴 노신에 대한 숭모와 그리움을 진지하게 표현한 작품이었던 것이다.

79) 1961년 11월 10일 《인민일보》

주덕朱德, 주더
진정한 중국공산당 홍군의 사령관

혁명의 길에 뛰어들다

주덕은 세계가 공인하는 정치가이고, 군사가이며, 중국인민해방군의 주요 창시자 중의 한 사람이고, 중국공산당과 중화인민공화국의 주요 영도자 중의 한 사람이다. 그는 중국의 해방을 위해, 사회주의 건설을 위해 필생의 정력을 바쳤고, 중요한 공적을 남겼다. 그는 마오쩌둥과 합작하며 가장 빨리 혁명의 길에 뛰어들었고, 그 덕에 서로를 가장 잘 이해하고 있었으며, 서로를 의지하면서 일생을 함께 했다.

주덕은 사천성 의롱현(儀隴縣)의 가난한 소작농의 가정에서 태어났다. 원래의 이름은 주대진(朱代珍)이었는데 후에 주건덕(朱建德)으로 바꾸었다. 그 곳은 함부로 접근할 수 없는 매우 험한 산구(山區)였으며, 현청(縣廳)의 소재지는 높은 산 위에 있었다. 그는 소년시절을 고향에서 보냈다. 빈곤한 가정형편으로 불우한 생활을 해야 했다. 그러나 험한 지역에서 노동일을 하면서 성실하고 소박하며 용감하고 의지가 강한 품성을 갖게 되었다. 그러는 가운데 그는 미래의 원대한 꿈을 그리면서 분발하여 노력했고, 의지가 굳건하고 과감했으며, 감히 그의 앞을 막고 나설 사람이 없을 정도로 강력한 정신의 소유자가 되었다. 이러한 정신이 혁명의 이상과 사업에 결합되자마자 그의 활약은 눈부신 빛을 발하게 되었으며, 어떠한 위험과 곤란이 닥쳐와도 끝까지 혁명을 완성하는 중심점이 되었던 것이다.

주덕은 청년시절에 이미 나라가 매우 어려움 처해있음을 깊이 느끼게 되었다. 제국주의 열강의 야만적인 침략과 중국 봉건왕조의 부패한 통치는 국가와 민족을 멸망의 구렁텅이로 몰아가고 있었음을 누구보다 잘 알고 있었기에 구국의 길을 찾는데 고심에 고심을 거듭하고 있었다. 1909년 그는 운남성의 육군강무당(陸軍講武堂)에서 공부할 때 손문이 영도하고 있던 동맹회(同盟會)에 가입하였다. 그는 청나라를 무너뜨린 신해혁명에 적극 참가하였으며, 또 봉건왕조를 부활시키려 획책하고 있던 원세개(袁世凱)에게 반대하는 호국전쟁의 선두에 서서 용감하게 싸워 혁혁한 공을 세웠다. 그러나 이러한 민주주의 혁명도 중국을 반식민지, 반봉건적 상황에서 벗어나게 하는 데에는 한계가 있음을 주덕은 누구보다 잘 알고 있었다. 봉건왕조가 타도되었지만, 중국은 여전히 빈곤과 고난의 함정에 처박혀 있어야 했다. 그는 이러한 상황에 직면하자 "과연 중국의 진정한 출구는 어디에 있는가?"하고 자문하고 또 자문했다. 1917년 그는 이미 여(旅) 단장으로 진급하였으며, 월급은 은화 1,000여 원으로 "높은 관직에 많은 녹봉"이라고 할 수 있는 위치에까지 올라 있었다.

그때 그는 러시아의 10월 혁명과 중국 5.4운동의 영향 하에서 새로운 서광을 보았다. 그는 마르크스주의를 신봉하고 공산당이 이끄는 길을 걷는 길 외에는 중국이 살 수 있는 별다른 선택이 없음을 인식하게 되었다. 그리하여 그는 과감히 높은 관직과 많은 녹봉을 버리고 상해와 북경을 돌아다니며 공산당을 찾았으나 뜻을 이루지 못했다. 그러나 그는 낙심하지 않고 1922년에 독일 베를린까지 찾아가 공산당 관계자들을 만났다. 주덕은 장신부(張申府)와 주은래(周恩來)의 소개로 베를린에서 입당한 후, 자기의 모든 것을 공산당에 바치기로 맹서했다. 총탄이 빗발치고 생명의 위험을 무릅쓰던 민주혁명시기로부터 갖은 우여곡절을 겪어야 했던 사회주의 건설시기까지, 풍찬노숙하면서도 굴하지 않고 온갖 역경을 견디어 내며 새로운 나라를 건설하려는 희망에 온 몸을 던졌던 것이다.

혁명을 위한 사투

그의 혁명에 대한 신념과 의지는 어려운 시기마다 특출하게 나타났다. 1927년 10월 남창봉기(南昌蜂起) 부대가 남하하는 것이 실패했을 때 남은 부대는 고립되었고,

구원병은 생각조차 못하던 위기에 빠지게 되었다. 강적이 뒤쫓아 오고 추위와 기아에 시달리는 가운데 군대의 사기는 떨어질 대로 떨어졌다. 이런 혹독한 형세에 있었지만 주덕은 태연자약했다. 그는 전 부대원에게 "중국혁명은 이번은 실패하였지만 어둠은 빛을 가릴 수가 없다. 실력을 유지하기만 한다면 혁명을 할 수 있는 방법이 나타나게 될 것이고, 성공할 수 있을 것이다"고 하며 자신감을 심어주었다. 그는 러시아혁명이 승리할 수 있었던 역정을 예를 들어가며 목청을 높였다. "1905년 러시아 혁명은 실패했지만, 일부 남은 '투사'들이 바로 10월 혁명의 골간이 되었다. 우리의 이번 실패는 러시아의 1905년과 같다고 할 수 있다. 우리들이 조금이라도 살아남는다면 반드시 장래의 혁명에서 큰 역할을 하게 될 것이다. 과거처럼 모여 싸우는 방법이 안 되면 이제부터는 '흩어져서' 싸워야 할 것이다."

10월 하순, 신둔성(信屯城) 서로(西路)에서 20여 리 떨어진 작은 산골짜기에서 주덕은 중요한 전체 군인대회를 열었다. 회의에서 주덕은 금후의 우리 대오는 자신과 진의(陳毅) 동지가 영도하게 되었다고 선포하였다. 그는 정의롭고 늠름하게 말했다. "혁명을 계속 하고 싶은 사람은 나를 따르고. 혁명을 하고 싶지 않은 사람은 강요하지 않겠으니 집으로 돌아가도 된다." 그리고는 "나 한 사람이 남더라도 나는 혁명을 끝까지 할 것이다"라고 단호하게 결연의 의지를 표명했다. 그의 확고함과 낙관적인 생각은 여러 사람들을 감화시키기에 충분했다. 이후 북벌과 남창봉기를 통해 단련된 그의 무장혁명대오는 그 우수한 전통을 계속 유지 발전시켰던 것이다. 이러한 여세를 몰아 그는 1928년 초 또 다시 상남봉기(湘南蜂起)를 발동하였으며, 그 뒤에 정강산(井岡山)으로 들어가 마오쩌둥이 인솔한 추수봉기 대오와 만나게 되면서 중국혁명사에서 중대한 역사적 의의를 갖는 회합(會合)을 실현케 되었던 것이다. 이로부터 정강산 주력 대오의 하나가 된 그의 대오는 노농무장(勞農武裝) 투쟁을 전개해 나가기 시작했던 것이다.

2만5천리 장정 중, 홍군의 제1, 제4 방면군이 사천성의 무공(懋功)에서 회합한 후 주덕은 장국도와 함께 좌로군(左路軍)을 지휘하며 북상하였다. 장정 도중 장국도가 당 중앙의 북상방침을 반대하면서 당을 분열시키고 홍군을 분열시키는 일을 획책하자 주덕은 과감히 그에게 맞섰다. 주덕은 "천하의 홍군은 한 집안 식구이며, 당 중앙의 영도를 따르는 하나의 종합체이다"라며 자신의 입장을 단호히 말하면서 장국도의 위협에 투쟁했던 것이다. "주덕과 마오쩌둥이 함께 해온 지가 이미 여러 해 되었다는 것은 중국전역은 물론 전 세계 사람들이 다 아는 사실인데, 나에게 마오쩌둥을 반대하라는 게 이치에 맞는 말입니까? 나는 그렇게 할 수 없소이다!", "당신은 나를 두 쪽으로 만들 수 있을지는 몰라도 나와 마오쩌둥의 관계를 끊어내지는 못할 것이오.", "북상을 하겠다는 결의에 대해 나는 이미 손을 들었기 때문에 반대할 수 없소이다."라고 자신의 의견을 가감 없이 말했던 것이다. 그는 장국도가 '당 중앙'을 따로 세우려는 것은 절대 안 된다고 비판하였으며, "당신이 주도하려는 이 중앙은 불법이오"라면서 비판하였다. 주덕은 장국도와의 투쟁에서 원칙을 견지하면서도 한 치도 양보하지 않으며 단결할 것을 강조하였다. 이러한 과정 속에서 그는 장국도의 분열책동을 막아냈고, 홍군의 단결을 유지케 했으며, 세 방면군의 회합을 실현하는데 중요한 공헌을 하였던 것이다. 마오쩌둥은 후에 "주덕은 위급한 상황 속에서도 굴하지 않는다", "도량이 바다같이 넓고 의지는 강철같이 굳다"고 하면서 찬양하였다.[80]

군사적 공훈

문화대혁명이라는 10년 동안의 내란 중, 주덕은 임표(林彪), 강청(江靑) 등의 모함과 박해를 받아야 했다. 그야말로 엄청난 시련이었다. 그러나 그는 시종 굴하지 않고 그들에게 완강히 투쟁했다. 그는 자신의 영예와 치욕 등에 대해서는 상관하지 않고, 오로지 당과 나라의 운명을 걱정했던 것이다. 그러한 그에게 마오쩌둥도 나서며 "주덕은 홍군의 사령관이다", "주덕과 마오쩌둥은 갈라놓을 수 없다"고 자신의 비장한

---

80) 섭영진, 〈평생 혁명에 충성하였고 많은 공적을 만고에 남겼다 ― 경애하는 주덕 동지의 100주년 탄신을 기념하며〉, 《홍기》, 1986년, 제23기,

뜻을 보여주며 그를 타도하려는 자들을 질책했을 정도였다. 1975년 3월 6일, 그는 85세의 고령임에도 의연히 붓을 들어 "끝까지 혁명하자"라는 네 개의 큰 글자를 써서 자신을 격려하고, 후세사람들을 교육시켰다.

마오쩌둥의 군사사상(軍事思想) 속에는 주덕의 중요한 공헌이 많이 포함되어 있다. 정강산에 있을 때 적의 '소탕'과 '포위토벌'에 효과적으로 대처하기 위하여, 주덕은 실천을 통한 경험을 바탕으로 효과적인 작전을 찾아냈고, 이를 이론적으로 승화시켜 유명한 "적이 나아가면 우리는 퇴각하고, 적이 주둔하면 우리는 교란시키고, 적이 피로하면 우리는 공격하고, 적이 퇴각하면 우리는 뒤 쫓는다"라는 작전계획을 제시하였던 것이다. 이에 대해 마오쩌둥도 동의하지 않을 수 없었다. 마오쩌둥은 후에 쓴 《중국혁명전쟁의 전략문제》라는 책에서 주덕의 이 비법은 "소박한 성격의 유격전쟁의 기본원칙"이라고 찬양하였다. 마오쩌둥과 주덕의 영도아래 정확한 전략전술을 운용함으로써 여러 차례에 걸친 국민당의 '소탕전'과 '포위토벌전'을 분쇄할 수 있었고, 그것이 기폭제가 되어 혁명의 불을 계속 이어갈 수 있었던 것이다.

주덕은 《해방구의 전장을 논함》이라는 명작에서 정강산 이래의 창군 경험을 체계적으로 종합하고, 인민군대의 창군 취지와 원칙 및 양병(養兵), 군대 인솔(帶兵), 군사훈련(練兵), 용병(用兵), 군사지휘, 정치업무, 적군 와해, 군사장비, 주력부대와 예비군과의 관계 등 중대한 문제를 제시하였으며, 아군의 건설과 발전을 위해 중요한 역할을 하였다. 전쟁 중에 그는 마오쩌둥과 함께 상황에 맞는 전략전술을 제정하여 전략적 전환을 실행토록 하였다. 국민당 군에 의한 포위토벌작전에 대응해서, 장정 중 공격받는 상황에서, 항일의 봉화 속에서, 해방전쟁에서, 주덕은 일련의 중대한 전투를 모두 지휘하였고, 그러는 가운데 누구도 따를 수 없는 군사적 공적을 쌓았던 것이다. 사회주의가 실행되어 평화로운 분위기가 만연하는 속에서도 그는 위험이 닥쳐올 것에 대비했으며, 그동안의 우수한 경험을 계승 발휘케 하여 군대의 정규화, 현대화건설을 강화하는데 비상한 관심을 기울였으며, 수많은 부대 시찰을 통해 점검하고 중요한 지시를 내렸다.

인간적인 매력

주덕은 특징이 하나 있었는데 그것이 바로 '농사꾼' 기질이 있었다는 점이다. 그는 노동자들을 평생 잊지 않았으며, 시종 일반 근로자처럼 생각하고 활동하였다. 그는 대중을 가까이 했고 그들과 동고동락 하였다. 전쟁을 하는 와중에서도 그의 말에는 언제나 부상병과 여병사가 타고 있었고, 자신은 대오와 함께 걸으면서 전사들을 도와 총과 짐을 메어주었다. 어떤 병사는 그가 총사령관인 줄도 모르고, 그를 '영감' 혹은 '동지 형님'으로 불렀는데, 그럴 때마다 그는 아랑곳하지 않고 친절하게 대답하면서 즐거워하였고, 곧바로 여러 사람들과 어울리곤 하였다. 초원을 지날 때면 먹을 수 있는 나물을 찾기 위해 그는 친히 장족(藏族, 티베트족) 동포들을 찾아 조사하였으며, 솔선하여 사람들을 거느리고 가서 캐어 먹어본 후에야 부대원들이 먹게 하였다. 부대가 숙영할 때 그는 좋은 집에서 자지 않고 보통평민의 집에 묵으면서 그들의 생활형편을 이해하고 대중들과 사귀었다.

건국 후에도 주덕은 전쟁시기의 소박했던 생활상을 그대로 유지하면서 상당히 검소하게 생활하였다. 아들딸에 대해서도 매우 엄격했다. 그는 1남 1녀를 두었는데 아들은 노동자였고 딸은 교사였다. 그는 자신의 지위와 사회적 관계를 이용하여 그들에게 어떤 특수한 배려도 한 적이 없었다. 그는 젊은이들 가운데 일부는 개인의 향락만을 추구하면서 인민의 이익을 위해 각고분투하지 않으려 하는데, 이것은 가장 위험한 현상의 하나이며, 당과 국가의 운명과 전도에 해악을 미치는 일이라고 하면서 강하게 비판하였다. 그는 "우리 청년들은 개인주의를 단호하게 극복하고 집단주의 정신을 살려 모범적인 행동을 통해 사회주의현대화 건설의 위대한 투쟁에 투신하기를 희망한다. 아직 미성년인 소년아동들에 대해서도 근검정신을 교육해야 하며, 특히 일부 가정생활이 비교적 부유한 소년아동들에 대해 이러한 교육은 더욱 절박하다고 본다"고 강조하였다. 해방초기에 그는 중공중앙 규율검사위원회의 서기를 겸임하고 있었다. 공산당이 집정한 후 양호한 당풍과 사회풍기를 유지하기 위하여 그는 당원간부들이 교만해지지 않도록 단속했고, 독직부패해지는 것을 방지하기 위해 철저히 교육시켰다. 그는 "검소한 생활을 하다가 사치스러워지긴 쉬워도, 사치를 하다가 검소하게 살기는 어렵다. 근검하게 나라를 세운다는 것은 영원한 진리이다"라고 말했다. 그의 실제적 행동에 의한 가르침은 당원과 간부들이 현대화의 목표를 실현하는데 큰 영향을 주었다.

환갑 축전을 통해 본 역사적 평가

1946년 12월 1일은 주덕의 환갑날이었다. 연안에서는 경축행사를 거행하였는데, 행사 전야인 11월 27일 자 《해방일보》는 중공중앙 명의로 축사를 발표하였고, 11월 29일부터 연안은 3일간 그의 회갑을 축하하는 깃발을 내걸었다. 중공중앙과 중앙국의 마오쩌동, 유소기, 주은래, 팽덕회, 임백거 등은 주덕의 회갑을 위해 축하의 글을 쓰고 전보를 보내 축하해 주었다. 마오쩌동의 제사는 "주덕 동지의 회갑은 인민의 영광이다"였다.[81] 중공중앙의 축사는 "인민들은 당신의 60년간의 위대한 생활을 경축합니다. 당신은 중국인민이 60년 동안 분투한 화신이기 때문입니다"라고 했다. "민족이익과 인민의 이익에 대한 당신의 무한한 충성, 곤란과 위험을 두려워하지 않고 개인의 명예와 이익을 추구하지 않는 당신의 희생정신, 대중들과 항상 함께하고, 대중을 믿고 사랑하는 당신의 대중관은 전 당과 전 군으로 하여금 독립과 평화와 민주를 위하여 끝까지 싸우도록 격려하고 있다." "당신의 회갑은 중국공산당의 명절이며, 중국인민해방군의 명절이며, 전체 해방구역과 전국인민의 명절이다", "당신의 회갑은 바로 전투의 부름이며, 승리의 부름이다. 전체 해방구역의 군민들은 자위전을 통해 반동파의 공격을 물리치고 분쇄하여 당신의 생신을 축하하는 선물이 되게 할 것이다."

주은래의 축사에는 "세계인민은 당신이 중화민족의 구성원이며, 노동인민의 선구자이며, 인민군대의 창조자이자 영도자라고 공인한다", "전 당에서 당신은 마오쩌동

---

81) 모택동, 〈1946년 12월 1일 주덕의 60세 생일에 보낸 제사(題詞)〉, 《인민일보》, 1978년 12월 1일.

과 합작하여 중국인민의 군대를 창설하였고, 인민혁명의 근거지를 건립하여 혁명을 위한 새로운 기록을 썼다. 마오쩌둥의 기치 하에서 당신은 그의 친밀한 전우이며 인민들의 영수라고 불릴 수 있다", "당신의 혁명역사는 이미 20세기 중국혁명의 이정표가 되었다." 등의 내용이 들어 있었다.

중공중앙의 축사, 마오쩌둥의 제사와 주은래의 축사는 주덕의 혁명 역정, 풍부하고 위대한 업적, 인격에 대한 합당한 평가였다. 지금까지도 중국에서는 당에 충성하고 조국과 인민에 충성하는 훌륭한 전사가 되도록 교육시키는 전범으로써 주덕을 평하고 있다.

이대소 李大釗, 리다짜오
마오쩌둥을 마르크스–레닌주의자로 이끈 진정한 스승

이대소의 일생

이대소는 하북성 당산(唐山)에서 농민의 아들로 태어났다. 1906년에 일본으로 유학을 떠나 호세이대학(法政大學)을 졸업한 후, 다시 1913년부터 1917년까지 일본 와세다대학에서 공부하고 중국으로 돌아왔다. 중국으로 돌아온 후 북경대학교 도서관 주임으로 근무하면서 마르크스주의를 연구하였고, 볼셰비키와 소비에트 연방의 혁명을 지지했던 최초의 중국 지식인이었다.

그는 많은 중국인들에게 마르크스주의를 소개했고 소련을 지지하는 사상을 이끌어 내는데 큰 영향을 끼쳤다. 마오쩌둥에게는 북경대학 도서관의 보조 사서로 일하도록 자리를 마련해 주었고, 그의 총명함을 눈여겨 본 그는 마오쩌둥을 마르크스주의자로 이끌어주었다. 곧 이대소는 중국의 농민이 중국혁명에서 매우 중요한 역할을 하게 될 것으로 보고, 이를 이끌어낼 사람으로 마오쩌둥을 점찍었던 것이며, 이로부터 그의 사상에 영향을 미치게 했던 것이다.

당시의 많은 지식인들이 그랬던 것처럼 그도 열렬한 민족주의자였고, 초기 사상의 뿌리는 크로포트킨의 공산사상과 연계되어 있었다. 1917년 10월 특히 러시아 혁명으로 소비에트 연방이 탄생하고 나서 5.4운동이 일어나자 그는 마르크스주의 레닌주의로 급격히 경도되어 갔다. 그는 1918년 11월 《신청년》에 〈볼셰비즘의 승리〉 등의 글을 발표하면서 대표적인 마르크스 레닌주의 문헌으로 나아는데 큰 영향을 끼쳤다.

1921년 이대소는 진독수(陳獨秀)와 함께 중국공산당을 창립했는데, 이때까지 비공식적이고 문단적 성격의 마르크스 레닌주의를 선전하는 운동가에서 처음으로 중국공산당 조직의 지도자로서 활동하기 시작했던 것이다. 1921년 7월 상하이에서 있었던 중국공산당 창당대회에는 마오쩌동도 참가하였다. 천두슈와 이대소의 지도 아래 중국공산당은 코민테른과의 협력관계를 키워갔으며, 1922에는 코민테른의 지시로 중국국민당과 연계하게 되었고, 이는 다시 제1차 국공합작으로 이어지게 되었다. 이대소는 1924년 마오쩌동 등 다른 공산당원과 함께 개인자격으로 국민당에 가입하였고, 중앙위원회 위원으로 선출되기도 하였다.

손문(孫文) 사후, 국민당 우파와 공산당, 코민테른과의 관계가 점차 벌어지기 시작하면서 국민당의 정권을 잡은 장개석(蔣介石)은 상하이에서 4.12사건을 일으켜 코민테른 성원에 대한 숙청에 나서게 되었다. 이 4.12사건을 계기로 전국적으로 관련자들이 체포되었는데 이대소도 이때 베이징에서 다른 동료 19명과 함께 구금되었고, 4월 28일 중국 군벌 장작림(張作霖)의 명령으로 처형되고 말았다.

마오쩌동과 이대소의 만남과 영향

1949년 3월 25일, 마오쩌동과 중공중앙기관은 하북성 서백파(西柏坡)에서 북평(북경)으로 이사하였다. 북평에 도착할 때 마오쩌동은 감개무량해 하면서 신변의 근무요원에게 "30년이나 되었다! 30년 전에 나는 구국구민의 진리를 찾기 위해 바쁘게 뛰어다녔다. 많은 고생을 하던 끝에 다행히 북평에서 좋은 사람을 만났는데, 그가 바로 이대소 동지였다. 나는 그의 도움을 받아 마르크스―레닌주의자가 되었다. 아쉽게도 그는 혁명을 위해 일찍 소중한 생명을 바쳤다. 그는 나의 진정한 좋은 선생님이었다. 그의 가르침이 없었더라면 나는 오늘 어디에 있는지도 모를 것이다"라고 말했다.[82] 지난 일은 연기와도 같았다. 북평을 떠난 지 30년 만에 다시 북

---

82) 于俊道· 李捷 編, 《毛澤東交往錄》, 人民出版社, 1991.

평에 돌아오면서 마오쩌둥이 제일 먼저 생각했던 사람은 바로 이대소였던 것이다. 여기서 이대소가 마오쩌둥의 마음속에서 어느 정도나 차지하고 있었는지를 알 수 있을 것이다.

마오쩌둥은 《신청년》을 읽는 것을 통해 처음으로 이대소를 알게 되었다. 그는 호남제일사범학교에서 공부할 때 《신청년》 잡지의 열정적인 독자였다. 이대소, 천두슈 등의 글을 늘 반복해서 읽었고, 그들 글 속에 있는 훌륭한 문장에 대해서는 따로 베껴서 두고두고 마음속에다 되 뇌이곤 했다. 이대소가 《신청년》에 발표한 《청춘》, 《지금》 등의 계몽작품은 마오쩌둥과 그의 친구들이 매우 즐겨 읽었던 글들이었다.

1918년 8월, 마오쩌둥은 프랑스에 가서 고학을 마치고 돌아온 호남성 출신 학생들을 데리고 장사(長沙)에서 북경으로 왔다. 당시 그가 북경에서 알고 있던 사람은 국립북경대학에서 교수로 일하고 있던 호남성 장사에서 은사였던 양창제(楊昌濟) 선생이었다. 북경에 온 마오쩌둥은 "당시 쓸 돈이 너무 많아, 일을 찾지 않으면 안 되었다"고 회고했듯이 돈이 필요했던 시기였다. 이러한 마오쩌둥의 사정을 알게 된 양창제는 마오쩌둥을 북경대학 도서관 주임 이대소에게 소개하였고, 그리하여 마오쩌둥은 이대소를 비로소 알게 되었던 것이다. 이대소는 마오쩌둥에게 도서관의 보조 일을 담당하는 조수로써 취직시켜 주었다. 월급은 은화 8원이었고, 직책은 북경대학 홍루 제2열람실에서 새로 도착하는 간행물들을 등록하고 관리하고 열람하는 사람들의 이름을 기록하는 일이었다. 마오쩌둥은 여기서 공부할 수 있는 환경을 충분히 이용하여 근무 후 여유 시간에 각종 서적과 간행물을 폭 넓게 읽었으며, 각종 학설을 연구하였다. 더욱 중요했던 것은 그가 이대소와 함께 하루 종일 있으면서 이대소에게 가르침을 받을 수 있었고, 그와 이야기하는 시간을 많이 가질 수 있었다는 사실이었다. 바로 이 때 마오저뚱은 그에게서 마르크스주의를 소개받고 받아 이를 들이기 시작했던 것이다. 후에 미오쩌뚱은 "나는 이대소 선생 밑에서 일하면서 마르크스주의 쪽으로 신속히 발전해 갔다"고 회고하였다.

마오쩌동의 포부와 재능은 이대소로부터 칭찬받기에 충분했다. 그는 마오쩌동을 "호남 학생 청년 중에서 걸출한 지도자가 될 수 있다"고 여겼다. 이러한 이대소의 기대와 칭찬은 그의 사상변화에 커다란 영향을 주었다. 이 당시의 자신에 대해 마오쩌동은 "나의 정치에 대한 관심은 갈수록 커졌고, 사상도 갈수록 급진적이 되었다"고 회고했다.

당시 신민학회의 회원이었던 이유한(李維漢)은 "5.4운동 전야에 마오쩌동과 채화삼은 이대소의 영향 하에서 10월 혁명과 마르크스주의 서적을 학습하고 연구하기 시작하였다"고 말한 적이 있다. 이 말은 이대소가 마오쩌동에게 마르크스주의를 접촉하도록 인도한 인물이라는 사실을 알게 해준다.

마오쩌동과 이대소의 동지애

5. 4운동이 폭발한 후 마오쩌동은 1919년 7월에 《상강평론》을 출판하였다. 이 잡지의 창간은 이대소로부터 특별한 관심을 이끌었다. 당시 이대소 등이 만들고 있던 《신청년》과 《매주평론》은 많은 독자들이 이미 읽고 있었기에 이 잡지를 통해 《상강평론》이 신속하게 소개되었다. 제2기부터 제4기까지 마오쩌동이 쓴 〈민중의 대 연합〉이라는 글은 진보적인 청년들 속에서 매우 강렬한 반응을 일으켰다. 이대소는 이러한 상황을 매우 중시했으며, 같은 해 12월에 출간된 《신청년》 제19기에 〈대 연합〉이라는 짧은 논문을 발표하여 마오쩌동의 〈민중의 대 연합〉이라는 의견에 동의하며 받아들였다.

1919년 12월 말, 장경요(張敬堯)를 쫓아내기 위한 운동을 전개하고자 마오쩌동은 다시 북경으로 가서 그의 선생님인 이대소를 방문하고 그에게 호남청년운동 상황을 보고하였다. 이대소는 청년 마오쩌동이 마르크스주의의 길을 걷는 것에 대해 한층 더 진일보 적으로 이끌기 위해 특별히 그에게 공산주의와 러시아 10월 혁명에 관한 중문서적들을 소개해 주었다. 그 중에는 《계급투쟁》, 《공산당선언》《사회주의사》 등이 있었다. 이 책들은 청년 마오쩌동의 세계관 변화에 매우 깊은 영향을 끼쳤다. 마오쩌동은 이 책들을 다 읽은 후 마르크스주의에 대해 확고한 신앙을 갖게 되었으며, 이로부터 확고한 마르크스주의자가 되었다.

1920년 4월, 마오쩌동은 장사에서 문화서사(文化書社)를 조직하여 신식 책과 간행물을 판매했다. 이대소는 이러한 사실을 안 후 또 다시 크게 지지해 주었으며, 북경에서 이 사가 활동하는데 신용 보장을 스스로 맡아서 해주었다. 문화서사는 마오쩌동의 지도와 이대소와의 연계 하에서 많은 책들을 간행하였고, 《신청년》, 《매주평론》, 《소년중국》, 특히 이대소가 지은 《5월 1일》이라는 제목의 단행본 등을 널리 소개하고 전파하는데 힘썼다.

당을 건립한 후에도 마오쩌동은 많은 중대한 문제에 대해서 이대소와 의견을 나누고, 그러는 가운데 의견의 일치를 보고 서로를 격려해 주었다. 예를 들면 국공합작과 농민문제 등에 대해 두 사람이 동시에 중시하는 입장을 보인 것 등이 그러한 예이다. 이처럼 그들의 생각과 의견은 매우 근접해 있었다. 1926년 마오쩌동이 광주 제6기 농민운동강습소 소장을 맡게 되었는데, 이때 이대소는 〈토지와 농민〉이라는 글을 써서 그가 주관하던 《농민문제 총간》이라는 잡지에 실리기도 하였다. 이처럼 이대소는 마오쩌동의 일에 대해 매우 지지해 주었고, 그의 재능을 매우 중시하였다. 이대소는 광주농민운동강습소에 공부하러 가는 사람들에게 "마오쩌동은 학식이 해박하고 독특한 견해를 가지고 있는데, 그를 만나게 되면 자연히 느끼게될 것"이라고 소개하기도 하였다.

이러한 이대소가 희생되자 마오쩌동은 매우 비통해했고, 끝까지 그에게 깊은 경의를 표하고 있었다. 연안에 있을 때도 마오쩌동은 에드가 스노우와의 담화 시에 그에 대해 언급하였다. 1945년 중공 7기 대회에서 마오쩌동은 "5.4운동 시에 이대소와 진독수는 좌익을 대표하였으며, 우리는 그들 세대의 학생이다"라며 그들을 평하였다. 1949년 국민당을 몰아내고, 북평에 들어갈 때도 그를 언급한 바 있다. 이처럼 마오쩌동의 마음속에는 이대소에 대한 무한한 숭앙하는 마음과 그리워하는 마음을 떨쳐내지 못하고 있었으며, 이러한 마음은 전 공산당원들의 마음속에도 전해져서 오늘날까지도 그를 추앙하고 있는 것이다.

손과孫科, 손커
아버지 손문의 위대한 혁명업적을 앞장서서 파괴한 전쟁미치광이

장개석에게 반기를 든 군벌들

손과는 손문의 아들로서 명문가의 후예였다. 그러나 그는 부친의 혁명업적을 계승하는 일에 충실하지 않았고, 오히려 그 업적을 깔아뭉개는 전쟁범죄자로 타락하고 말았다. 마오쩌동은 그런 그를 두고 큰 소리로 "손과는 어쨌든 전쟁범죄자로서 책임져야 할 순서를 벗어날 수 없는 자이다"라고 격앙하여 비판했다.

1948년 9월부터 1949년 1월까지 중국인민해방군은 국민당에 대해 4개월 남짓 걸린 요심(遼瀋), 회해(淮海), 평진(平津) 등 세 개의 전역을 통해, 대량의 국민당 군대를 궤멸시켜, 국민당 통치의 밑바탕이었던 군사역량을 근본적으로 없애버림으로써 중국혁명이 전국적으로 승리할 수 있는 기반을 닦아놓게 되었다. 이들 3대 전역을 승리함으로서 국민당정부의 장강 이북의 역량은 모두 붕괴되었고, 장강 이남도 체계적인 방어를 하기에 힘들게 되었다. 1948년 11월 9일 장개석은 미국 대통령 트루먼에게 편지를 보내 "미국은 신속하게 군사원조를 증강시켜주길 바란다"는 요구를 하게 되었고, 심지어는 "미국의 군사고문을 파견해 작전을 지휘하는 일에 참여해 주기를 바란다"고까지 했다. 그러나 미국 측에서는 장개석이 이미 패전국면에 빠져 들어가 있고, 그런 상황을 만회하기는 이미 어렵다고 보고는 그의 건의를 받아들이려 하지 않았다. 그러자 그 이듬해 1월 8일 장개석 정부는 미국, 영국, 프랑스, 러시아 등 4개국에 각서를 보내어 그들에게 중국의 내전을 "중재해 달라"고 요청하게 되었다. 그러나 이들 4개국 정부도 자신들의 이해득실을 계산해보고는 완곡하게 거절하고 말았다.

당시 미국정부의 정책은 이미 국민당을 지지하던 태도에서 두 가지 방식의 투쟁을 지지하는 쪽으로 전환되어 있었다. 첫 번째 방식은 국민당의 잔여 군사역량과 지방 세력을 재 조직하여 장강 이남과 그 주변의 성에서 인민해방군과 계속 저항하는 것이고, 두 번째 방식은 공산당 진영 내부에다 반대파를 조직하여 공산당의 입지가 더 이상 커지지 않게 하는 전략이었다.

이러한 미국의 책략을 파악한 계계(桂系) 군벌 이종인(李宗仁, 계림 출신)은 기회를 타서 장개석 대신 자신이 정권을 잡고자 했고, 이를 위한 준비를 한다는 차원에서 중국공산당과 협상을 벌이기 시작했다. 그가 의도한 것은 약간의 숨 돌릴 시간을 얻어내어 "장강을 사이에 두고 자신의 통치지역을 확보하고자 하는 망상"이었다. 이런 배경 하에서 1948년 12월 24일 계계의 또 다른 한 수령인 백숭희(白崇禧)가 장개석에게 전보를 보내 '평화협상'에 임할 것을 종용했다. 그러자 그의 영향 하에 있던 국민당 호북성 참의회, 하남성과 호남성의 정부주석 등도 중국공산과의 평화협상에 임할 것을 요구하면서, 이를 위해서는 장개석이 "떳떳하게 하야하여 평화협상을 진행하는데 도움이 되도록 해야 한다"면서 장개석의 하야를 요구하기까지에 이르렀던 것이다.

장개석의 평화협상 요구에 대한 모택동의 반대

내부와 외부로부터 압력을 받게 된 장개석은 부득불 1949년 새해 첫날에 "화해를 요청하는 성명"을 발표하였다. 그러나 그는 성명에서 국민당이 만들었으나 인민들에게서 인정을 받지 못하고 있던 '헌법'을 보존하고, 그가 지니고 있던 '법통적 지위'와 그의 군대를 보존시킬 수 있게 해야 한다는 내용을 첨부했다. 그러면서 만일 이러한 요구를 들어주지 않으면 공산당과 "끝까지 대결하겠다"고 하였다. 기실 이것은 평화를 이루고자 하는 조건이 아니라 전쟁을 계속하려는 위협이었다. 그럼에도 장개석 편에 서 있던 우익계열은 공산당을 향해 "인민해방전쟁을 즉각 멈추고, 장개석의 평화를 위한 요구조건을 받아들일 것"을 외쳐댔다.

이런 상황에 대해 마오쩌동은 1948년 12월 30일 신화사에 보낸 1949년 새해 헌사(獻辭)에서 단호하게 "혁명을 끝까지 진행하자"고 호소하였다. 그는 "혁명의 방법으로서 일체 의 반동세력을 단호하고 철저하게, 그리고 깨끗이 모두 궤멸시키고, 제국주의를 타도하고, 봉건주의를 타도하고, 관료자본주의를 타도하는데 동요됨 없이 일치단결하고 참여하여, 전국적으로 국민당의 반동통치를 뒤엎어 버리고, 무산계급이 영도하는 노농연맹을 주체로 하는 인민민주독재공화국을 건립해야 한다"고 강조하였다. 또한 이렇게 해야만 "사회주의사회로 발전해 갈 수 있는 것이지, 만일 중도에서 혁명을 그만두어 반동파가 상처를 치유하고 세력을 회복한 후 다시 쳐들어온다면, 중국은 또 다시 암흑의 세계로 전락하고 말 것이다"라고 주장하면서 이렇게 되게 해서는 절대로 안 된다고 선포했다. 그는 이 문제를 해결하기 위해서는 현재 혁명사업에 참가하기를 원하는 모든 사람들이 일치단결하여 협력해야 하며, '반동파'를 건립하거나, '중간노선'을 걸어서는 안 된다고 호소하였다.

평화협상에 대한 국공양당의 공방전

1949년 1월 14일, 마오쩌동은 중공중앙 주석의 명의로 시국에 대한 성명을 발표하면서 국민당에 평화협상을 열 것을 촉구했다. 그는 "비록 중국인민해방군이 충분한 힘과 이유를 갖고서 짧은 시간 안에 국민당정부의 잔여 군사역량을 전부 궤멸시킬 자신은 있지만, 전쟁을 빨리 끝내고 진정한 평화를 실현하며 인민의 고통을 감소시켜 주는 것이 중요하다"고 지적하면서, 그러기 위해서는 "먼저 전쟁범죄자를 처벌하고, 위(僞) 헌법과 위(僞) 법통을 폐지해야 할 것이며, 모든 군대를 개편하는 등 8개 항목을 제시하면서, 이를 해결한다면 남경국민당정부 및 국민당지방정부의 군사집단과의 평화협상에 참여할 것이라고 밝혔다.

이러한 마오쩌동의 성명은 각 민주당파, 무(無) 당파 인사들과 사회 각 계층의 열렬한 호응을 얻어냈다. 그러자 같은 해 1월 21일 이미 상황이 기울었다는 점을 인식한 장개석은 스스로 하야하여 물러나고, 그 대신 부총통이었던 이종인에게 총통 직위를 위임해 주었다. 다음날 이종인은 중국공산당이 제기한 8개 항의 조건을 받아들여 평화협상에 임하겠다고 하는 성명을 발표했다. 당시 장개석은 하야한 후, 그의 고향인 절강성 봉화현(奉化縣)·계구진(溪口鎭)으로 가서 겉으로는 퇴진한 듯 보였지만 막후에서는 지휘봉을 놓지 않고 있었다. 그는 평화협상의 '경계'를 장강으로 기준하여 각자 다스리자고 하였다. 즉 "장강 이남의 지역을 국민당이 완전하게 확보할 수 있도록 해 주어야 한다"고 요구했고, 동시에 "군사적으로 움직이지 않도록 하는 것이 중요하다"고 하였다. 그는 내심 이렇게 정전기간을 갖고서 대체로 3개월에서 6개월 동안에 200만 명의 신병을 모아 훈련시킨 후 다시 중국인민해방군에 대해 공격을 하고자 했던 것이다. 그러다 여의치 않으면 마지막에는 대만으로 퇴각할 생각을 하고 있었던 것이다. 그러나 이종인은 자신의 세력을 확보하는 것으로 만족했기에 장강의 전선을 지키기만 하면 된다고 생각하여 이를 염두에 두면서 평화협상에만 집착하였다.

이런 생각 하에서 국민당정부는 여론을 자기 쪽으로 유도하는 것이 평화협상의 기선을 잡는 것으로 보고, 국민당 중앙선전부는 1949년 2월 13일《특별선전지시》를 발표하여 전쟁책임문제에 대한 자신들의 생각을 제시하였다. 그 내용은 다음과 같았다. "국민당정부는 항전이 끝난 후 평화적으로 나라를 건설하려는 방침을 세우고 중국공산당과 평화적으로 모든 정쟁 문제를 해결하고자 노력하였다. 그러나 1년 반이라는 시간을 보내면서 모든 협의는 중국공산당에 의해 파괴되었다. 그러므로 중공은 평화를 파괴한 책임을 져야 한다. 그럼에도 오늘날 중공은 도리어 전쟁범죄자의 명단을 제시하면서 우리 정부의 책임인사들을 열거해 넣고 체포하라고 요구하는 것은 적반하장과 같은 횡포에 지나지 않는다. 중공이 이런 모습을 변화시키지 않으면 평화협상은 이루어지기 어려울 것이다"라고 했던 것이다.

손과를 전쟁미치광이로 규정하다

이러한 국민당정부의 선포에 대해 마오쩌둥은 1949년 2월 18일 《국민당의 전쟁책임문제에 대한 몇 가지 답안》이라는 성명을 발표했다. 모택동은 이 성명에서 국민당정부의 중국공산당에 대한 여러 가지 시각을 조목조목 반박하고 전쟁의 책임을 져야 할 첫 번째 전쟁범죄자는 바로 장개석이고, 또한 장개석을 지지하여 전쟁을 일으킨 손과와 이종인 등임을 지적하였다. 그 내용은 다음과 같았다. "전쟁범죄자 손과에게 묻겠다. 누가 무력을 맹신하여 전쟁을 일으켰고, 이제 군사적인 방법으로 문제를 해결할 수 없게 되자 누가 먼저 평화협상을 하자고 제시했는가? 바로 국민당이고, 장개석이다." 또 국민당이 말한 이른바 "평화"를 파괴했다는 문제에 대해 마오쩌둥은 이렇게 지적하였다. "먼저 정전하자는 건의를 거절한 것은 장개석 총통이 정월 초하루에 발표한 성명을 통해서이다. 장개석 총통은 당시 이렇게 말했다. "공산당이 평화적으로 해결하자는 것에 성의가 있고, 확실하게 이에 응하겠다는 표시를 한다면, 정부는 성심으로 만나 전쟁을 그만두고, 평화를 회복하기 위한 구체적인 방법을 논하고자 한다." 그럼에도 손과 행정원 원장은 1월 19일 장개석 총통의 상술한 말을 위반하는 결정을 내렸다. 즉 "정전하자는 것은 거절한다"는 말이었다. 이 말은 곧 "아직도 무력을 맹신한다는 것 외에는 달리 해석할 수 없는 일 아닌가? 장개석 총통과 같은 전쟁범죄자도 전쟁을 중지하고 평화를 회복하기 위해서는 양측이 논의하지 않으면 안 된다고 하는 판인데, 손과는 그렇지를 않으니 이런 점에서 그는 장개석 총통보다도 상황을 보는 눈이 훨씬 못 미치는 자이다"라고 비난했던 것이다.

마지막에 마오쩌둥은 이렇게 강조하였다. "사람들이 손과를 전쟁범죄자라고 부르는 이유는, 그가 줄곧 장개석을 도와 전쟁을 일으켰고, 또한 전쟁을 계속 견지하였기 때문이라고 알고 있다. 따라서 이런 전쟁범죄자에 대해 국내법 앞에서든지 국민당 내의 정당법 앞에서든지 손과는 어쨌든 그 책임질 앞자리 순서에서 벗어날 수 없

는 것이다."[83] 이처럼 마오쩌둥은 장개석보다도 앞장서서 전쟁을 계속할 것을 주장해
온 손과에 대한 분석과 비판을 통해, 마오쩌둥은 국민당이 국민들 앞에서 공산당에
대한 모함과 비난이 조작된 것임을 공개함으로서, 인민대중들에게 누가 국공내전을
부추기고, 그렇게 함으로써 인민들의 생활을 구렁텅이에 빠지게 했는지를 알려주었
고, 그 대표적 전쟁미치광이가 손문의 아들인 손과였음을 드러내 보였던 것이다.

---

83) 사람들이 손과를 전쟁미치광이라고 한 것은 그가 줄곧 장개석을 부추겨 전쟁을 일으키고, 전쟁을 지속시켰기 때문이다.
   1947년 6월 22일 손과는 이렇게 말했다. "군사적으로 끝까지 싸운다면 나중에는 해결할 수 있다." "목전에는 평화적인
   담판의 여지가 없다. 정부는 반드시 공산당을 때려 엎어야 한다. 그렇지 않으면 공산당이 국민정부를 넘어뜨릴 것이다."
   그는 바로 국민당 내부에서 무력만을 맹신하는 "몇몇 인사" 중 한 사람이었다. 지금 그는 옆에서 무책임한 말만 되풀이
   하고 있다. 마치 자기는 무력을 맹신하지 않는다는 것처럼 말하고 있으며, 부친이 제시한 "삼민주의"가 실현되지 못해도
   그는 책임을 지지 않으려 한다. 이것은 충실하지 못한 것이다. 국내법 앞에서든지 국민당 내의 정당법 앞에서든지 손과는
   어쨌든 전쟁범죄자로서의 책임을 벗어날 수가 없다."모택동, 〈전쟁에 대한 국민당의 책임문제에 관한 몇 가지 대답을
   평함(1949년 2월 18일)〉 《모택동선집》 제4권.)

호적^{胡適. 후스}

양계초를 대신하는 진보적 사상가였으나 반마르크스주의자

호적을 숭배했던 청년 마오쩌동

호적은 명인이었고 또 매우 복잡한 인물이었다. 그러나 신문화운동시기에는 한동안 마오쩌동의 본보기가 되었던 인물이었다. 마오쩌동이 그에 대해 어떻게 인식하고, 이런 인식은 어떻게 발전 변화했는지 등을 알아보면 우리는 상당히 많은 계시를 받을 수가 있을 것이다.

호적은 마오쩌동보다 두 살 더 많았으며 이름이 나게 된 것도 비교적 일렀다. "5.4운동"시기에는 매우 유명한 인사였으며, 많은 진보적인 청년들의 흠모와 숭배를 한 몸에 받았던 당시의 가장 본보기가 되는 인물이었다. 그러한 청년들 가운데 마오쩌동도 예외는 아니었다. 10여 년 후, 그는 에드가 스노우와의 대담에서, 당시 그가 《신청년》잡지를 읽을 때의 이야기를 하면서 다음과 같이 솔직하게 말했다. "나는 호적과 진독수의 글을 매우 흠모하여 읽었다." 여기에 그가 호적과 진독수를 다 같이 당시 자신의 '본보기'로 했었음을 알 수가 있다.

마오쩌동은 《신청년》 잡지에 실린 호적의 글을 읽게 되면서 호적을 알게 되었다. 그 다음에는 1918년 10월에서 1919년 3월에 이르기까지 북경대학에서 호적의 수업을 방청하였다. 호적은 신문화운동을 창도한 대표적인 사람이었고, 사회에서 높은 위엄과 명망을 갖고 있었다. 그는 중국과 서방을 배우고 새로운 관념, 새로운 사상, 새로운 방법을 퍼뜨려 많은 학생들과 청년들의 환영과 옹호를 받았다. 채원배는 그를 "낡은 학문에 깊고, 새 지식에 깊은" 사람이라고 치하하였다. 당시 마오쩌동도 호적을 숭배했다. 소삼(蕭三, 시인)은 《1918년 북경과 천진에서의 모 주석》이라는 글에서 이렇게 말했다. "당시의 문화계 명인들은 다 북경에 모여 있었다. 모 주석은 그들을 숭배하였다.

호적의 글에 대해 마오쩌둥은 진지하게 읽고 연구하였다. 예를 들면 《문학개량추의》는 그에게 깊은 인상을 남겼다. 호적은 글을 지으려면 "있는 것에 대해 말하고" "병 없는 신음을 내지 않으며" "썩어빠진 틀에 박힌 말을 버리고" "백성들의 글자와 언어를 피하지 않는다" 등의 견해를 제시하였는데, 25년 후에 마오쩌둥도 그 유명한 《당팔고를 반대한다》고 하는 연설에서 이를 다시 한 번 강조하였다. 마오쩌둥은 또 철학문제들에 대해서도, 예를 들면 중국과 서방의 학술관계와 실험주의 철학 등에 대해 호적에게 가르침을 청했고, 그 자리에서 가르침을 받은 적도 있었다. 그는 또 호적이 묵자 철학, 실험주의 철학 등을 강연하는 것을 들은 적도 있었다. 호적이 북경대학에서 한 '실험주의'에 관한 강연은 그가 실험주의를 체계적으로 소개함으로써 학술계에 커다란 영향을 끼친 중요한 강연이었다. 당시 마오쩌둥도 그의 실험주의에 관한 강연을 통해 많은 영향을 받았다고 했다. 그는 실험주의를 하나의 사상적 신사조라고 여기고, 기존의 봉건독재주의사상에 저항할 수 있는 것은 '실험주의'밖에 없다고 지적하였다.[84]

5. 4운동 시기 호적과 마오쩌둥은 구세력을 공격한 전우였다

진독수와 호적은 당시 매우 유명한 잡지인 《매주평론》을 발행하고 있었는데, 이 잡지가 마오쩌둥에게 미친 영향은 매우 컸다. 그는 《상강평론》에 대해 "이 잡지는 이름에서부터 서술 경향에 이르기까지, 또 형식에서 내용에 이르기까지 나에게 상당한 영향을 주었다"고 말했을 정도였다. 호적에 대해서도 《상강평론》 못지않게 그를 존경했다.

---

84) 1919년 7월 4일, 《상강평론 창간선언》

호적은 《상강평론》의 형님 격인 《매주평론》 제36호(1919년 8월 24일 출판)에 발표한 "새 출판물을 소개한다(介紹新出版物)"라는 글에서, "지금 새로 출간되고 있는 주보(周報)와 소일보(小日報)는 수량이 많아졌다. 북으로는 북경에서부터 남으로는 광주까지, 동으로는 상해, 소주로부터 서로는 사천에 이르기까지 이런 새로운 신문이 없는 도시가 거의 없다. ……여기에다 새로 보태진 두 동생을 특별히 소개하고자 하는데 하나는 장사(長沙)의 《상강평론》이고, 다른 하나는 성도(成都)의 《일요일(星期日)》이라는 잡지이다"라고 했다. 호적은 마오쩌둥이 쓴 《민중대연합》이라는 글을 특별히 칭찬하였다. 그는 "《상강평론》 제2, 3, 4기에 실린 《민중대연합》이라는 이 대 문장은 안목이 원대하고 논조 또한 통쾌하다. 실로 오늘날 눈여겨보아야 할 중요한 글이다"라고 평했던 것이다. 마오쩌둥의 이 글에는 여성해방론에 대한 관점도 포함하고 있었는데, 그 내용이 호적이 주장하는 것과 일치했던 것이다. 이러한 상황으로부터 5.4운동시기에 이들 두 사람은 한 전선의 참호 속에서 구세력을 향해 맹공격한 전우였음을 알 수 있는 것이다.

유학(留學)을 반대하고 국내에서의 인재양성에 동조한 두 사람

1919년 12월, 호남 독군 장경요(張敬堯)를 쫓아내는 탄원서를 제출하기 위해 마오쩌둥은 호남 각계의 장경요에 대해 반대하는 대표단을 거느리고 북경에 가서 3개월 남짓 머물렀다. 이 시간에 그는 호적과 접촉이 있었는데, 후에 에드가 스노우와 회견할 때 당시의 일에 대해 "그때 나는 호적도 만났다. 나는 그를 찾아가 호남학생들의 투쟁에 대한 그의 지지를 얻으려 했다"고 했다. 1920년 3월 14일 마오쩌둥은 주세교(周世釗)에게 보낸 편지에서도 그가 호적과 담화했던 일부 내용을 말했다. 그 내용이란 그때 많은 사람들이 열심히 출국하여 유학하고자 하였는데 마오쩌둥은 유학만이 능사가 아니라고 생각하고 호적과 유학의 득실에 대해 토론하였던 것이다. 마오쩌둥은 편지에서 주세교에게 이렇게 말했다. 곧 "나는 호적지(胡適之)와 여소서(黎邵西) 두

분에게 물었고 그들은 모두 나의 의견이 맞는다고 했으며, 호적지는 이를 위해《비유학편》이라는 글까지 썼다"고 했던 것이다.[85]

이《비유학편》은 1914년 1월에 출판한《미구유학생연보(留美學生年報)》제3호에 실렸는데, 여기서 그는 "국립대학을 설립하여 인재를 양성하는 곳으로 하여야 한다"고 주장하였던 것이다. 즉 "한 나라에 고등학문을 교육받을 수 있는 곳이 없다면, 비록 문명이 있었더라도 그 문명은 몰락하고 말 것이다. 수입한 문명 또한 자국에 적용할 수는 없는 것이다. 왜냐하면 그것은 본국 인사들의 단련을 통해 다져진 것이 아니기 때문이다"라고 하면서 "본국에서 좋은 대학을 세운다면 모두 다 출국하여 배울 필요가 없다"고 했다. 또 학교를 설립하는 문제에 대해서 호적은 "중국 고대의 서원이 자아수양과 연구를 중시하였는데 그 정신이 당시의 교육계에 채용할 수 있다"고 생각하였는데, 이 생각은 오랫동안 마오쩌동을 끌어들였던 것이다.

같은 편지에서 마오쩌동은 또 주세교에게 그가 일찍 호적과 자수대학(自修大學)을 창립할 계획을 논한 적이 있다고 알려주었다. "나는 우리가 장사(長沙)에서 새로운 생활을 창조하여 동지들을 불러 모아 뭉쳐서 집을 하나 세 내어 자수대학을 만들려고 생각하였다.(이 자수대학이라는 이름은 호적지 선생이 지은 것이다) 우리는 이 대학에서 공산(共産)의 생활을 실행하고자 했다. 이 조직은 '공독호조단(工讀互助團)'이라고도 부를 수 있다." 여기서 호적은 마오쩌동이 세우려는 '공독호조단'에 대해 찬성하고 지지해 주었으며, '공독호조단'을 '자수대학'이라고 그 이름까지 고쳐주었음을 알 수가 있다. 후에 마오쩌동 등은 정말로 장사에서 '자수대학'을 세웠으며, 이는 사회에서 강렬한 반향을 일으켰다. 당시《신교육》,《교육신간》,《신시대》등 잡지들은 모두 이 일에 대한 평론을 발표하기도 하였다.

---

85) "나는 학문을 '어떤 곳에서' 구해야 하는지 별 필요성을 느끼지 못했다. '서양으로 가야 한다'고 말들을 하나 그렇게 말하는 사람들은 '갈피를 못 잡아서 그러는 것'이라고 생각된다. 중국에는 서양에 가본 사람이 기껏해야 몇 만에서 몇 십만밖에 되지 않는다. 그러나 그들 중 좋은 사람은 너무 적다. 대부분은 흐리멍텅하고 이상야릇한 사람들이다. 나는 일찍이 이 문제에 대해 호적과 여소(黎邵) 두 분께 물었고, 그들은 모두 나의 의견이 맞는다고 했으며, 호적은 이후《비유학편(非留學篇)》이라는 글을 썼다. 그리하여 나는 출국하지 않고 국내에서 각종 학문의 중요한 강령들을 연구하자고 생각하였다."《毛澤東早期文庫》, 湖報出版社, 1990.

1920년 7월 9일, 마오쩌동은 또 호적에게 편지를 한 통 썼다. 즉 "선생님, 상해에서 편지를 보냈는데 도착했는지요? 저는 그저께 호남으로 돌아왔습니다. 호남은 장경요가 떠난 후로 기상이 일신하여 교육계는 활기로 차있습니다. 장차 호남에서 행하여질 많은 일들에 선생의 힘을 빌리고 싶습니다. 때가 되면 상세하게 말씀드리기로 하고 오늘은 더 이상 번거로움을 드리지 않겠습니다. 편안하시기를 바랍니다"고 썼던 것이다. 이 편지의 친필원고는 아직 보존되어 있다. 이 짧은 편지를 통해 마오쩌동이 호적에 대해 당시까지는 매우 존중하고 신뢰했음을 알게 해준다.

글로써 나라에 보답하고자 했던 호적

호적은 일생을 "백화문(白話文)의 포교자"로 자처하였는데 사실이 그러하였다. 《상시집(嘗試集)》은 중국현대문학사에서 첫 번째 백화신시집이며, 《종신대사(終身大事)》는 첫 번째 백화문으로 쓴 산문극본이며, "문화혁명"이라는 구호는 노신이 아니라 호적이 가장 먼저 제기했던 이름이다. 호적은 또한 "공가점을 타도하자(打倒孔家店)"라는 구호를 가장 먼저 제기하였으며, 예의, 절개, 효도에 대한 비판문장들 중에는 어떤 것은 호적이 먼저 발표하고 노신이 후에 발표하였고 때로는 그 반대이기도 했는데, 이러한 상황은 마치 부르고 화답하는 관계인 듯하였다. 그밖에 중국철학사, 사상사를 연구하고 정리하는 방면에서, 중국고전소설의 고증과 고대사를 연구하는 방면에서, 호적은 모두 개척적인 공헌을 하였다. 그가 일생동안 받은 명예 박사학위는 35개나 되었다. 이것은 세계적으로도 매우 드문 일이었다. 호적은 자신을 '자유신(自由神)'이라고 자칭하기도 하였다. 1929년 그는 '인권문제'에 대해 토론하는 모임을 발기하여 국민당의 '당치', '인치'를 대담히 비판하면서 '법치'를 실행할 것을 호소하였다. 그는 주미 대사로 있을 때는 항일(抗日)을 하는데 필요한 자금을 모으기 위해서 여러 곳으로 순회강연을 하기도 하였다. 1942년 상반기 4개월 동안에만 강연을 백 여 차례 했는데, 이는 거의 매일 한 차례씩 하였다는 것을 말해준다. 그 결과 그는 과로로 인해 심장 발작을 일으켜 병원에 입원하기도 하였다. 청년시기의 호적은 《잠자는 미인의 노래(睡美人歌)》를 써서 서방의 '신제품'을 배워 조국의 빈궁하고 낙후한 면모를 개혁시켜 중화민족을 진흥시키고 부강케 하여 세계민족들 가운데서 함께 살아갈 수 있도록 자립할 수 있게 되기를 희망하였다. 그는 미국에 유학을 가서 "서방에서 나라를 고치는 방법을 얻기를 바랐다." 그는 도데의 《마지막 수업시간(最後的一課)》, 바이론의 《그리스를 슬퍼하는 노래(哀希臘歌)》를 중국에 번역 소개하였다. 그는 농사짓는 것을 그만두고 글쓰기에만 종사하면서 "글로써 나라에 보답하기로" 작심했다. 이런 것들은 모두 그가 서양의 지식을 학습하여 중국민족을 일깨우려는 사상에 심취해 있었음을 보여준다. 비록 그는 후에 장개석을 따라 '도강한 졸병(過河卒子)'이 되었지만, 그는 죽을 때까지도 국민당에 가입하지는 않았다.

선천적 반마르크스 주의자 호적

만년에 대륙을 떠나 대만으로 피신한 호적은 뇌진(雷震) 등과 함께 《자유중국》을 세우는 일을 주도했고, 한편으로는 공산당에 반대하면서 동시에 언론의 자유를 외치며 대만당국에 대해 압박을 가하는 것에 반대하였다. 5. 4운동 후기부터 호적은 마르크스주의를 반대하고 개혁하는 입장을 견지하였기 때문에, 점차 중국 대륙의 공산혁명과는 대립각을 세울 수밖에 없었다.

처음 호적이 마르크스주의에 대해 반대하는 경향을 나타냈던 것은 실은 5.4운동 초기부터였다고 하겠다. 1919년 7월, 호적은 《매주평론》 제31호에 《문제를 많이 연구하고 '주의(主義)'를 적게 말하자》라는 글을 발표하였다. 듣기 좋은 '주의'를 공론화하는 것은 고양이나 개도 할 수 있고 앵무새와 소리를 내는 기계라면 모두 할 수 있는 매우 쉬운 일이라고 여기며, 밖에서 수입한 '주의'를 공론하는 것은 쓸데없는 일이라고 생각했다. 심지어 호적은 종이 위에 쓰여 있는 '주의'에 기울어지는 것은 매우 위험하다고 생각했다. 그러나 입버릇처럼 한 그의 이 말은 무료한 정객들에게 쉽게 이용되어 여러 사람들을 해치는 작용도 하였다. 왜냐하면 "밖에서 수입한 주의"가 무엇을 가리키는 것인지? 분명하게 말하지 않았기 때문이다. 그는 다만 사회문제를 근본적으로 해결하기 위해 "주의를 말하는 것에 반대한다"고 말하면서, 사회문제를 해결하려면 '주의'를 논하기보다는 사람들의 생계문제, 여성해방문제 등을 연구해서 풀어야 한다고 주장했다.

그러나 이러한 그의 말에 대해 사람들은 모두 호적이 반대한 것은 "근본적인 해결을 주장하는 마르크스주의를 반대한 것"이라고 이해하였다. 이 점을 호적 자신도 나중에는 인정하였는데, 만년에 대만에서 낸 《호적구술전서》에서 "이 문제와 '주의' 사이의 싸움"은 "나와 마르크스주의자 간의 첫 번째 충돌이었다"고 구술했던 것이다.

호적을 끝까지 자신의 '본보기'로 삼았던 마오쩌둥

1923년, 마오쩌둥은 《신시대》 창간호(1923년 4월 10일 출판)에 《외력, 군벌과 혁명》이라는 글을 발표하여, 국내 각파 세력을 혁명하겠다는 민주파, 혁명을 하지 않겠다는 민주파, 반동파 등 세 파로 나누었다. 그는 호적 등 '신흥자산계급'을 "혁명을 하지 않는 민주파"에 귀납시키고, 그들이 혁명을 하겠다는 파와 합작할 수 있을 것이라고 생각하였다. 그러다가 1949년 이후 호적은 반동파로 인정되었으며, 유평백(劉平伯)의 홍루몽 연구를 비판하면서 문화학술계에서는 호적에 대한 비판을 전개하기 시작했다. 지금에서 보면 어떤 비판은 너무 직선적이고 조악하고 폭력적이기도 했다. 상황이 이렇게 변해가자 마오쩌둥도 당연히 그와 서로 다른 길을 가게 되었다. 그러나 1936년에 이르러서도 마오쩌둥은 의연히 외국기자에게 그가 청년시기에 호적을 '본보기'로 삼았음을 솔직하게 인정하였는데,[86] 이것은 마오쩌둥이 인물을 평가함에 있어서 객관적이고 공정하며, 역사적이고 변증법적이며, 전면적이었음을 설명해 준

---

86) "《신청년》은 유명한 신문화운동의 잡지이며 진독수가 주필이었다. 나는 사범학교에서 공부할 때부터 이 잡지를 읽기 시작하였다. 나는 호적과 진독수의 글을 매우 숭배하였다. 그들은 내가 포기한 강유위와 양계초를 대체하였으며 한동안 나의 본보기가 되었다.("李銳, 《毛澤東早年讀書生活》, 遼寧人民出版社, 1992.)

다고 하겠다. 이런 면모는 마오쩌둥은 만년에 《홍루몽》을 읽을 때에도 호적이 색은파(索隱派, 숨은 진리를 찾아내려는 파로, 역사적으로 고증하자는 고증파와 대별됨)의 관점을 비판한 것은 비교적 정확한 것이라고 평했던 것에서도 알 수 있다.

호적에 대한 평가는 양 진영의 시각에 따라 확연히 갈리는데, 이러한 평가는 이미 역사의 낡은 흔적이 되었으며, 이는 후인들의 거울이 되고 있다. 호적의 학술성취는 이미 중국인들의 마음속에 민족문화유산으로 인식되고 있기에 그의 학술적 가치는 없어지지 않을 것이며, 이러한 점을 마오쩌둥은 이미 통찰하고 있었던 것이다.

곽말약郭沫若, 궈모뤄
중국인에게 역사가 무엇인지를 가르쳐 준 친구

곽말약의 선물한 시계를 평생 차고 다녔던 마오쩌동

곽말약은 백과전서 식의 인물이었다. 혁명에 일찍 참가하였으며 마오쩌동과 일찍부터 서로 알고 지냈으며 우정 또한 깊었다. 그의 문장은 대단히 훌륭하여 혁명과 문화에 대한 공적이 매우 컸건 인물이었다. 역사에 대한 탐구로부터 시사를 서로 주고받는 데에 이르기까지 마오쩌동은 그와 많은 면에서 교제를 했다. 그만큼 마오쩌동에 있어서 곽말약은 학술적으로 매우 높이 평가했던 인물이었으며, 그가 이룬 업적에 대해서도 큰 기대를 갖고 있었던 인물이었다.

곽말약은 세계적으로도 이름 있는 역사학자, 작가, 시인, 고고학자이며 사회활동가였다. 마오쩌동은 그와 1920년대에 서로 알게 되었는데, 당시는 제1차 국공합작시기로 마오쩌동은 국민당의 선전부 대리부장을 맡고 있었고, 또한 제6기 광주농민운동강습소의 일을 주관하고 있었다. 1926년 곽말약은 북벌전쟁에 참가하여 국민혁명군 총 정치부 주임을 맡았으며 후에는 8.1남창봉기에도 참가하였다. 중국공산당에 가입했던 그는 1928년 국민당의 수배자가 되는 바람에 일본에 망명하여 역사연구와 글쓰기에 매진하게 되었다. 항일전쟁이 폭발한 후 곽말약은 귀국하여 주은래의 직접적인 영도아래 중경에서 항일구국운동을 하였다. 항전에서 승리한 후, 마오쩌동은 중경에 와서 장개석과 평화담판을 하였는데, 이때 곽말약과 다시 한 번 만날 수 있었다. 그때 그는 마오쩌동이 사용하는 회중시계가 낡은 것을 보고 자신이 차고 있던 시계를 마오쩌동에게 선물했다. 마오쩌동은 이 선물을 매우 소중히 여겼으며, 여러 차례 신변 근무요원들에게 이 일을 이야기하면서 이 시계는 잃어버려서는 안 되며, 다른 사람이 가져가게 해서도 안 된다고 말하곤 하였다. 이 시계는 수리한 적도 있고 시계 줄도 바꾸었지만 마오쩌동은 생전에 줄곧 휴대하였다.

곽말약의 작품을 높이 평가했던 마오쩌동

곽말약은 학식이 해박하고 재능이 많았으며 노신의 뒤를 이어 중국문화계에 나타난 또 하나의 빛나는 인물이었다. 오랜 기간 마오쩌동은 곽말약과 일에서만 합작한 것이 아니라 사적인 교류도 많았다. 두 사람은 자주 왕래하며 학술문제에 대해 토론하고 고금의 역사문제에 대해 담론하는 등 매우 밀접한 관계를 유지했고, 한편으로는 시와 사(詞)로써 화답하고, 독서와 창작물에 대한 소회와 체험 등을 교류하는 등 막역하게 지냈다. 곽말약이 저술한 작품을 마오쩌동은 매우 중요시하고 사랑했다. 곽말약의 《역사인물》, 《청동시대》, 《노예제시대》, 《10비판서》, 《중국사고》 등 역사물 저서, 역사 희곡 및 문학작품 등을 모두 수장하였으며, 틈나는 대로 읽고 중요한 곳에 동그라미 표시를 했다. 곽말약도 허심탄회하게 마오쩌동에게서 배우기를 즐겨하였고, 마오쩌동을 존중하였으며, 늘 자신의 작품을 마오쩌동에게 보내 잘못된 부분에 대해 가르침을 받곤 하였다.

항전시기 중경에서 곽말약은 《호부(虎符)》, 《굴원》, 《산앵두나무꽃(棠棣之花)》 등 유명한 역사 희곡 작품들을 써서 역사인물과 이야기를 빌어 애국주의를 선전하고, 혁명에 임하는 인민들의 투지를 찬양 격려하였으며, 국민당 보수 반동파의 매국적인 투항정책과 진보적인 항일역량을 박해한 행위를 폭로하여 대중들로부터 대대적인 환영을 받았다.

곽말약은 그가 1942년에 창작한 《호부》의 극본을 연안에 있는 마오쩌동에게 보낸 적이 있었다. 《호부》는 전국시기 위나라의 신릉군(信陵君)과 안리왕(安釐王)이 총애하는 여자 여희(如姬)가 부(符, 官印)를 훔쳐 조(趙)나라를 구하는 이야기를 토대로 구성한 작품인데, 이를 통해 애국주의를 선전하고 국민당의 반동적 행위를 비평했던 것이다. 1944년 1월 9일, 마오쩌동은 곽말약에게 편지를 써서 그가 한 일을 찬양하였다. 편지에는 이렇게 쓰여 있었다. "《호부》를 받았습니다. 전 편을 읽고 심히 감동을 받았습니다. 형님은 유익한 혁명적 문화사업을 너무 많이 하셨습니다. 축하드립니다." 이러한 마오쩌동의 편지는 곽말약에게 엄청난 힘이 돼 주었던 것이다.

"승리한 후의 부패는 패배를 의미한다"는 곽말약의 교훈을 되새기다

1944년 3월, 이자성(李自成)의 봉기에 의해 명나라 왕조가 무너졌는데, 이날이 멸망한 지 300년이 되는 날이었다. 이 날을 기념하기 위해 곽말약은 그의 유명한《갑신300년제(甲申三百年祭)》를 발표하였다. 전체 문장은 약 19,000자에 이르렀다. 이 글은 명나라 말기의 정치경제 형세와 명나라 멸망의 역사적 필연성을 서술하였으며, 이자성이 영도하는 농민봉기군이 여러 차례 위기를 극복하며 북경을 공략하여 명나라를 전복시킨 후, 다시 실패하게 되는 과정과 원인을 분석한 글이었다. 이 글은 명나라 말기와 청나라 초기 이래 국민당의 어용사학가들이 크게 선전했던 "이자성은 평생을 떠돌았던 도적이고, 숭정 황제는 당대에 따를 자가 없는 명군이었다"고 하는 관점을 뒤엎고, 이자성이 영도한 봉기군은 "규모가 큰데다 오랜 세월 동안 치른 농민전쟁"이라고 평하면서, 농민혁명은 역사를 전진케 하는 동력이라는 유물론적 역사관을 창조적으로 천명했던 것이다.《갑신300년제》의 또 다른 가치는 의군(義軍)이 북경을 공략한 후 몇몇 수령들이 부패하여 종파적 투쟁이 일어났던 상황을 서술하여 그 성공과 패배의 침통한 교훈을 종합하고, 이를 토대로 혁명에 참가한 계급 혹은 사회집단이 승리하였을 때는 반드시 교만해지는 것을 방지하는데 총력을 기울여야 한다는 매우 중요한 역사적 경험을 제시했던 것이다.

《갑신300년제》가 발표된 후 이 글은 매우 신속하게 연안에 전해졌고, 이는 곧바로 마오쩌동과 중공중앙으로부터 고도로 중시되었으며, 이자성 봉기군의 성패의 경험과 교훈은 전 당원들에게도 전해주어야 할 가치가 있는 글이라고 인정했다. 《갑신 300년제》가 서술한 이자성 봉기군이 북경에 들어간 후 몇몇 수령들이 부패하여 변방을 공고히 하는 것에 주의를 기울이지 않았고 정책과 책략을 강구하지 않아 대중으로부터 이탈해 갔으며, 잠재적인 위험성이 존재하고 있음을 잊어버린 것 등은 곧 북경으로 들어가려는 중국공산당에게는 경종을 울리는 계기가 되었는데, 곧 이자성 군대와 같은 일이 발생하기 전에 미리 방지할 수 있는 경각심을 주었던 것이다. 그렇게 판단한 당 중앙은 이 글을 한창 전개하고 있던 정풍운동의 학습 자료로 사용했다. 1944년 11월 21일 마오쩌둥은 곽말약에게 편지를 써서 다음과 같이 말했다. 즉 "당신의 《갑신3백년제》를 우리는 정풍문서로 간주하기로 했습니다.

당신의 이 사론과 사극은 중국인민들에게 매우 유익한 것이며, 이러한 글은 많으면 많을수록 좋다고 봅니다. 당신이 말한 그 정신은 절대로 잊지 않을 것입니다"라고 찬양하였던 것이다.[87]

한편 이 편지에서 마오쩌둥은 자신의 속마음을 토로하기도 하였다. 즉 "작은 승리에 자만하게 되면, 큰 승리를 거두었을 때는 더욱 자만하게 될 것이며, 그렇게 되면 계속해서 큰 손해를 보게 될 것입니다. 어떻게 이런 병폐를 피할 것인가에 대해 실로 주의를 기울일 필요가 있다고 봅니다. 따라서 만일 당신의 그 훌륭한 글 솜씨로 태평군의 경험을 쓴다면 매우 유익할 것입니다. 그렇지만 당신을 너무 피로하게 할 것 같아 감히 정식으로 제의하지는 못하겠습니다. 요즘 《반정전후(反正前後)》를 읽었는데 내가 그때 호남에서 겪은 것과 거의 꼭 같습니다. 성숙하지 못한 자산계급혁명은 그렇게 끝장을 볼 수밖에는 없는 것입니다. 이번의 항일전쟁은 성숙된 것이고, 국제

———————
87) "말약 형남: 무창(武昌)에서 헤어진 후 하루 종일 일에 파묻혀 책을 읽고 연구할 시간이 없었습니다. 그러므로 당신의 성취가 부럽습니다. 당신의 《갑신 3백년 제》를 우리는 정풍문서로 간주하고 있습니다. 작은 승리로 자만하면 큰 승리를 더욱 자만하게 되며, 한 번 또 한 번 손해를 보게 됩니다. 어떻게 이런 병적 요소를 피할 것인가에 대해 주의를 기울일 필요가 있습니다. 만일 그 훌륭한 글 솜씨로 태평천국군의 경험을 쓴다면 매우 유익할 것입니다. 그렇지만 당신을 너무 피로하게 할 것 같아 감히 정식으로 제의하지는 못하겠습니다. ……당신의 사론과 사극은 중국인민에게 매우 유익합니다. 많으면 많을수록 좋습니다. 당신의 정신은 절대로 헛되지 않을 것입니다. 계속 노력해주시기를 희망합니다. 주은래 동지가 도착한 후 근간의 상황을 잘 알게 되었습니다. 우리는 모두 당신과 만나고 싶습니다만 언제 기회가 있을까요? 건강하시고 즐거우시기를 기원합니다! 마오쩌둥 올림. 1944년 11월 21일 연안에서" 《모택동서신선집》, 인민출판사, 1983.

환경도 좋으므로, 국내에서 우리가 노력하기만 하면 좋은 결과를 얻을 것입니다. 그렇더라도 나는 조그마한 과오라도 생길까봐 조심스럽게 일하고는 있지만, 과오는 어디에서 튀어나올지 모릅니다. 그렇기 때문에 만일 당신이 우리가 하는 일에서 어떤 착오나 결점을 보게 되면 수시로 알려주기 바랍니다"라고 자신이 바라는 바를 그에게 전하기도 했던 것이다.

마오쩌둥의 이러한 편지는 곽말약이 이루어 놓은 성과를 높이 찬양한 것이었으며, 그에게 얼마나 친절하고 겸손해 하면서 진지하게 대했는지를 보여주는 것이었다. 다시 말해서 곽말약에 대한 마오쩌둥 개인의 정리(情理)도 표현했던 것이고, 또 혁명 사업에 대해 의견을 구하기도 했던 것이며, 그러한 곽말약의 의견에 대해 감격해 하면서 희망도 갖고 있었음을 말해주었던 것으로, 당시의 모든 사람들에게 그의 견해가 가르침이 되기를 바랐던 것이다.

승리하면 교만해지고 그로부터 손해를 보는 잘못을 피하기 위해 마오쩌둥은 시종 명석한 두뇌를 움직였던 것인데, 그러한 그에게 곽말약은 언제나 그의 마음을 사로잡는 지혜를 제공해 주었던 사람이었다. 그리하여 그는 부단히 전 당에 대해 교만하지 말고 겸허히 행동하고 부지런하게 업무에 충실하며 부패해서는 안 된다고 하면서, 이러한 마음가짐을 영원히 유지해야 한다고 호소하였던 것이다. 1949년 3월 23일, 서백파(西柏坡)를 떠나 북평으로 갈 때 마오쩌둥은 다른 중앙의 지도자들에게 "오늘은 북경에 '시험을 치러' 들어가는 것입니다"라고 말했다. 주은래가 옆에서 듣고 있다가 곧바로 말을 받아서 "우리는 모두가 다 시험에 합격해야 합니다. 물러나지는 말고요"라며 맞장구를 쳤다. 그러자 다시 마오쩌둥이 "물러난다는 것은 곧 실패하는 것입니다. 우리는 결코 이자성과 같이 되어서는 안 될 것입니다"라고 말했는데, 이러한 마음가짐은 모두가 곽말약의 글 속에서 얻어진 교훈을 토대로 한 것이었다.

곽말약은 학자풍의 역사학자였고, 마오쩌둥은 정치가형의 역사학자였다고 볼 수 있는데, 이러한 두 사람의 지혜가 합쳐져 중국의 신민주주의혁명이 승리를 하는데 힘이 되었음은 두 말할 필요가 없는 것이다.

풍우란馮友蘭, 평여우란
공자를 존경하다 공자를 차버린 관념론자

국학을 배우지 않으면 그 어떤 배움도 소용이 없다

박근혜 대통령이 지난 2007년 《월간 에세이》에서 풍우란(馮友蘭 1895-1990)의 《중국철학사》를 읽고 힘겨웠던 시절 마음의 평화를 되찾았다고 했었다. 대학시절에 전자공학도였던 그녀가 시련기에 그 방대한 분량에 내용도 난해한 철학사를 독파했다는 점에 사람들은 열광했지만, 한편으로는 그의 처절한 심경을 생각하여 측은해 하기도 했다. 2013년 6월 말 그 책의 저자가 큰 스승으로 인정받는 나라에 국빈자격으로 방문하게 되자 나라 안팎에서, 특히 중국의 지도자와 국민들은 이를 거론하면서 각별한 호의를 보였다. 한국의 문화적 위상을 높였다는 점에서 흐뭇하기도 했지만 중국과 한층 더 가까워 진 듯한 느낌은 국가적으로도 대단한 외교성과였다.

풍우란은 1918년 북경대를 졸업한 뒤 미국 컬럼비아대학에서 존 듀이의 지도로 철학박사가 된 후 광동대학, 청화대학, 북경대 등에서 교수생활을 한 인물이다. 그는 1929년 「중국철학사」의 제1편인 〈고대철학〉을 완성해 1931년 출판했고, 1934년 제1편을 〈자학(子學)시대〉로 고쳐 제2편 〈경학(經學)시대〉와 함께 냈다.

제1편은 공자에서부터 회남왕까지의 자학시대를 다루면서 유가와 노장사상 등을 다뤘으며 동중서에서 강유위까지의 제2편 〈경학시대〉는 남북조시대의 불학과 주자학, 청대의 도학과 금문도학 등을 짚었다.

이 책에서 풍우란은 매 장마다 시대와 대표적 유파를 내걸고 그 나름의 독특한 개념으로 철학사의 추이를 정리하며 기준에의 접근 정도를 평가했다. 풍우란은 당시 일본과의 전쟁, 그리고 아편전쟁이래로 서구 열강에 유린당함으로써 중화(中華)의 상처 난 자존심을 염두에 두고 중국철학 정신의 부활을 꿈꾸면서 써 내려갔기 때문에, 이 책에는 바람을 일으켜 불길을 크게 번지게 하려는 기운이 들어있다. 이 책에서 그는 고명(高明)이라고 하는 초월적 가치와 중용(中庸)이라고 하는 일상적 가치를 간극 없이 조화하려는 것에 철학의 목표가 있다고 주장했다.

그러나 풍우란은 사회주의정권 수립으로 박해를 받아 가장 왕성하게 활동을 할 수 있는 시기를 무위로 보낸 뒤 등소평 시대에 해금돼 「중국철학사 신편」을 완결했다. 그는 "국학을 제대로 배우지 않으면 그 어떤 것을 배워도 소용없다"는 아버지의 신념을 그대로 실천해 중국철학의 학문적 토대를 구축한 인물이었던 것이다.

낡은 사상에서 새로운 사상으로 전환하겠다는 각오를 마오쩌둥에게 전하다

풍우란은 저명한 철학사가, 철학가, 교육가로서 처음에는 공자를 존경했으나 후에는 공자를 비판하는 등 고대 봉건사고를 버리고 새로운 시대에 편승하기 위해 사상개조를 하였지만, 그의 사상을 끝까지 바꿀 수는 없었던 인물로 항상 관념론자로서 마오쩌둥의 지적을 받아야 했다. 그러한 인식은 그의 독창적인 학문체계에 의해 쓴 《중국철학사신편》에 잘 나타나 있다. 이 책은 한국에는 아직 번역 출판되지 않았고, 대신 그가 30대 초반에 쓴 《중국철학사》가 번역되어 출간된 상황이다.

이처럼 한때를 떠들썩하게 만든 풍우란이라는 인물은 국내외에서 높은 지명도를 자랑하는 중국의 대표적인 학자였다. 그러나 시대의 변화를 비켜갈 수는 없었다. 중화인민공화국개국 선포식 전례 행사 전야에 많은 유명한 대학교수들이 마오쩌둥에게 편지를 보내 "낡은 사상을 버리고 새로운 사상을 배우겠다"고 결심한 바를 전했는데, 당시 청화대학에서 교수를 맡고 있던 풍우란도 1949년 10월 5일 마오쩌둥에게 편지를 보냈던 것이다. 그 편지의 대의는 자신이 과거에 봉건철학을 강의하면서 국민당을 도와주었는데, 지금은 사상을 개조하여 마르크스주의를 배우고 5년 이내로 마르크스주의적 관점과 방법으로 중국철학사를 다시 쓰겠다는 것이었다.

8일 후 풍우란은 마오쩌동으로부터 답장을 받았다. 편지에는 이렇게 쓰여 있었다.

우란선생:

10월 5일 보내온 편지를 잘 읽었습니다. 우리는 사람들이 진보해 나가는 것을 환영합니다. 당신과 같은 사람들이 과거에 착오를 범한 적이 있으나 지금 그 착오를 고치려고 하는데, 만일 이를 실천할 수만 있다면 매우 좋은 일입니다. 너무 급히 서두르지 말고 천천히 고쳐도 됩니다. 다만 성실한 태도를 취하는 것이 좋겠습니다. 삼가 경의를 표합니다!

마오쩌동

10월 13일

풍우란은 마오쩌동이 이렇게 빨리 그에게 답장을 보내오리라곤 생각지도 못했다며 매우 기뻐했다. 그러나 편지에서 "성실한 태도를 취하시는 것이 좋겠습니다"라는 말에 대해서는 잘 이해하지 못했고, 심지어 반감마저 있었다고 후에 회고했다. 그는 마음속으로 도대체 무엇을 성실한 태도라고 할 수 있는 것인지, 그리고 또 자신이 성실하지 않다는 것인지 등을 고민했었다고 했다.

풍우란의 학술을 존중하다

그 얼마 전에 마오쩌동은 최고 국무회의에서 《인민 내부의 모순을 정확히 처리하는 문제에 관하여》라는 보고를 하였다. 풍우란은 전국 정치협상회의의 위원이었으므로 그 회의에 참가하였다. 그는 마오쩌동이 연설을 할 때 연설원고도 들지 않은 채 평소에 말하는 것처럼 자유자재로, 때로는 익살도 섞어가면서 말하는 것을 보면서 소식(蘇軾)의 "담소하는 사이에 돛대와 노가 재가 되어 날리며 연기처럼 사라졌다

(談笑間, 檣櫓恢飛煙滅)"라는 사(詞)가 생각났고, 또 두보의 "군사를 지휘함에 이미 확고히 정해진 듯 소하와 조참이 견줄 수 없었다네(指揮若定失蕭曹)"고 하는 시구가 생각났다고 했다.

당시 풍우란은 《중국 철학 유산의 계승문제》라는 글을 발표한 적이 있었는데, 공자의 "배우고 때로 익히면 또한 즐겁지 아니한가(學而時習之 不亦悅乎)"라는 구절에 대해 새로운 의견을 발표하였다. 얼마 후 그는 중공 전국선전업무회의에 초청을 받아 참석하게 되어 분임 토론을 할 때, 풍우란은 마침 마오쩌둥과 같은 조가 되어 마오쩌둥을 만날 수가 있었는데, 이 분임회의가 마오쩌둥의 거처에서 열리게 되어 풍우란이 마오쩌둥의 집에 들어서자 마오쩌둥이 그를 보면서 "배우고 때로 익히면 또한 즐겁지 아니한가!"라고 말했는데, 이는 그가 자신이 쓴 글을 보았다는 것을 의미하는 것이었기에 두 사람은 서로를 쳐다보면서 회심의 웃음을 지었었다고 했다.

회의가 끝날 때 마오쩌둥은 풍우란의 손을 잡으면서 "백가쟁명에 대해 잘 좀 말해주십시오. 당신은 바로 이 방면에서 일가를 이루지 않았습니까? 당신이 쓴 것이라면 나는 다 봅니다"라며 부탁하였다고 한다.[88]

마오쩌둥의 자신에 대한 평가가 여전히 애매모호한 가운데 두 사람의 관계는 가까워 진 듯했다. 그러나 마오쩌둥은 그를 철학자로써 높이 평가는 했지만 여전히 그의 관념론적 사고를 못마땅해 하는 점이 있었고, 풍우란 또한 자신의 학술 태도를 근본적으로 바꾸려 하지는 않았기에 내심으로는 여전히 경계하지 않으면 안 되는 두 사람의 관계였다. 그러나 문화대혁명이라는 거대한 정치적 소용돌이가 일어나기까지 두 사람의 관계는 존중하는 마음으로 일관되었다.

---

88) "백가쟁명 속에서 당신(풍우란)은 일가를 이루지 않았습니까? 당신이 쓴 것을 나는 다 봅니다."〈1957년에 전국선전업무의에서 풍우란과의 담화〉, 陳薇主編, 《毛澤東与文化界名流》, 國社會科學出版社, 1993.

자신에게 친근감을 표한 마오쩌동에 감격했던 풍우란

1964년 전국 정치협상회의 대회가 열렸다. 이때 풍우란은 그가 쓴《중국철학사신편》을 쓴 상황에 대해 발언하였다. 회의가 폐막되는 날, 마오쩌동 등 전체 중앙의 영도자들은 회의에 온 위원들을 접견하면서 함께 기념사진을 찍었다. 사진을 찍을 때 풍우란은 마침 마오쩌동과 유소기의 좌석 뒤 중간에 서게 되었는데, 마오쩌동이 자리에 앉으면서 한 눈에 그를 알아보고는 풍우란의 손을 잡으며 말했다.

"당신의 건강은 나의 건강보다 좋아 보입니다"라고 말하자, 풍우란은 "주석께서는 저보다 연세가 많으시기 때문이지요"라고 답했다. 마오쩌동이 "정말 나도 이제는 늙은 것 같습니다. 더 좋아지지는 않겠지요?"라고 답하면서 또 다시 "당신은 중국철학사를 다 쓴 후 서방철학사도 쓸 작정입니까?"라고 묻자, 풍우란은 "저는 단지 중국철학사만 쓸 뿐 서방철학사는 다른 사람에게 맡겨서 쓰게 할 작정입니다"라고 대답했다. 그러자 다시 마오쩌동이 "공자를 보는 것이 당신과 곽말약은 같은 생각이지요?" 하고 묻자, 유소기가 참견하면서 "당신의 발언내용은 매우 좋고 뜻이 간명하면서도 분명하더군요"라면서 칭찬해 주었다. 그러자 주은래가 옆에 있다가 마오쩌동에게 "이 회의에 풍 선생은 3대가 함께 참석했습니다. 임지명(任芝銘) 어르신은 그의 장인이고, 손유세(孫維世)는 임 어르신의 외손녀이지요"라고 소개하자 마오쩌동은 머리를 끄덕이며 환영의 뜻을 표했다. 이런 대화를 하면서 느낀 감회를 집에 돌아온 풍우란은 7언 율시로 남겨 놓았다.

회인당 뒤에는 백화가 향기롭고(懷仁堂后百花香)

호탕한 봄바람은 많은 꽃들에게서 느껴진다(浩蕩春風感衆芳)

낡은 역사책을 다시 편집하려 하니 많이 물어야 하고(舊史新篇勞詢問)

짧은 글을 발표한 데 대한 평가에 감사한다(發言短語謝平章)

한 가족이 아름다운 이야기를 전하고(一門親屬傳佳話)

두 파 사학가의 논점을 판가름하는 것을 기대해 본다(兩派史論待衡量)

맹목적으로 과거처럼 남보다 못하다고 탄식하지 않고(不向尊前悲老大)

세월이 흘러감에 따라 인정을 받고 싶다(願隨日月得余光)

　　1965년 중국과학원 철학사회과학 학부위원회가 회의를 열었는데, 풍우란도 이 회의에 참가하였다. 폐회할 때 마오쩌둥이 격려차 찾아와 풍우란 등 문학역사철학을 하는 교수들과 기념사진을 찍었다.

문화대혁명시기 마오쩌둥과 풍우란의 애증관계

　　풍우란과 마오쩌둥의 친분관계는 1966년 "문화대혁명"이 시작되면서 일단락되었다. 당시 풍우란은 자산계급반동학술계의 권위자라는 이유로 폭행을 당하고 집이 수색 당하면서 전 가족이 집에서 쫓겨났던 것이다. 1968년 가을에 이르러서야 풍우란 부부는 자신들의 집으로 돌아오는 것을 허락 받았는데, 당시 그러한 조치는 관대한 것이었음에도 풍우란은 감사하는 마음보다는 문화대혁명을 일으킨 사회적 풍조에 더욱 마음 아파해 했다. 그러면서도 풍우란은 어떤 연고로 자기가 집으로 돌아올 수 있었는지를 알 수가 없어 의아해 하고 있었다. 후에 한 친구가 그에게 슬며시 그 연유를 알려주었다. 마오 주석이 중앙회의에서 당신과 전백찬(翦伯贊)을 거론하면서 "북경대학에는 관념론적 철학을 강의하는 풍우란이라고 하는 사람이 있다. 우리는 유물론밖에 모르는데 만약 관념론을 알고 싶으면 그를 찾아가야 한다"고 말했다는 것이었다. 그때서야 풍우란은 어떻게 집으로 돌아올 수 있었는지를 깨닫게 되었다. 그러나 마오쩌둥의 진정한 말뜻은 무엇을 의미하는 것인지 알지를 못했다. 하지만 그에게 감사의 편지를 쓰지 않을 수는 없었기에 노동자선전대에 동원되던 중에, 그는 마오쩌둥에게 감사의 편지를 보냈다. 1971년 5월에 사정의(謝靜宜)가 풍우란의 집에 와 풍우란에게 말하기를 "나는 최근에 마오 주석을 만났는데 마오 주석이 자네에게 말 좀 전해주라고 하더군. 자네가 보낸 편지를 보았다면서 감사하다고 말일세"
그러면서 자네에게 안부까지 전해 달라고 부탁하더이다. 그 말을 듣고 풍우란은 다
시 감사의 편지를 썼다. 그 편지 속에는 다음과 같은 한 수의 시가 있었는데, 사정의
에게 부탁하여 마오쩌둥에게 전달해 달라고 부탁했다.

　사물을 잘 구원하는 사람에게는 쓸모없는 것이 없고(善救物者無棄物)
　사람을 잘 교육하는 사람에게는 교육해내지 못할 사람이 없다(善救人者無棄人).
　자연에 의지하여 부지런히 일하면 (賴有東風勤着力).
　썩은 나무도 푸르게 자랄 수 있다(朽株也要成蔭)

　이 시에 대한 평가는 아직 나오고 있지 않지만 풍우란의 복잡한 심정이 잘 표현되
어 있다고 볼 수 있다. 자신을 풀어준 데에 대한 고마움도 들어 있고, 문화대혁명에
대한 불만스런 마음도 들어 있다고 볼 수 있기 때문이다.

풍우란을 지지하면서도 관념론자로 평가한 마오쩌둥

　1973년 공자와 임표를 비판하는 운동(批林批孔運動)이 시작되자 풍우란은 또 다시
비판을 받을까봐 두려워했으나, 후에 이런 두려움에서 벗어나기 위해 스스로 먼저
임표를 비판하기 시작했다. 그리하여 임표를 비판하는 문장을 두 편 써서 회의장에
서 발표하자 큰 반향을 일으켰다.

　어느 날 《북경대학학보》의 편집장이 풍우란과 마주치자 그에게 "당신의 그 두 편
의 글이 너무 좋아서 우리 학보에 실렸으면 합니다"하고 의견을 물어왔다. 그러자 풍
우란은 "어느 글을 요구합니까?"라고 물으니 "두 편 모두 싣고 싶습니다"라고 대답
하자 풍우란은 곧바로 동의해 주었다. 그리하여 학보에 신속하게 실리게 되었다. 그
런데 얼마 지나지 않아 《광명일보》에 "편집자 주석"이 첨가되어 전재되었고, 이어서

《북경일보》에도 전재하였다. 그러면 이 두 편의 글이 왜 그처럼 중시되었던 것인가? 그 이유는 1974년 1월 25일, 사정의가 국무원 직속단위가 개최한 공자와 임표를 비판하는 대회에서 한 연설을 듣고서야 그 내막을 알게 되었다. 사정의는 이렇게 말했던 것이다. "내가 북경대학이 공자와 임표를 비판하는 상황을 보고하면서 풍우란의 두 편의 글에 대해 말했더니, 마오쩌동은 듣자마자 이 글을 보려고 하였다. 나는 곧 이 두 편의 글을 모 주석에게 보여주었는데, 마오쩌동은 그 자리에서 읽고 글자 몇 개와 문장부호를 몇 개 고친 후 정식으로 발표하도록 했다."

마오쩌동 만년의 연설 녹음 중에는 풍우란에 대해 말한 내용도 있는데, 마오쩌동은 "풍우란은 중국 철학사를 잘 썼지만, 그 관점은 관념론이다"라는 내용이었다.[89]

풍우란의 학술연구 성과는 매우 컸고 국내외에 걸쳐 그의 영향은 매우 컸다. 그는 근대 이래 자신 학문의 체계를 건립할 수 있었던 중국철학자 몇 명 중의 한 사람이었다. 그의 사상은 현대 중국철학사에서 중요한 지위를 차지한다. 필생을 중국철학 연구에 종사해온 학자로서 그는 현대화 과정에서 중국문화의 우수한 전통을 계승하고 발휘해야 한다고 줄곧 주장하였다. 그는 교육 사업에 60여 년간 종사하면서 많은 철학도들을 양성하였다. 그는 필생의 정력을 모두 철학적 사고와 민족 진흥에 바쳤다. 만년에 자신이 쓴 "옛 나라를 밝혀 새로운 사명을 돕는다", "마음에 네 개의 현대화를 품고 뜻을 삼송에 기탁한다"는 제사(題詞)는 바로 그가 중국의 학술과 현대화를 위해 온갖 정성을 다 했음을 대변하는 것이었다.

그러나 마오쩌동은 풍우란의 학술연구에 대해 관심을 갖고 지지해 주었고, 그의 행동, 언어, 문장 하나하나에 고무와 격려를 해주었지만, 풍우란의 학술이론에 대한 평가는 시종 엄격하였으며, 시종 그가 관념론 체계 속에 속해있다고 생각하였던 점은 마오쩌동이 유물론에 대한 집착을 대변해 준다고 할 수 있다.

---

89) "북경대학에는 관념론적 철학을 강의하는 풍우란이라는 사람이 있다. 우리는 유물론밖에 모르는데 만약 관념론을 알고 싶으면 그를 찾아가야 한다."(〈1968년 중앙회의에서의 연설〉, 陳薇主編, 《毛澤東与文化界名流》, 中國社會科學出版社, 1993).

₩풍우란의 마오쩌둥에 대한 정리(情理)

미운 정도 정이라 했다든가, 1976년 9월 9일 마오쩌둥이 서거하자 풍우란은 온갖 상념이 겹치는 가운데 시 한 수를 지었다.

신주(중국)는 비감하기 그지없고(神州悲痛極)
억만의 인민은 존경하는 친지를 잃었다네(億兆失尊親).
혼자서 중화를 진흥시키고(一手振中華)
백 년 동안 곤륜을 일으켜 세웠다네(百年扶昆侖).
봄바람의 가르침을 잊지 않고(不忘春風教)
비가 되어 오래도록 생각에 잠기네(長懷化雨思).
위대한 글만 남겨놓고(优有鴻文在)
찬란함이 그의 먼 여행길을 비쳐주네(燦爛照征塵).

며칠 후 천안문 앞에서 마오쩌둥의 추도대회가 열리자 풍우란은 또 다른 시 한 수를 지었다.

기념비 앞에는 사람들이 수풀처럼 서있는데(紀念碑前衆如林)
소리 없는 애도소리는 땅을 흔들도다(無聲哀于動地音).
성루와 화표는 여전히 있건만(城樓華表依然在)
그 때의 길잡이는 보이지가 않는구려(不見當年帶路人).

이 추도시 만큼은 풍우란의 내심에서 우러나오는 마오쩌둥에 대한 정리를 표현한 것으로 평가되고 있다.

새로운 정신문명과 물질문명을 건설하는데 매진했던 풍우란의 일생

"문화혁명"중에서 풍우란은 여러 가지 박해를 받았으나 마오쩌둥이 그를 보호하라는 지시를 내렸기 때문에 어느 정도 그의 처지는 개선될 수 있었다. 그런데 뜻밖에도 "4인방"이 몰락한 후에도 다시 한 번 비판을 받게 될 줄은 몰랐던 것이다. 즉 그와 마오쩌둥과의 관계가 "4인방"과의 관계로 왜곡되어 전해지는 바람에, "아마도 어떤 모종의 관계가 있을 것이 분명하다"고 하는 죄명들이 보태졌다. 그의 부인인 임씨는 이러한 비판의 소리가 들려오는 와중에서 병으로 작고하였다. 상황이 이렇게 일변하자 천하의 풍우란도 고개를 숙일 수밖에는 없었다. 그리하여 그는 금후부터는 "성실하게 글을 쓸 것이며", "넓은 바다와 하늘에서 나 홀로 날개 짓을 할 것이며……", "중국철학과 문화에 대한 이해와 체험은 더 이상 다른 사람들에게 의지하지 않겠다"라고 하는 결심을 내외에 발표하였던 것이다.

1979년 풍우란은 "문화대혁명" 전에 이미 출판한 두 권의 《신편》을 버리고 84세라는 고령의 나이에 7권이나 되는 《중국철학사신편》을 쓰기 시작하였다. 문화대혁명 이후의 세월에는 1982년에 미국을 방문하여 모교 콜롬비아대학이 수여하는 명예박사학위를 받은 일 외에는 모든 시간을 집중하여 《중국철학사신편》을 쓰는 데 집중하느라 정치협상회의에도 출석하지 않았다(그는 전국 정치협상회의 제6, 제7기 상무위원이었다). 10여 년 동안 부지런히 글을 쓴 결과 95세에 서거하기 얼마 전에야 전권을 완성하였던 것이다.

철학가, 철학사가, 교육가로서의 풍우란은 일생 동안 30여 권의 책을 쓰고, 500여 편의 글(이미 발견된 것만을 말한다)을 《삼송당전집(三松堂全集)》에다 편집하여 실었다. 그밖에 그는 또 《풍우란의 영문저작집》과 《장자·내편》을 영문판으로 번역하여 출간하였다.

풍우란은 일찍이 이런 저작들은 모두 "적(迹)"이었지 "소이적(所以迹)"은 아니었다고 했다. 그러면 무엇이 "소이적"이라는 말인가? 그는 이렇게 말했다. "나는 늘 《시경》의

시 두 구절을 생각하였다. '주나라는 옛 나라였지만 유신하였다' 중국은 지금의 이 세계에서 몇 천 년의 역사를 가지고 있으므로 '옛 나라'라고 말할 수 있다. 이 옛 나라가 새로운 환경에 적응하려면 새로운 임무를 띠어야 하는데, 그것인 바로 새로운 역사조건 하에서, 또 이 오랜 토지에서 새로운 물질문명과 정신문명을 건설하는 것인데, 바로 이것이 '새로운 사명'인 것이다 …… 어떻게 '옛 나라의 새로운 사명'을 실현할 것인가? 나는 나만의 공헌을 하도록 노력할 것이다. 이것이 바로 나의 '소이적'이다. 이 '소이적'이란 것은 바로 애국심과 문화사명감을 뜻하는 말이다. 그것들은 나 풍우란이 글을 쓰는 거대한 동력이다"

  정치적 소용돌이 속에서 자신만의 학술연구에 매진할 수 없었던 비운의 풍우란은 시대적 변화에 적응하면서 자신의 학문의 길을 걸어간 현대 지식의 대표적 인물이었지만, 그래도 자신의 절개는 굽히지 않은 일생을 걸어갔던 인물이기도 했다. 그것은 그가 임종 전에 완성한 《중국철학사신편》이 전 7권으로 편집되었지만, 제7권 안에 마오쩌둥을 비판한 글이 있다는 이유로 북경인민 출판사에서 6권만 출판된 것이 바로 이를 증명한다고 하겠다.

장국도 張國燾, 장궈타오
사회주의의 이단자

중국공산당의 창립자이자 국민당으로 전향했던 마오쩌둥의 정적

1920년대 말과 1930년대의 중국공산당 지도자 가운데 한 사람으로, 1935년에 공산당 지도권을 놓고 마오쩌둥과 경쟁한 뒤 실각했고, 1938년 중국국민당으로 전향했다. 1919년 5월 4일에 반정부 시위로 시작된 정치적 문화적 운동인 5 4운동의 학생 지도자로서 명성을 얻은 그는 원래 무정부주의자였다. 그러다가 후에 마르크스주의의 영향을 받아 1921년 7월 중국공산당의 공식 창당대회에 참석했던 인물이었다.

공산당 창립 이후 그는 중국의 도시 프롤레타리아를 조직하기 위해 노력하였고, 공산당의 주요 조직책이 되어 활동하면서 북경과 한구(漢口)에서 철도파업을 이끌기도 했다. 이 파업은 1923년 2월 7일 군벌인 오패부(吳佩孚)에 의해 진압되었다. 이후 국민당과 공산당 간의 제1차 국공합작 때 장국도는 국민당의 간부가 되기도 했다. 그러다가 이 합작이 깨지자 1927년 8월 1일에 공산당이 주도한 남창(南昌)폭동에 가담했고, 이후 소련으로 가서 1931년까지 머물다가 중국 중북부의 호북성으로 파견되어 이 지역의 혁명근거지를 지도하게 되었다.

그러나 국민당 군대의 공격 때문에 장국도는 근거지를 여러 번 옮겼고, 1935년 6월 중국 북서부를 향한 장정에 오른 마오쩌둥의 군대와 합류하게 되었다. 이보다 조금 전에 마오쩌둥은 중국공산당 주석으로 선출되었고, 장국도는 독립된 공산당 지구의 우두머리가 된 동시에 중국공산당의 고위간부가 되었다. 이때부터 그는 마오쩌둥의 권력에 도전하는 대표적 인물이 되었다.

두 사람은 새로운 공산당 근거지를 어디에 세울 것인가를 놓고 논쟁을 벌였는데, 이 다툼은 결국 당을 분열시켰다. 다수는 마오쩌둥을 따라 섬서성(陝西省)으로 갔고, 그 나머지는 장국도와 함께 중국 남서쪽 끝인 티베트 접경지대로 들어갔는데, 마오쩌둥이 예언했듯이 장국도는 그 황량한 지역에서 지탱할 수 없었기에, 결국 1937년 봄 연안의 마오쩌둥과 합류하게 되었다. 이후에도 장국도는 공산당 지도부인 정치국에서 계속 활동했지만, 그의 영향력은 크게 축소되어 있었다. 그러자 제2차 국공합작의 협의회 대표로 임명된 기회를 이용하여 1938년 국민당으로 전향했다.

제2차 세계대전 중 국민당 정부의 수도인 중경에서 살았지만, 정치권력은 거의 얻지 못했고, 1949년 마오쩌둥이 국공내전에서 승리하자 영국 식민지인 홍콩으로 도망쳤기에 그는 마오쩌둥에게 전형적인 반역자로 낙인찍히게 되었던 것이다.

중국혁명의 전형적인 반역자의 사례가 된 장국도

장국도는 5. 4운동에 적극적이었고, 중국공산당 제1차 대표대회의 대표였으며, 당의 조기영도자였고, 또한 그는 홍군 제4방면군의 영도자였다. 그러나 언젠가 그는 자그마한 차이로 수렁에 빠졌다. 마오쩌둥은 그와 합작도 했었고, 또 조마조마한 투쟁도 했다.

1939년 5월 4일은 위대한 5.4운동 20주년을 기념하는 날이었다. 연안의 전 청년들은 성대한 기념대회를 거행하였는데, 마오쩌둥은 이 회의에서 중국청년운동에 존재하는 몇 개 문제에 대해《청년운동의 방향》이라는 강연을 하였다.

이 강연에서 마오쩌둥은 그의 중국혁명문제에 대한 사상을 발전시키고, 당시 중국혁명이 직면한 형세, 임무 및 처한 역사 환경을 정확하게 분석한 후, 청년들에게 더욱 높고 더욱 새로운 요구를 제시하였다. 그는 "지금의 항일전쟁은 중국혁명의 새로운 단계이며 가장 위대하고 가장 활동적이며 가장 생동적인 새로운 단계이다. 청년들은 이 단계에서 중대한 책임을 져야만 한다. 우리가 몇 십 년 동안 해온 혁명운동은 많은 분투의 단계를 거쳐 왔지만 항일투쟁만큼 분투했던 적은 한 차례도 없었다. 우리는 현재의 중국혁명이 과거와는 다른 특성이 있음을 알 수 있는데, 그것은 바로 중국의 수많은 인민들이 진보적으로 변했다는 것이다. 그중에서도 청년들의 진보가 이를 명확히 증명해 주고 있다"라고 말했다. 그는 "청년들이 50년 동안의 중국혁명 경험을 잘 연구하고 정확한 것을 찾아 그 교훈을 발휘하고 착오적인 것은 버리기를 간절히 희망하면서, 이것은 모든 청년들이 짊어져야 할 책임"이라고 지적하였다. 마오쩌둥은 또 전국의 청년들과 전국의 인민들이 결합하여 혁명을 실패로부터 승리로 전환시켜야 한다고 호소하면서, 전국의 청년들과 전국의 인민들이 모두 조직되고 단결되는 날이 바로 일본제국주의가 타도되는 날이라고 자신감 있게 예언하였다.

여기서 마오쩌둥은 청년들의 투쟁방향을 더욱 확고히 하게 하기 위하여 청년이 혁명적인지 아닌지를 가늠하는 표준을 제기하였다. 즉 "한 청년이 혁명하느냐를 보려면 어떤 것을 표준으로 해야 하는가? 무엇으로 그를 판별하는가? 오로지 한 개의 표준이 있는데 바로 하려고 하느냐 그렇지 않으면 하려고 하지 않느냐, 광대한 노동자 농민대중과 한 덩어리로 결합하는 것을 실행하느냐 하지 않느냐를 보는 것이다. 노동자 농민과 결합하는 것을 달가워하고, 또 이를 실행하는 사람은 혁명하는 사람이고, 그렇지 않으면 혁명을 하지 않는 사람이거나 반혁명분자이다. 즉 오늘 노동자 농민대중과 결합하면 오늘은 혁명을 하는 것이 된다. 그러나 내일은 결합을 하지 않는다면 혁명을 하지 않는 것이거나 혁명을 반대하는 것이다."라고 외쳤다.

마오쩌둥의 이 간곡한 가르침은 청년운동에 정확한 방향을 가리켜주었다. 더욱 설득력 있게 청년들을 교육시키기 위해서 마오쩌둥은 이 혁명의 최초 참가자인 장국도를 반역자의 전형적 인물이라고 하며 하나의 사례로써 청년들에게 경각심을 주었다. 즉 "우리가 사람을 볼 때에는 그가 가짜 삼민주의자인지, 아니면 진짜 삼민주의자인지, 가짜 마르크스주의자인지, 아니면 진짜 마르크스주의자인지를 가려야 하는데, 그 구분방법은 그와 광대한 노동자 농민대중과의 관계가 어떠한가를 보면 분명해진다. 판별의 표준은 오로지 이 한 가지뿐이다"라고 말했다. 마오쩌둥은 전국의 청년들이 장국도 사건에서 본 것처럼 방향을 정확히 찾아 어두운 역류에 휘말려 들지 않고 노동자와 농민이 자신의 친구임을 명확히 알고 밝은 전도를 향해 나아가기를 바랐던 것이다.

마오쩌동의 혁명과정에서 가장 큰 장애물이 되었던 장국도

마오쩌동이 정면에서 반면으로 나아간 장국도라는 인물을 다시 언급한 것은 1940년 2월 20일의 한 연설에서였다. 이날 연안 각 계의 헌정촉진회는 성립대회를 거행하였다. 마오쩌동은 회의에서 《신민주주의의 헌정》이라는 제목으로 연설하였다. 당시 중국공산당 내부의 일부 동지들은 장개석의 소위 민주헌정을 실행한다는 기만적인 선전에 미혹되어 국민당이 정말로 헌정을 실행할 것이고 민주를 창도할 것이라고 여겼었다. 마오쩌동의 이 연설은 장개석의 이 기만을 폭로하고 헌정의 촉진이 인민들의 각오를 계발시키고 장개석에게 민주와 자유를 요구하는 유력한 무기가 되게끔 변화시켰던 것이다.

마오쩌동은 진정한 헌정은 결코 쉽게 얻어지지 않으며 각고한 투쟁을 거쳐야만 얻을 수 있다고 지적하였다. 왜냐하면 헌정의 실시가 곤란하게 되는 것은 바로 보수파들이 방해하기 때문이라고 했다. 예를 들면 장국도가 바로 여러 차례 완고하게 방해했던 보수파였던 것이다.[90] 이 연설의 마지막에 마오쩌동은 이렇게 강조하였다. "예로부터 보수파가 얻은 결과는 그들의 염원과 언제나 반대였다. 그들은 다른 사람을 해치는 것으로 시작하지만 결국은 자신을 해치는 것으로 종말을 짓는다." 마오쩌동은 장국도를 예로 들며 보수파의 끝장을 설명한 것은 매우 대표성이 있는 것이었다. 어려운 장정 도중에 마오쩌동을 실제 핵심으로 한 당 중앙은 장국도의 당 중앙과 홍

---

90) "천하의 완고분자들이 비록 오늘 완고하고 내일도 완고하고 모레도 완고하겠지만 영원히 완고할 수는 없다. 나중에 가서 그들은 변화할 것이다. 왕정위(汪精衛)를 예로 들면, 그는 많은 시기동안 완고했지만 항일근거지에서까지 완고할 수는 없었기에 일본의 품에 뛰어 들어갔다. 장국도를 예로 들면 그도 많은 시기 완고했지만, 우리가 몇 차례의 투쟁회의를 열고 여러 차례 싸우니 그도 도망쳤다. 완고분자는 실제상으로는 인간으로 칠 수 없는 개똥과도 같은 것으로 변한다."〈신민주주의의 헌정〉,〈청년운동의 방향〉,《모택동선집》제2권.

군을 분열시키려는 음모에 확고하게 투쟁하는 의지를 보여주었다.

당시 서북혁명군사위원회 주석이었던 장국도는 홍4 방면군을 이용해 당의 주도권을 빼앗고자 당에게 독립성을 요구함으로써, 당과 홍군을 통일시키는 중대한 국면에서 심각한 그림자를 드리우게 했다. 마오쩌둥도 이로 인해 새로운 도전에 직면하게 되었는데, 마오쩌둥은 후에 그가 장정 길에서 장국도와 한 투쟁은 그의 일생에서 가장 어두웠던 노정이었다고 회고했다.

당대 청년들의 반면교사가 되었던 장국도의 반변(反變)

장국도와의 투쟁방법에 대해 당 중앙과 마오쩌둥은 원칙을 견지하면서도 그가 잘못를 고칠 수 있는 기회를 주었고, 또 그에게 섬감녕변구의 정부 부주석이라는 중요한 직무를 맡게끔 배치해 주는 등, 인내심 있게 그에 대한 교육과 구원을 행하였다. 그러나 장국도는 변덕이 심하고 표리가 부동하였으며 자기 자신을 마구 욕하며 울다가도 태도가 갑자기 확 달라져서는 또 자기가 착오가 있다는 것을 전혀 인정하지 않았다. 마오쩌둥은 한탄하여 다음과 같이 말했다. "장국도에 대해 나는 별의별 방법을 다 써서 그를 회개시키려 했지만 전혀 먹혀들지 않았다. 장차 이 사람을 어떻게 해야 할 것인가? 어떻게 하면 이 완고한 돌대가리를 깨우칠 수 있게 할 것인가?"[91] 장국도가 걸린 병은 불치의 병이었고 이 완고한 돌은 끝내 머리를 끄덕이지 않았다. 1938년 4월 그는 황제 능에 제사를 지낸다는 핑계를 대고 서안을 거쳐 무한으로 도망쳐가서 장개석에게 몸을 의탁하면서 국민당의 특무가 되어 중국혁명의 반역자가 되었다. "돌로 제 발등을 찍는다"는 옛말과 딱 맞아떨어졌던 것이다.

마오쩌둥이 당시의 역사조건하에서 장국도를 예로 들어 전 당과 청년들에게 교육한 것은 매우 설득력이 있었다. 장국도의 반변은 그가 근본적으로 인민대중으로부터 이탈하여 완고하게 자기 자신의 견해만을 고수하면서 군벌과 같은 작풍을 행하다

---

91) 王行娟 저, 《賀子珍的路》, 作家出版社, 1985, 219쪽.

가 끝내는 나아갈 방향을 잡지 못하고 수렁으로 걸어 들어갔다고 한 마오쩌둥의 지적과 한 치도 다르지 않았다. 그 결과 그는 혁명의 반역자로 낙인찍히게 되었던 것이다. 당대의 청년들은 이러한 그의 태도 변화를 보면서 많은 인생의 도리를 깨우칠 수가 있었던 것이다.

팽덕회彭德懷, 펑더화이
진리의 편에 서서 역사의 심판을 기다린 대장군

교만하지 않은 팽덕화에 대한 마오쩌둥의 믿음

그는 일찍부터 마오쩌둥의 한 장군이었으며, 적들에게 늘 간담이 서늘하도록 패배를 안긴 전쟁의 귀신이었다. 그 만이 유일하게 마오쩌둥의 침실에 뛰어들어 낮잠을 자고 있는 마오쩌둥을 깨우기도 하고, 마오쩌둥에게 글을 올려 대약진의 잘못을 직설적으로 말하기도 하였던 전우 중의 전우였다. 그가 후에 비록 숙청되기는 했지만 사람들의 마음속에는 영원히 지워지지 않는 기념비적인 인물이었다.

마오쩌둥과 팽덕회는 동향이며 나이 차이는 5살이었다. 그들은 함께 혁명하였고 함께 새 중국을 건설하였다. 그들은 비교적 오랜 기간 동안 밀접하게 지내며 합작했고, 서로 존중하였으며 전투에서 맺은 동지로서의 정의감이 남달랐다. 다만 50년대 후반에 들어서 서로 간에 오해가 나타남으로 인해 팽덕회는 비판을 받아야 했고 당의 처분을 받아야 했다. 이는 팽덕회 개인은 물론이고 그의 가정에까지 엄청난 불행을 가져다주었다. 그러나 이를 통해 팽덕회는 '참된 사람'으로서 위대한 인격을 가진 인물로 평가되어 후세사람들이 존경하고 숭앙하게 되는 계기가 되기도 하였다.

마오쩌둥은 팽덕회에 대해 여러 차례 찬양한 적이 있다. 1935년 10월, 중앙홍군의 주력이 섬북의 오기진(吳起鎭)에 이르렀을 때 영하(寧夏)에 있던 국민당군대인 마홍규(馬鴻逵), 마홍빈(馬鴻賓)의 기병이 추격해 오자 마오쩌둥과 팽덕회는 전보를 쳐서 마씨 기병대에 타격을 가해야 한다고 주장하면서, 적이 근거지까지 다가오는 것을 방어하고자 하였다. 전보문에는 다음과 같은 시가 쓰여 있었다.

팽덕회 동지에게

높은 산, 머나먼 길, 깊은 골짜기(山高路遠坑深)

대군은 종횡무진으로 내달리누나(大軍縱橫馳奔)

그 누가 말 타고 칼 비껴들었는고?(誰敢橫刀立馬?)

우리의 둘도 없는 팽덕회 장군이어라!(唯我彭大將軍!)[92]

팽덕회는 이 전보문을 보고는 "골짜기가 깊다"를 "구덩이가 깊다"로 고쳤고, 마지막 구절에 써 있던 "우리의 둘도 없는 팽 장군이어라"를 "우리의 둘도 없는 홍군이어라"로 고쳐 원래의 시를 마오쩌둥에게 되돌려 보냈다. 이렇게 고친 것은 팽덕회가 공적을 쌓았음에도 교만하지 않은 그의 겸허한 품성을 보여주는 것이었다.

전우에서 우경기회주의자로 비판당한 팽덕회

팽덕회는 마음이 솔직하고 성격이 곧고 직언을 잘 하며 자신의 관점을 감추지 않았다. 항일전쟁기간에 연안에서의 한 회의에서 어떤 동지들은 팽덕회의 '백단대전(百團大戰)[93]에 대해 공정하지 못한 비판을 제기하였다. 팽덕회는 매우 화가 나서 마오쩌둥과 논의를 해야겠다고 결심하고 주은래에게 중재를 해달라고 요구하였다. 그리하여 세 사람이 함께 걸으면서 대화를 하게 되었다. 마오쩌둥이 평온하게 말했다. "우리 군자협정을 정합시다. 첫째, 자신의 의견을 정확히 말한다. 둘째, 어머니를 욕할 수 있다. 셋째, 서로 검토하고 원수를 기억하면 안 되며 일에 영향을 주어서는 안 된다." 그러면서 마오쩌둥이 "내가 먼저 이번 일에 대해 검토한 결과를 말하겠습니다.

---

92) 《毛澤東詩詞集》, 中央文獻出版社, 1996.
93) "백단대전(百團大戰, 1940년 8월 20일 중국 공산당의 팔로군(八路軍)이 중국 화북지역 5개 성 내에서 일본군이 장악하고 있던 교통망에 대하여 전면적인 공격을 가한 전쟁으로, 8로군 부총사령관 팽덕회(총사령관은 주덕)가 총지휘한 이 작전은 팔로군 150개 단(團, 연대급) 30만 명이 참가하여 종횡으로 수천 리에 달하는 일본군이 장악하고 있던 교통망을 공격한 것이다.

이런 결과를 만든 책임은 모두 나에게 있습니다. 미리 당신에게 알리지 않고 사후에도 제대로 해명을 하지 않았기 때문입니다. 따라서 '백단대전'이 잘못된 것은 하나도 없습니다. 조직의 보고 절차에 의거하여 말한다면 당신은 싸우기 전에 군사위원회에 보고를 했었고, 당시 군사위원회와 나 개인도 동의를 한 것입니다. 다만 결점을 말한다면 그것은 바로 군사위원회의 답전이 도착하기 전에 미리 움직였다는 것입니다. 그러나 이것도 이해할 수 있습니다. 잘못이 있다면 우선 나에게 있습니다. 내가 동의해서 당신에게 전보를 보냈을 뿐만 아니라, 당신에게 이런 대 전역을 몇 번 더 하는 것이 어떠냐고 제기하기도 했었으니까요."

팽덕회는 이 말을 듣고 나자 마음속에 쌓여있던 이해 못했던 심경과 원망이 삽시간에 사라져버렸다. 그리하여 "동지간의 이해와 신임은 최고의 상보다 낫습니다. 주석님의 이 말을 듣고 나는 오늘 죽어라 해도 유감이 없을 것입니다. 당신은 그래도 나를 이해하는데, 내가 당신에게 오해를 했고, 심지어 원망하기까지도 했었으니 오히려 내가 당신에게 양해를 구해야 하겠습니다. 나는 정말 무례한 사람입니다"라며 자책과 용서를 빌었다.

그러자 마오쩌동이 "아닙니다. 당신은 용맹하고 모략이 있는 지용을 겸비된 장군입니다. 혁명이 위험한 시기에 당신은 언제나 정확한 노선 쪽에 서있었습니다. 이것은 나 개인에 대한 지지일 뿐만 아니라 혁명에 많은 도움을 주고 있습니다. 좋습니다. 앞으로 얼마든지 나에게 많은 의견을 제기해 주십시오"라며 화해의 손을 내밀며 더욱 많은 의견을 제언해 달라고 요청까지 했던 것이다.[94]

이때 주은래가 웃으며 말했다. "군자협정의 제1조가 말을 명확하게 하는 것입니다. 그러니 이 기회를 놓치지 마시고 하고 싶은 말씀일랑 모두 하십시오." 이에 팽덕회는 이어서 마오쩌동에게 말했다. "그럼 좋습니다. 당신에게 하고픈 하나의 의견이 또 있습니다. 회의를 하기 전에 미리 나에게 알려주어 사상준비를 하도록 해주십시오."

---

94) 〈1965년 9월 23일 팽덕회와 한 담화〉, 賈思楠編, 《毛澤東人際交往實錄(1915-1976)》, 江蘇文藝出版社, 1989.

팽덕회는 마지막에 의미심장한 말을 한 마디 했다. "당신 마오쩌둥과 나 팽덕회, 그리고 저 주은래 우리 세 사람 모두가 당의 감독과 약속을 자각적으로 받아들여, 어떠한 일을 하든지 모두 당과 인민의 이익으로부터 출발하도록 해야 할 것이며, 누구나 열 받아서 독단적으로 하지 말고 마음대로 하지 말아야 할 것입니다. 그렇지 않으면 당과 인민에게 만회할 수 없는 손실을 조성하게 될 것입니다. 만일 이런 비정상적인 일이 생긴다면 우리에게는 당과 인민에 빚을 지는 것이며 죄가 있게 되는 것입니다."

마오쩌둥은 폐부에서 우러나온 팽덕회의 말에 심히 감동되어 팽덕회의 손을 잡으면서 말했다. "참 좋은 말을 했습니다. 당신의 이 관점을 우리의 당장(黨章)에 넣기를 건의합니다. 은래 동지, 반대하지 않으시겠지요?"

"물론 당연히 쌍수를 들어 찬성합니다"라며 주은래가 곧바로 대답하였다.

방금 전의 오해는 이런 대화를 통해 말끔히 씻어졌다. 그러나 1959년의 여산회의(廬山會議, 1959년 8월 중국 강서성 북부 여산에서 열린 중국 공산당 제8기 중앙 위원회 제8차 총회. 국방 장관이었던 팽덕회가 주도하여 마오쩌둥의 대약진, 인민공사, 사회주의 건설 총노선의 삼면홍기(三面紅旗) 정책을 비판하였던 회의 – 주)에서 팽덕회가 마오쩌둥에게 편지를 써서 당시의 대약진운동에 대해 제기한 의견들과 회의에서 마오쩌둥 개인에 대해 제기한 의견들을 보냈는데, 이것이 마오쩌둥의 오해를 샀으며, 그 결과 팽덕회는 우경기회주의로 몰려 비판을 받았고, 후에 팽덕회가 당, 정, 군의 모든 직무에서 해임되는 빌미가 되었다.

마오쩌둥이 양심의 가책을 느끼고 새로운 중임을 팽덕회에게 맡기다

몇 년 후, 마오쩌둥은 그와 팽덕회와의 당시의 다툼에 대해 다시 냉정하게 생각하고 양심의 가책을 느꼈다. 그는 팽덕회를 다시 나오게 하여 대삼선(大三線)건설의 총지휘를 맡게 하였다.

1965년 9월 23일, 마오쩌동은 팽덕회를 중남해의 거처로 초청하여 5시간 남짓 긴 담화를 하고 함께 점심식사를 하였다. 마오쩌동은 팽덕회를 보자마자 이렇게 말했다. "일찍부터 기다리고 있었습니다. 잠도 자지 못하고 말이오. 어제 오후에 당신의 편지를 받고 기뻐서 잠을 이룰 수 없었던 거지요. 당신은 고집스런 성격이 있어서 몇 년간 편지를 쓰지 않더니 한번 쓰니까 8만 자나 쓰는군요. 이제 조금 있으면 소기, 소평, 팽진 동지가 와서 참석을 할 것입니다. 주 총리는 시하누크 왕을 영접하러 갔기 때문에 올 수가 없습니다. 우리 함께 진지하게 이야기 해봅시다."

팽덕회가 3선에 간 것에 대해 말할 때 마오쩌동은 이렇게 말했다. "지금은 대소3선을 건설하여 전쟁을 준비해야 합니다. 비례로 따지면 서남에 투자를 가장 많이 했고 전략적 후방으로도 특별히 중요합니다. 당신이 서남에 가는 것이 적당합니다. 장래 군대를 이끌고 나가 싸워 명예를 회복할 수 있을 겁니다."

팽덕회의 명예는 여산회의에서 비판을 받고 우경기회주의로 규정되면서 엄청나게 손상되었다. 팽덕회는 여산회의에서의 결과를 보고하는 형식으로 마오쩌동에게 편지를 보냈던 것인데, 이것이 화근이 되었던 것이다. 편지의 전체 흐름은 모택동의 비위를 건드리지 않으면서 대약진운동의 건설적인 개혁을 요청하는 형식이었지만, 농업생산의 실패와 대약진운동의 조급성과 과장적인 보고에 대해 구체적으로 비판을 가했던 것이다. 그 내용을 보면 다음과 같았다.

"1958년도 기본건설은 지금에 와서 볼 때, 일부 대상들은 너무 조급하게, 너무 지나치게 책정되어서 자금들이 분산되었고, 따라서 꼭 건설되어야 할 분야들을 놓치고 있습니다. 이것은 한 가지 결함입니다. 그 기본 원인은, 경험이 부족하고 이에 대한 체득(體得)이 깊지 못하고, 너무 늦게 인식한 데 있습니다. 우리가 경제건설에서 나타난 문제를 처리함에 있어서는 어쨌든 금문(金門)을 포격하거나 티베트 반란을 평정하는 것과 같이 정치문제를 처리하는 것처럼 그렇게 능숙하게 처리하지는 못합니다. 다른 한편으로 객관적

형세를 볼 때, 우리나라가 가난하고(일부 사람들은 아직 배불리 먹지 못하며 작년엔 평균 1인당 무명천이 18자밖에 돌아가지 않아 홑옷 한 벌과 속옷 두 개밖에 만들 수 없었다) 낙후한 상태에서 벗어나지 못하여 현 상태를 변화시키기를 간절히 바라고 있습니다…… 예를 들면 주석께서 제시하신 『적게 심고 수확고를 높이며 다수확을 따내자』『15년 안에 영국을 따라잡자』는 등의 구호는 모두 전략적인 방침에 지나지 않는 것입니다. 그러나 우리는 이에 대한 연구가 부족하였고, 당면한 구체적 실정을 파악하는 데 주의를 기울이지 못하였으며, 온당하고 신뢰성 있는 기초 위에서 사업을 배치하지 못하였습니다. 어떤 지표(指標)는 층층이 높이고 층층이 덧붙여, 본래는 몇 해, 또는 수 십 년이 걸려야 달성할 수 있도록 되어 있는 것을 1년 혹은 몇 달 안에 실현시킬 지표를 만들기도 하였습니다……"

모택동은 이 편지를 받아보고 그를 우경기회주의자로 몰아붙이고 그를 처벌하고자 했다. 당에서 그 결과를 처리하기 전에 마오쩌둥은 팽덕회에게 이에 대한 그의 생각을 물은 적이 있었다. 그러자 팽덕회는 3개 조항에 걸쳐 자신의 각오를 말했다. 첫째, 어떤 상황에서도 반혁명을 하지는 않을 것이다. 둘째, 어떤 상황에서도 자살하지 않을 것이다. 셋째, 이 일 이후에는 일하기가 어려울 것이다. 그래서 생산노동에 참가하여 내 힘으로 일해 밥을 먹을 것이다.

6년이 지난 후 마오쩌둥은 팽덕회에게 말했다. "당신이 말한 3개 조항의 각오를 나는 아직도 기억하고 있습니다. 진리는 당신에게 있을 지도 모릅니다. 역사로 하여금 결론을 내리게 합시다."[95]

무엇을 예견이라도 한 것처럼 마오쩌둥은 주위의 중앙영도자들에게 말했다. "팽덕회 동지가 서남에 가는 것은 당의 정책입니다. 나는 과거에 팽덕회 동지를 적극적으

---

95) 〈항일전쟁시기 연안의 한 회의에서 팽덕회와 한 담화〉, 〈1965년 9월 23일 팽덕회와 한 담화〉, 賈思楠編, 《毛澤東人際交往實錄(1915-1976)》, 江蘇文藝出版社, 1989.

로 반대했지만 지금은 그를 진심으로 지지합니다. 유소기, 등소평 동지에게 서남지구의 유관 동지들을 소집하여 회의를 열게 하고 문제점을 분명하게 말해야 합니다. 만일 누가 동의하지 않는다면 나를 찾아와 말하게 하십시오."

문화대혁명의 여파로 다시 구렁텅이에 빠지게 된 팽덕회의 최후

마오쩌둥의 이해와 지지는 팽덕회로 하여금 새로운 일터로 나가게 하였다. 그러나 얼마 지나지 않아 일어난 '문화대혁명'은 팽덕회를 또다시 구렁텅이로 몰아넣었다. 1966년 말 홍위병에게 사천에서 북경으로 끌려와 비판을 받아야 했던 것이다. 그는 심문을 받으면서 구타까지 당하였다. 그는 발로 차여서 폐가 터졌고 늑골이 부러졌다. 여러 차례 거리로 끌려 나가 조롱거리가 되기도 하였다. 이 모든 것이 시작될 때 그는 이미 68세라는 고령이었다. 이후 그가 76세에 세상을 뜰 때까지 받은 심문은 130여 차례나 되었다. 마지막에는 직장암으로 고통스럽게 세상을 떠났는데, 그의 옆에는 아무런 친인척도 없었다.

구금되어 있을 때 팽덕회는 자서전을 썼다. 자서전 서두에는 그의 어린 시절 생활을 추억하며 썼다. "나는 1898년에 한 평범한 농사짓는 가정에서 태어났다. 6살에 서당에 들어가 2년간 공부를 하였고, 8살에 어머니가 세상을 뜨고 아버지가 오랜 지병으로 일할 사람이 없어 집은 가난하기 짝이 없었다. 몇 마지기 황무지와 집 한 채는 연이어 저당을 잡히고 마지막에 서문밖에 안 되는 땅밖에는 남아 있지 않게 되었다. 앞으로 식구 일곱 명(큰 조부, 아버지, 할머니, 나의 형제 넷, 막내는 어머니가 돌아가신 후 얼마 안 되어 굶어죽었다)이 어떻게 살아갈지 막막했다. 내가 만 9살이 되었을 때는 집에 있던 모든 것들을 다 팔아버려 그야말로 살길이 막혀버렸다. 그해 설날 다른 집에서는 즐겁게 설을 쇠고 있는데 우리 집은 쌀 한 톨이 없었다. 나는 두 남동생을 데리고 동냥을 하러 나갔다. 황혼이 다 되어서 집에 돌아왔는데 겨우 한 끼 먹을 수 있는 밥을 얻어 올 수 있었다. 그러나 동냥을 하면서 당한 모욕은 지금도 잊을 수가 없다. 이튿날 나는 다시는 동냥하러 나가지 않았다. 그러자 70세에 가까우신 할머니가 화를 내며 말했다. '동냥하러 가지 않으면 무엇을 먹니? 그저 굶어죽을 거냐? 어제 내가 나가려고 했을 때 네가 나를 못 가게 하더니 오늘은 오히려 네가 나가지를 않는구나. 그러면서 할머니는 두 손자를 데리고 눈바람을 맞으며 나가셨다. 나는 문턱에 서 있었다. 그 괴로운 마음은 실로 형용할 수가 없었다."

그는 땔나무를 하여 팔아 자기의 힘으로 집에 쌀을 벌어들이려 하였다. 그는 벌겋게 된 작은 발에 짚신을 신고 낫을 들고 산에 올라갔다. 높은 오석산(烏石山)의 처량하고 날카로운 풍설 속에 나무를 하는 아홉 살의 아이는 이미 그때부터 아이의 모습은 사라졌던 것이다.

바로 이 어린 시절의 고난이 그의 굳건한 성격을 연마시켰고, 노동인민에 대한 그의 감정을 키웠으며 그의 혁명이상을 배양케 하였다. 전쟁터에서 그는 언제나 사람들에게 말했다. "나 라는 이 사람은 별 볼일 없는 사람이다. 장점이 있다면 그것은 바로 근본을 잊지 않는 것이다." 바로 자신이 살아온 그 자체 경험을 잊지 않았던 것이다.

자전에서 팽덕회는 소년시기에 고생을 하고, 10년간 탐구하였으며, 많은 싸움에서 많은 공적을 세웠고, 여산에서 재난을 당하고, "문화대혁명"에서 억울하게 당한 평범하지 않은 자신의 일생을 그는 그의 회고록에다 모두 기록하였다. 그는 시종 그의 일생은 용감하고 확고했으며 떳떳하다고 생각했던 것이다. 중국인들이 그를 내심으로 흠모하는 요인이라고 할 수 있다.

진의陳毅, 천이
마오쩌동 자신과 가장 비슷한 인물

마오쩌동을 위기에서 구해준 진의

그는 걸출한 무산계급혁명가이고 군사가이며, 시인이고 개성이 있는 인물이었다. 그에 대해서는 많은 재미있는 이야기와 미담이 있는데, 그런 점을 한 마디로 평가한 것이 마오쩌동이 한 "진의 동지는 좋은 동지이다"라는 말에서 알 수가 있다. 이러한 진의에 대한 애틋한 마음은 그가 병으로 세상을 뜨자 마오쩌동은 앓고 있는 몸으로 잠옷에 외투만 걸친 채 그의 추도식에 참가했다는 점에서 충분히 알 수가 있다.

진의는 마오쩌동이 비교적 일찍 알게 된 사람이고, 또 마오쩌동과 함께 싸운 전우였다. 마오쩌동이 정강산(井岡山) 혁명근거지를 창건한 이듬해인 1928년에 진의는 주덕과 함께 남창봉기의 남은 부대를 거느리고 정강산에 올라 마오쩌동과 회합하여 노동자 농민과 함께 공동으로 무장투쟁을 전개했다. 진의는 군대의 중요한 직무를 장기간 담임하면서 혁명사업에 충성하였으며, 정치적 입장이 굳고 공명정대하며 직언을 잘 하기로 유명하였다. 그러한 그의 성격과 인격을 마오쩌동은 잘 알고 있었고, 그의 그러한 호방한 성격을 매우 좋아하였기에 그를 매우 신임하였다.

1944년 3월 7일 진의는 전선에서 연안으로 와서 당의 제7차 전국대표대회에 출석하고자 하였다. 당시 그는 신사군(新四軍)의 대리군장(代理軍長)을 맡고 있었다. 연안에 오기 전에 진의는 당시 화중국(華中局)의 대리서기와 신사군 대리정치위원을 맡고 있던 요수석(饒漱石)과 논쟁을 벌인 적이 있었다. 마오쩌동은 이에 대해 매우 관심을 가졌으며, 진의를 믿었고 지지했다. 진의가 온 후 여덟 번째 날인 3월 15일에 마오쩌동은 요수석과 화중국 및 군분(軍分)위원회의 각 동지들에게 친필로 편지를 보냈다. 편지에는 이렇게 말했다. "진의 동지가 연안에 도착하여 화중의 업무발전 상황을 알게 되었고 안심이 됩니다. 진의와 요수석 두 동지와의 논쟁문제는 업무관계성 문제에 속하는 것으로, 진의 동지가 출발하기 전에 두 동지가 이미 직접 명확하게 대화하였기 때문에 지금은 더 이상 문제가 되지 않습니다. 중앙에서는 진, 요 두 동지와 화중국 및 군 분위 각 동지의 영도 아래 반드시 마음을 합쳐 중앙의 노선을 집행하고 전쟁의 승리를 쟁취하리라고 믿습니다. 내전시기에 민서(閩西)구역에서 있었던 논쟁에 관해서는 개별적 문제의 성질에 속하는 것이지, 총 노선에 관한 논쟁이 아니며 이미 확실하게 해결되었습니다. 항전시기의 환남(皖南), 소남(蘇南)의 업무에 관하여 진의 동지는 중앙노선을 집행하였기 때문에 항영 동지와 같이 논해서는 안 됩니다. 내전시기와 항전시기에 진의 동지는 모두 공로가 있었으며 노선에 대한 착오를 범하지 않았습니다. 이상의 두 가지에 대해 이해하지 못하는 동지에 대해서는 요수석 동지가 해석해 주십시오."[96]

이처럼 편지에서는 진의의 업무 처리에 대해 명확히 인정했으며, 그의 공로에 대해 찬양하였다. 편지에서 말한 "내전시기 민서(閩西)구역에서의 논쟁"에 대해 마오쩌동은 이렇게 결론을 내렸던 것이다. 이러한 마오쩌동에 대해 진의는 곧 보답했다. 1929년 6월 22일 중공 홍4군 제7차 대표대회가 복건성 용암(龍巖)에서 열리고 진의가 회의의 사회를 볼 때였다. 회의에서는 당의 홍군에 대한 영도, 홍군의 사상정치 업무, 농촌근거지, 홍군임무 등 중요한 문제에 대해서 논쟁이 벌어졌다. 그 때 마오쩌동이 말한 정확한 주장은 회의에서 받아들여지지 않았다. 회의 후 마오쩌동은 홍4군의 주요 영도 자리를 떠났다. 같은 해 9월, 중공중앙은 홍4군의 당내 상황에 대한 진의의 보고에 근거하여 홍4군에게 지시하는 편지를 내고 마오쩌동의 정확한 주장을 인정했으며 마오쩌동의 전위서기(前衛書記) 직무를 회복시켜 주었다. 진의의 정확한 보고가 마오쩌동을 재기시켜 주었던 것이다.

진의의 서두름을 말린 마오쩌동

항전시기의 환남, 소남의 업무에 관하여 마오쩌동은 진의를 항영(項英, 1898-1941)과 구

---

96) 《毛澤東選集》 第2卷.

별하였다. 항영은 항일전쟁이 폭발한 후 중공중앙 동남국(東南局)의 서기, 중앙군위 신사군 분회 서기, 신사군 부군장을 맡았다. 그는 신사군의 업무를 주관하는 기간에 통일전선에서의 독립자주에 대한 중앙의 방침을 확고히 집행하지 않았으며, 국민당 보수파의 반동적 진공의 엄중성에 대한 인식이 부족하여 이런 진공을 대처하는 준비가 부족하였고, 따라서 장개석이 발동한 환남사변에서 신사군이 중대한 손실을 입었으며, 본인도 그들에게 살해되었다.

진의는 연안에 온 후 7기 대회를 열기 전야에 마오쩌동에게 편지를 써서 신사군의 업무상황 및 그와 다른 사람들과의 논쟁을 반영하면서 다급함을 드러냈다. 마오쩌동은 제때에 회신을 하여 권고하면서 그 방향을 이끌어 주었다. 편지에서는 이렇게 말했다. "진의 동지, 온 편지는 이미 읽었고, 유소기 동지에게도 보내어 읽게 하였습니다. 어떤 일에서나 참으면서 자기의 결점을 많이 생각해야 하며, 전반적인 국면의 진전 상황을 고려해야 합니다. 큰 원칙에 어긋나지 않는 상황에서 다른 사람들을 많이 이해해 줘야 합니다. 인내는 가장 어려운 일이지만 정치가로서는 반드시 참는 것을 연습해야 합니다. 이 의견들을 고려해 보시기 바랍니다. 감기에 걸렸을 때는 많이 자고 적게 움직이고 많이 먹어야 합니다. 나머지 내용은 만나서 이야기합시다." 편지의 어투는 간절했고 전해오는 감정은 너무나 진지했다. 그는 진의에 대한 이해를 나타내면서도 그에게 높은 요구를 제시했으며, 서로 다른 의견에 대해서는 참으면서 자신의 결점에 대해 반성할 것을 요구하였던 것이다.

시 짓기에 마음이 통했던 진의와 마오쩌동

진의는 어렸을 때부터 문학을 좋아했으며, 청년시대에는 시가와 소설 창작에도 종사한 적이 있었고, 문학연구회의 조기회원이기도 했다. 군무에 바빴던 전쟁시기에도, 사무가 다망했던 건설시기에도 시를 짓고자 하는 격정은 조금도 줄어들지 않았다. 전투하는 중에도 짬을 내어 새로운 시를 창작했고, 정치적 업무를 하면서도 시간적 여유가 생기면 시 창작에 매달렸다. 이런 그의 대표작으로는 《공남(贛南)유격대》, 《매령삼장(梅嶺三章)》, 《감사서회(感事書懷)》, 《동야잡영(冬夜雜咏)》, 《63세생일술회(述懷)》, 《시단회(示丹淮), 병고호소(幷告

昊蘇), 소노(小魯), 소산(小珊)》 등이 있다. 이런 시들 중 "이번에 천대(泉臺)에 가서 과거의 부대를 모았는데 10만 대군을 모아 무적이 되었다" "떠 있는 구름이 종일 태양을 가리고 있다고 말하지 말라. 엄동설한이 지나면 봄 꽃봉오리가 핀다" "소나무가 고결한 것을 알려면 눈이 녹을 때를 기다려라" 등 명구는 많은 사람들에게 좌우명으로 인용되었다.

진의의 시는 남아 내려오는 것이 350여 편에 이른다. 1977년 인민문학출판사는 《진의 시사선집》을 출판하면서 150편을 선별하여 실었다. 이런 시는 저자의 애국애민의 마음과 공명정대한 혁명적 포부를 충분히 표현했으며, 웅대한 기세와 비범함을 간직하고 있었으며, 또한 소박하고 평이하여 명리를 추구하지 않았으며 담담하고 맑았다. 근대의 시인들 중에서 마오쩌둥은 유아자(柳亞子)와 진의의 시를 즐겨 읽었다. 그는 유아자의 시는 기세가 웅장하여 "읽으면 사람으로 하여금 감정이 북받치게 하며" 자신의 시는 "유아자의 시와 약간 비슷하다"고 여겼다. 진의의 시를 평론할 때에는 이렇게 말했다. "진의의 시는 호방하고 피가 끓어오르게 한다. 어떤 점에서는 나와 비슷한 점이 있다. 특히 진의는 의협심이 있고 직선적이다."[97] 마오쩌둥은 자기의 시풍을 유아자와 진의의 유형에 넣었으며 호방한 시풍에 마음이 기울어졌음을 분명히 표명하였다. 이처럼 두 사람은 모두 시를 좋아하였고 또 시풍이 비슷했기 때문에 마오쩌둥과 진의는 더욱 많은 우정을 쌓았고 더욱 많은 이해를 하게 되었다.

진의의 시문학에 대한 마오쩌둥의 의견

1965년 7월 21일 마오쩌둥은 진의가 그에게 시를 고쳐달라고 하자 진의에게 다음과 같은 편지를 썼다.

진의 동지 :
당신은 나에게 시를 고쳐달라고 하지만 나는 고칠 능력이 없습니다. 나는 5언 율시에 대해 배운 적이 없고, 5언 율시를 발표해본 적도 없습니다. 당신의 대작은 기세가 웅장합니

---

97) 范忠程主编, 《博覽群書的毛澤東》, 湖南出版社, 1993

다. 다만 형식면에서 율시와는 조금 어울리지 않는다고 느껴집니다. 율시는 평측(平仄)을 강조해야 하는데 평측을 강조하지 않으면 율시가 아닙니다. 내가 보기에 당신은 이 점에서 나처럼 입문하지 못한 것 같습니다. 나는 가끔 7언 율시를 써보기는 했지만 내 마음에 든 시는 없었습니다. 당신이 자유시를 쓰는 것과 마찬가지 마음이랄까요. 나는 장단구(長短句) 시에 대해서는 좀 압니다. 엽검영 동지는 7언 율시에 능하고, 동필무 동지는 5언 율시에 능합니다. 율시를 배우려면 그들에게서 가르침을 받으십시오.

서행(西行)

서쪽으로 급히 만 리를 가는데(萬里西行急)
바람을 타고 공중에서 나는 듯하다(乘風御太空).
펼쳐진 봉황의 날개가 아니라면(不因鵬翼展)
어찌 새들이 날 수 있는 길이 있겠는가(哪得鳥途通).
바다 물로는 천만 잔의 술을 빚을 수 있고(海釀千鍾酒)
높은 산에는 무수히 많은 파를 심을 수 있다(山裁万仞蔥).
전쟁으로 나라가 뒤덮여 있는데(風雷驅大地)
여기에 좋은 친구들이 있네(是處有親朋).

당신이 보낸 시중에서 이 시 한 수만 고쳤습니다만 만족스럽지는 않습니다. 다른 것은 고칠 엄두도 못 내구요. 다만 시에 대한 나의 의견을 쓴다면 다음과 같습니다.

시는 형상적인 사유를 필요로 하므로 산문처럼 직설적으로 쓰면 안 됩니다. 그러므로 '비(比)', '흥(興)' 두 가지 방법을 쓸 수가 없는 것입니다. 그러나 부(賦)에는 쓸 수 있습니다. 예를 들면 두보의 《북정(北征)》은 "그 일을 서술하면서 솔직하게 말하는데" 거기에는 '비', '흥'이 있습니다. "'비'라고 하는 것은 그 사물로 이 사물을 비교하는 것이고" "'흥'이라고 하는 것은 먼저 다른 사물을 말하고 그것으로 말하려는 것을 끌어내는 것입니다." 한유(韓愈)는 문(文)을 시(詩)라 하였는데, 이를 두고 어떤 사람들은 그가 시를 전혀 모른다고 하였습니다. 그러나 그러한 평가는 너무 지나친 것 같습니다. 예를 들면 《산석(山石)》, 《형악

《衡岳》,《8월 15일 장(張)씨를 격려해 주고 조(曹)씨에게 공을 치하해 주다》와 같은 것은 괜찮은 것입니다. 여기서 시를 짓는 어려움을 알 수 있을 겁니다. 송나라 사람들은 다수가 시에 형상적인 사유를 써야 한다는 것을 알지 못했기 때문에, 당나라 사람들의 법칙을 바꾸어놓는 바람에 그들의 시는 밀랍을 씹는 맛이 될 수밖에 없었습니다. 위에서 이렇게 마음대로 말한 것은 모두 고전에서 한 말들입니다. 오늘의 시를 쓰려면 형상적인 사유방법을 써야 하는데, 계급투쟁과 생산투쟁을 반영할 때는 고전에서 말하는 방법으로 써서는 안 되는 것입니다. 그러나 백화문으로 시를 써서 지금까지 몇 십 년 동안 성공하지 못했습니다. 민요 중에는 그래도 좋은 것들이 있습니다. 장래의 추세는 민요 중에서 영양분과 형식을 흡수하여 광대한 독자들을 흡인하는 새로운 문체의 시가로 발전될 가능성이 매우 많습니다. 또 이백은 율시가 매우 적고, 이하(李賀)는 5언 율시가 몇 개 있는 외에 7언 율시는 한 수도 쓰지 않았습니다. 그러나 이하의 시는 읽어볼 가치가 있다고 봅니다. 흥미가 있습니까? 안녕을 기원합니다!

마오쩌동

1965년 7월 21일

편지에서는 이렇게 솔직하게 의견을 교환하고 상대방 시의 결점을 비평하였으며, 그 장점에 대해서 인정한 것을 보면, 두 사람이 우정이 깊고 서로에게 믿음을 가지고 있었음을 넉넉히 알 수 있을 것이다.

'문화대혁명' 초기에 진의는 '2월 항쟁(문화대혁명의 잘못에 대한 중공 원로들의 비판한 일 - 주)에 용감히 참가하여 마오쩌동의 잘못된 비판을 받았다. 그러다가 임표가 사망한 후 마오쩌동은 '2월 항쟁'에 참가했던 진의, 엽검영 등 동지들의 누명을 벗겨주었다. 진의가 병으로 세상을 뜬 후 마오쩌동은 앓고 있는 몸으로 그의 추도식에 참가함으로써 그에 대한 신임을 다시 한 번 나타냈다.

중국혁명과 건설을 위하여 중요한 공헌을 하였고 걸출한 재능을 갖고 있었으며 개성이 강했던 그를 마오쩌동은 높게 평가했고, 그런 진의는 사람들의 기억 속에 오랫동안 남아 있고, 많은 면에서 중국인들에게 영향을 미친 인물이었다.

등소평 鄧小平 덩샤오핑
잘못도 많으나 잘못을 뉘우칠 줄 아는 영도자

중앙소비에트에서 마오쩌둥 파로 불리었던 등소평

등소평은 마오쩌둥을 계승하여 중화민족의 진흥을 영도한 또 한 명의 위인이다. 그는 "세 번 쓰러지고 세 번 일어섰으며" 전기적인 인생 역정을 산 인물이었다. 그는 마오쩌둥이 장기간 신뢰하고 중시한 인물로서, 그가 창립한 등소평 이론은 마오쩌둥 사상의 계승과 발전이며, 당대 중국의 마르크스주의였다. 중국인민은 바로 그의 이론적 지도 아래에서 강택민, 호금도, 습근평을 핵심으로 하는 당 중앙의 영도아래 21세기를 구가하고 있는 것이다.

등소평은 마오쩌둥보다 10년 늦게 출생했다. 그러나 그는 매우 일찍 혁명에 참가하였고 마오쩌둥의 전우가 되어 중국공산당의 창건과 발전을 위해, 인민군대의 창건과 발전을 위해, 중화인민공화국의 창건과 발전을 위해 어깨를 나란히 하고 싸웠다. 그는 인민공화국의 개국공신이며 건국 후 제1대 중앙영도집단의 중요한 성원이었다. 마오쩌둥은 그에 대해 매우 잘 알고 있었고 여러 차례 좋은 평가를 내렸다.

마오쩌둥은 "8기 대회"가 열리기 전의 마지막 중앙전체회의에서 등소평을 새로 설립한 중앙의 총서기를 담임하도록 추천하였다.[98] 그러자 등소평은 이렇게 말했다. "총서기라는 이 직무에 나는 아직 안 어울리고 또 맞지 않다고 생각한다. 물론 혁명에서 필요한 결정

---

[98] "우리는 지금 총참모장을 한 명 청했다. 당신들의 옛 상사인데 정치국에서 요청해 돌아왔다. 어떤 사람들은 그를 무서워한다. 그러나 그는 일을 비교적 과단성 있게 처리한다. (마오쩌둥은 또 등소평에게 말했다)나는 당신에게 두 마디 말을 해주겠다. 그것은 '부드러움 속에 강한 것이 있으며, 솜 속에 바늘을 감추고 있다'는 말로, 겉은 부드럽고 마음은 강철이어야 한다는 말이외다." 〈1973년 12월 15일 중앙정치국위원과 각 군구 사령관과의 담화〉, 陳繼安 編, 《鄧小平談鄧小平》, 湖北人民出版社, 1995.

이라면 방법이 없겠지만, 나 자신은 당황스럽고 두렵다. 나는 아직도 비서장이라고 하는 이 직무를 맡는 것이 편하다." 이에 대해 마오쩌둥은 이렇게 말했다. "그는 비서장은 하기를 원하고 총서기는 하기를 싫어한다. 그러나 사실상 총서기가 하는 일이나 비서장이 하는 일이나 같은 것이다. 그가 자신에게는 맞지 않는다고는 하지만, 나는 오늘 그의 장점에 대해 선전하고자 한다. 그는 '공정하고 재능이 있으며' '일을 할 줄 알고 주도면밀하며' '국면을 고루 잘 돌보고 너그럽다' 이것이 그의 장점이다"라고 평가하였다.[99] 이 말은 1956년에 한 것이다. 이러한 그에 대한 평가는 전쟁 시기 등소평의 뛰어난 일 처리능력이 그에게 남겨준 깊은 인상에서 나온 것임은 두 말할 필요가 없을 것이다.

중앙소비에트구역에 있을 때 등소평은 '마오쩌둥 파'로 공격을 받았는데, 이것은 마오쩌둥이 등소평에 대해 주의 깊게 살펴보는 계기가 되었던 것이다.

서남지역에서 탁월한 공훈을 세운 등소평에 대한 마오쩌둥의 신뢰

1942년 유소기와 등소평이 영도하는 129사단은 당 중앙과 마오쩌둥의 "정예 군대와 간소한 정부"의 방침을 확고히 집행하였으며, 세 차례의 대대적인 간소화 개혁을 진행했는데 순조롭게 일을 완성하였다. 그러자 마오쩌둥은 유소기와 등소평을 칭송하여 "진기로예변구의 영도자 동지들은 군대를 정예화하고 정부를 간소화 시킨 모범적인 예입니다"라고 말했다.

등소평은 처음 태항산에 오른 지 얼마 안 되어 유물변증법 이론에 따라 업무를 잘 지도하였다. 그는 부대 내 간부회의에서 "변증법에 따라 일을 해야 한다"라는 명언을 했다. 이 말이 연안에 전해진 후 마오쩌둥은 그를 매우 찬양했다. 마오쩌둥은 1945년 6월 중공의 "7기 대회" 발언에서, 금후 우리가 어떻게 전국의 인민을 영도하여 혁명의 승리를 쟁취할 것인가를 말할 때, 태항산의 등소평 동지가 말한 것처럼 변증법에 따라 일을 해야 한다고 등소평의 말을 인용했을 정도였다.

1945년 유소기와 등소평의 대군이 "날카롭게 대처하여 한 치의 땅이라도 반드시 다투

---

99) "이 사람은 원칙성도 있고 융통성도 있어, 우리 당내에서는 얻기 힘든 영도인재이다."〈1957년 모스크바에서 흐루시초프와 한 담화〉,《등소평》, 중앙문헌출판사, 1997.

어야 한다"고 하는 방침을 취하여 상당(上黨) 자위작전의 위대한 승리를 거두었다. 마오쩌동은 유소기, 등소평 대군이 이 전역에서 잘 '대처했고' 잘 '싸웠다'고 높이 평가하였다. "이 전역의 승부는 전체 국면을 유리하게 이끌어 가게 하는 것과 관계되는 일이기에 지극히 중대하다"고 보았기 때문이었다. 1947년 8월 유소기, 등소평의 대군 12만여 명은 노서(魯西南)남에서 장개석의 심복이 주둔하고 있던 지구인 대별산(大別山)에 들어가 인민해방군의 방어전략으로부터 공격하는 전략으로 전환하는 대변혁을 실현시켰던 것이다.

1948년 가을, 등소평은 회남(淮南)전역의 '총전위(總前衛)'서기를 담당했다. 총전위의 지휘 아래 '중야(中野)'와 '화야(華野)'는 밀접하게 합작하면서 66일 동안에 55만 명을 섬멸하고 회해전역의 전승을 거두어 세계전쟁사의 기적을 창조하였다. 그러자 마오쩌동은 유소기와 등소평에게 말했다. "회해전역에서 잘 싸웠습니다. 김이 안 든 설익은 밥임에도 당신들은 한입한입 먹어버렸습니다……"

그 후 등소평은 도강(渡江)전역, 해방전역, 대서남 진군전역에서 모두 중대한 공헌을 하였다. 1949년부터 1952년에 이르기까지 등소평이 서남지역의 업무를 주관했던 2년 여 시간에 서남지역 몇 개성의 면모는 근본적인 변화가 일어났다. 등소평의 탁월한 재능과 뛰어난 사무 처리에 마오쩌동은 칭찬을 마다하지 않았다. 1951년 1월 28일 마오쩌동은 서남의 일은 "노선이 정확하고 방법이 적당하여 이뤄낸 성적이 매우 크다"고 말하고 등소평의 종합보고서를 각지에 보내 학습토록 하였다. 이 해 9월 3일 밤 마오쩌동은 저명한 학자이며 민주인사인 양수명(梁漱冥)과 담화하였는데, 양수명이 등소평이 사천에서의 일에서 걸출한 능력을 보여주었다고 칭찬하자 마오쩌동이 이를 받아 말했다. "양 선생은 참잘 보셨습니다. 정치에서나 군사에서나 문무에서나 등소평은 정말로 뛰어난 재간둥이입니다."[100]

1952년 등소평은 중앙으로 발령되어간 후 직접 마오쩌동의 신변에서 일하게 되었다. 마오쩌동은 등소평의 업무능력과 재능을 직접 확인할 수 있게 되어 마오쩌동으로 하여금 "더욱 재능 있고 일을 할 줄 아는 얻기 힘든 인재"라는 인상을 남기게 되었다.[101]

---

100) 陳徽 주편 《모택동과 문화계 명인》, 326쪽. 중국사회출판사, 1993년.
101) "(등소평은) 얻기 힘든 인재이다. 정치사상이 강하다. 당신보다(왕홍문(王洪文)을 가리킴) 낫다" 〈1974년 말 왕홍문(王洪文)과 한 담화〉, 陳繼安編, 《鄧小平談鄧小平》, 湖北人民出版社, 1995.

원대한 안목과 과감한 결단력을 가진 등소평에 대한 마오쩌뚱의 의지

마오쩌동이 등소평의 정치사상이 왕홍문보다 강하다고 한 말은 객관적이고 공정하며 그 의미하는 바가 매우 깊었던 것이다. "정치사상이 강하다"는 것은 마오쩌동의 등소평에 대한 높은 평가일 뿐만 아니라, 또한 당내 많은 원로 동지들의 일치한 관점이었다.[102] 유백승(劉伯承) 원수는 신변의 근무요원에게 이렇게 말한 적이 있다. "나는 싸움을 영도하는 데는 괜찮은 편이지만 정치선전과 당내의 조직업무는 등소평 정위를 의지해야 한다." 등소평이 정치사상이 강하다는 것은 그가 굳은 당성을 갖고 있고 확고부동하게 당 중앙의 노선, 방침, 정책을 집행하고 당 중앙과 고도의 일치성을 유지한데서 나타났으며, 그가 명확한 정치적 안목을 갖고 있고, 때에 맞춰 흐름을 관찰하고 발견하여 합리한 대책과 조치를 취하여 착오적인 경향을 해결하고 바로잡는 등 조직적 영도재능과 정치사상수준을 갖고 있었던 데서 잘 나타난다.[103] 그의 이러한 특징은 마오쩌동이 살아있을 때도 선명하게 나타났을 뿐만 아니라, 마오쩌동이 서거한 후에 더욱 돌출적으로 나타나게 되었다. 그는 "두 개의 무릇"이라는 문제를 제기하는 방법에 동의하지 않고, 사회주의시기에 계속 "계급투쟁을 강령으로 하는 것"을 반대하였으며, "한 개의 중심, 두 개의 기본 점"을 당의 새로운 시기의 기본노선으로 정하기를 제시하였다. 그는 마오쩌동의 역사적 지위와 마오쩌동 사상의 과학적 체계를 과학적으로 평가하는 것을 견지하였고, "문화대혁명"의 착오적인 실천과 이론을 근본적으로 부정하였으며, 동시에 마오쩌동과 마오쩌동 사상의 착오적인 측면을 완전히 부정하는 것을 확고히 지켰다.

등소평은 숭고한 품격과 패기를 갖고 있었는데, 이것은 그의 혁명 실천 활동 중에서 모두 구현되었으며, 그의 "세 번 쓰러지고 세 번 일어선 경력"과 중국사회주의 발전의 새로운 길을 개척하는 과정에서 구현되었다. 그가 타격을 받고 역경에 처해있을 때도 그는 종

---

102) "나의 계승자는 첫째가 유소기이고, 둘째는 등소평이다."〈1961년 몽고메리와 한 담화〉, 陳繼安 編,《鄧小平談鄧小平》, 湖北人民出版社, 1995.

103) "내가 보기에 등소평 이 사람은 비교적 공정하며 재능이 있다. 그렇다면 그는 모든 일을 잘 처리했는가? 그것은 아니다. 그도 나와 같다. 많은 일을 틀리게 처리했고, 또 어떤 말은 틀리게 말했다. 그러나 그는 일을 잘 처리할 줄 알았고, 비교적 주도면밀하였다. 그에게 불만이 있는 사람도 있지만 나에게 불만이 있는 사람이 있는 거나 마찬가지다. 그러나 대체적으로 말하면 이 사람은 비교적 전체 국면을 돌아볼 줄 알며, 비교적 너그러우며, 문제를 처리하는데 있어서 비교적 공정하다. 그는 착오를 범하면 자신에게 매우 엄격하다." 劉金田 편,《鄧小平的歷程》(하), 해방군문예출판사, 1994.

래 소침해지지 않았으며, 사심이 없었고 두려움이 없었다. 그는 언제나 침착하고 강인하고 미래에 대해 낙관적인 태도를 갖고 있었다. 그러한 역경 속에서 그는 중국혁명의 경험과 교훈, 그리고 근본적인 법칙문제에 대해 더욱 깊게 생각하는 계기로 삼았으며, 새롭고 더욱 큰일을 이루러 내야 한다고 분발하곤 하였다. 그러했기 때문에 그는 역사와 현실적인 형세의 요구에 순응할 수 있었으며, 역경을 겪은 후는 또다시 중임을 맡을 수가 있었다. 특히 그의 "문화대혁명" 중에 상승과 하락은 "무엇이 사회주의이며 어떻게 사회주의를 건설할 것인가"라는 것에 대해 깊은 반성을 하게 하였으며, 그로 하여금 11기 3중 전회 이후 전당과 전국의 인민을 영도하여 중국특색이 있는 사회주의의 새로운 길을 개척하고 건설하도록 하게 하였던 것이다. 새로운 길을 개척하는 과정에서 그는 실천을 존중하고 시대발전의 맥박과 계기를 예리하게 파악하여 선인들을 계승하면서도 진부한 규제들을 없앴으며, 세계의 경험을 거울로 삼으면서도 외국식 모형을 그대로 따라하지 않고, 언제나 중국의 현실과 당대 세계발전의 특징으로부터 출발하여 새로운 경험을 종합하여 새로운 방법을 창조하였다. 그는 대중들을 존중하였으며 인민의 이익과 바람에 관심을 기울였다. 그는 안목이 원대했고 포용력이 넓었으며 언제나 큰 국면을 생각하면서 각종 중대한 문제를 관찰하고 처리하였다. 그는 고상하고 행동에 결단성이 있었고, 중대한 결정을 과감히 내리는 과정에서 그의 비범한 담력과 지략과 용기가 더욱 잘 표현되었다.

누구에게나 잘못은 있다고 하면서 마오쩌둥을 감싸 안은 등소평의 관용

등소평은 공적을 다투지 않았으며 과오를 남에게 떠밀지 않았다. 그는 자기가 일생 동안 한 일을 언제나 하나가 둘로 나뉘는 방법으로 보았다. 1980년 8월 그는 이탈리아 기자와 단독 회견하였는데, 기자 아오린아이나 파라치가 "당신은 자기에 대해 어떻게 평가합니까?"라고 물었을 때, 그는 "나 자신은 잘한 것과 못한 것이 반반이라면 좋겠습니다. 그러나 정말로 하고 싶은 말은 내 일생에 부끄러운 점은 하나도 없다는 것입니다. 기억해 두십시오. 나는 많은 잘못을 저질렀고 마오쩌둥이 범한 착오에는 나도 한 몫 거들었는데, 단지 말하라고 한다면 좋은 마음에서 저지른 것입니다. 착오를 범하지 않는 사람은 없습니다. 과거의 착오를 모두 마오쩌둥 주석에게만 덮어씌워서는 안 됩니다." 당의 11기 5중

전회 제3차 회의에서 등소평은 자기가 잘못을 범한 적이 있다고 반복해서 말했다. 그는 이렇게 말했다. "1957년 우파를 반대할 때, 우리는 적극분자였으며, 우파를 반대하는 활동이 확대된 데는 나의 책임이 있습니다. 나는 총서기였기 때문입니다. 1958년 대약진 때 우리의 머리도 열을 받았었습니다. 여기에 앉아있는 오랜 동지들도 열을 받아 머리가 뜨거웠던 사람들이 적지 않을 것입니다. 이런 문제는 한 사람의 문제가 아닙니다. 우리 모두의 책임입니다. 우리는 착오를 범하지 않은 사람이 없다고 인정해야 합니다. 나로 말하면 4:6의 비율로 나눌 수 있습니다. 60퍼센트는 좋은 일을 했고, 40퍼센트는 좋지 않은 일을 했다고 보지만, 나는 만족합니다."

등소평이 여러 차례 반복적으로 '반반' 내지 '4:6의 비율', "좋은 일을 많이 했지만 잘못된 일도 더러 했다"고 하는 식으로 자기의 공로와 과오를 말한 것은 그의 실사구시적인 태도와 겸허한 품성의 반영이었지, 그렇다고 해서 그의 위대함에 영향을 미치지는 못했을 뿐만 아니라, 도리어 사람들로부터 그에 대한 숭배와 존경, 사랑하는 마음을 더욱 많이 갖게 하였다.

모택동毛澤東. 마오쩌둥
호랑이 기질도 강하나 원숭이 기질도 있다

청소년기에 천하와 국가는 우리의 것임을 외친 마오쩌둥

마오쩌둥은 많은 고금의 인물들을 평했으며, 또한 여러 차례 자기 자신을 평하였다. 그는 그의 성격, 지식, 염원, 공로, 과오에 대해 말한 적이 있었다. 그의 자아 평가 중에서 위인으로서의 내심세계와 그의 사랑과 증오, 걱정과 즐거움을 볼 수가 있으며, 끊임없이 자신의 생각을 추구해나갔음을 볼 수가 있다. 그러나 그는 위대한 사람이기는 했지만 '성인'레벨까지는 이르지 못했던 인물이었다.

마오쩌둥은 중국 민족사에서 걸출한 인물 중에서도 가장 대표적인 인물이다. 그의 경력은 근 백 년 동안 중국인들이 끊임없이 분투했던 역사의 축소판이라 할 수 있다. 마오쩌둥은 중국사회의 최하층에서 등장했기 때문에, 그는 인구가 가장 많은 농민계층을 자신의 지지기반으로 가지고 있었다. 곧 그는 농민의 아들이었고, 중국의 농촌에서 출현한 위인이었던 것이다. 그는 일찍이 여러 차례 사람들에게 "나는 농민의 아들이다. 어려서부터 나는 농민의 생활을 하였다"고 말했듯이 그의 몸에는 농민의 생활습성이 남아있었고, 그의 마음속에는 농민으로서의 사상과 감정이 남아있었다.

마오쩌둥은 비록 벽지 시골에서 태어났지만, 책을 읽고 공부하는 것을 좋아하였으며, 책은 그의 시야를 넓어지게 하였고, 그의 재능을 향상시켜 주었다. 그는 청소년시기부터 어떤 사명감을 가지고 있었으며, 자신감을 가지고 있었다. 1910년 16살이 된 마오쩌둥은 집을 떠나 상향(湘鄉)의 동산소학교에 가서 공부하였다. 떠날 때 일본 정치가인 사이고 다카모리(西鄉隆盛)의 시를 필사하여 그의 결심을 표현하였다. 즉 "아들은 뜻을 품고 고향을 떠납니다. 학업을 이루지 못하면 돌아오지 않겠습니다. 어찌 고향 땅에만 뼈를 묻어야 합니까? 인생은 어느 곳이나 청산이 아닙니까?" 마오쩌둥은 근대 이래 빈약한 국면에 직면해 있던 조국 중국의 장래를 위해, 중국의 역사적 운명을 짊어져야 할 중대한 사명을 자신들 세대가 맡을 것이라고 확신하였던 것이다. 그는 늘 뜻이 통하는 동창생과 함께 상강 기슭에 오랫동안 서서 "격앙된 문장으로 시사를 비평하고 찬양하면서 과거의 문인들을 조롱했고", "망망한 대지 위에서 누가 부침을 좌우하는 지를 물었다." 5.4운동 시기에 그는 《민중 대 연합》이라는 글에서 큰 소리로 외쳤다. "천하는 우리의 천하이다. 국가는 우리의 국가이다. 사회는 우리의 사회이다. 우리가 말하지 않으면 누가 말할 것인가? 우리가 하지 않으면 누가 할 것인가?"

혁명전쟁의 전략을 독서에 의지했던 마오쩌둥

마오쩌둥의 일생은 평탄하지 않았다. 그의 주장, 언행이 사람들에게 이해되지 못하고 받아들여지지 못했을 때, 그도 여러 차례 타격을 받아야 했고 면직도 당하는 등 수많은 역경을 겪었던 것이다. 그러나 그는 지향하는 바가 확고했고 의지가 굳었으며 모든 경험에 대한 종합을 잘 하여 그것을 토대로 지속적인 성장을 하였다. 1960년 12월 26일은 마오쩌둥의 67세 생일이었다. 25일 마오쩌둥은 일부 친족들 및 신변 근무요원들과 회식을 하였다. 회식할 때 그는 사람이 언제나 위에서만 군림할 수는 없는 것이므로, 종종 밑으로 내려가 조사연구에 매진해야 한다면서 "사람은 압력이 없으면 발전할 수 없다"고 말했다. 그러면서 자신의 경험을 말했다. "나는 여러 차례 압력을 받은 적이 있고, 세 차례의 큰 처벌을 받은 적이 있다. 그리고 당적에서 제명을 당한 적이 있으며, 군사 직무에서 면직을 당해 군대를 지휘하지 못하고 당을 영도하는 일에 참여하지 못한 적도 있다. 그때 나는 집에 박혀 있었고, 나를 찾아오는 사람은 아무도 없었다. 그러나 나는 아무도 찾지 않았다. 왜냐하면 나에 대해 등(鄧), 모(毛), 사(謝), 고(古) 등과 함께 하는 종파주의자라고 하기 때문이었다. 사실 나는 등소평 동지의 얼굴을 보지도 못했다. 후에 무한에서 그가 나를 만났다고 하는데, 나는 그런 인상이 전혀 없다. 아마 보기만 했을 뿐 말은 하지 않았을 것이다. 그때 나에게 씌워준 '모자(帽子)'가 많았다. 산에서는 마르크스주의가 나오지 않고 도시에서만 마르크스주의가 나온다고 하였는데, 그들은 조사연구도 하지 않았다. 사실 나는 처음부터 산에 있었던 것이 아니고, 처음에는 도시에 있었고 나중에야 산으로 갔다. 그러나 사실 내가 산에서 있었던 것은 몇 년이나 됐기에 산에서의 경험이 그들보다 좀 많았다고 할 수 있다. 그들은 내가 일관적으로 우경기회주의, 협애한 경험주의, 창간자주의(槍杆子主義)를 신봉한다고들 말했다. 그 당시 나는 할 일이 없었기에 책을 보았다. 그들은 내가 《삼국연의》와 《손자병법》에 의해 싸움을 지휘한다고 비평하였다. 사실 그 당시 나는 《손자병법》은 본 적이 없고 《삼국연의》를 몇 번 보았을 뿐이다. 그러나 작전을 지휘할 때 어찌 《삼국연의》를 기억하고 있겠는가? 나는 그들에게 반문한다. 당신들은 내가 《손자병법》에 따라 작전을 지휘했다고 하는데, 그렇다면 당신들은 나보다도 더 많이 읽었기에 내가 읽었는지를 알 수 있는 것이 아닌가? 그렇다면 《손자병법》은 몇 권이나 되고, 제1장 서두에서 한 말은 무엇인지 묻고자 한다. 그러나 그들은 아무 말도 못하였다. 원래 그들은 아예 읽은 적이 없기 때문이었다. 후에 섬북에 와서 책을 8권 읽었는데, 그 중에 《손자병법》을 읽었고, 칼 폰 클라우제비츠 (1781 - 1831, 프로이센 군사이론가)의 책을 읽었고, 일본사람이 쓴 군사서적도 읽었으며, 작전을 논한 소련사람이 쓴 책 등을 보았다. 그때 이런 것들을 읽은 것은 혁명전쟁의 전략문제를 논하는 것을 쓰고 혁명전쟁의 경험을 종합하여 교훈을 얻기 위해서였다."

《모택동선집》은 나의 책이 아니라 대중의 지혜를 모은 책이다

마오쩌동 사상은 중국식 마르크스레닌주의이며, 마오쩌동을 대표로 하는 중국 공산당원을 창조하는데 있었다. 해방 후 《모택동선집》이 출판된 후 국내외에서 큰 반향을 불러일으켰다. 그러나 마오쩌동은 《모택동선집》을 그 개인의 것이라고 생각하지 않고 대중의 지혜를 모은 책으로 보았다. 항전시기 연안의 이론계에서는 "마오쩌동주의"에 대해 토론을 벌인 적이 있었다. 그는 이것을 알게 된 후 중앙당교에서 이렇게 발언하였다. "마오쩌동주의는 나 한 사람의 사상이 아니고, 수천만 선열들이 선혈로 쓴 것이며, 당과 인민 모두의 지혜이다" 1964년 3월에 그는 박일파(朴一波)에게 말했다. "《모택동선집》 중 어떤 것이 내 것인가! 이것은 피로 쓴 저술이다. ……《모택동선집》의 내용들은 대중들이 우리에게 가르쳐준 것이며 피 흘린 희생의 대가이다."

역사와 자연과학을 좋아했던 마오쩌동

마오쩌동은 어렸을 때부터 역사를 즐겼는데, 역사에 대한 관심은 평생 동안 식지를 않았다. 그는 다른 사람들에게 역사를 연구할 것을 권했을 뿐만 아니라, 자기 자신도 역사에 관한 책을 쓰려고까지 하였다. 1959년 5월 그는 비서 임극(林克)에게 "신해혁명으로부터 장개석이 정치무대에 오르기까지의 대사기를 쓰려고 하는데, 장개석 집단 자체의 변화에 대해서는 쓰지 않을 수도 있지만, 장개석이 정치무대에 오른 후에 치른 군벌전쟁만은 써넣으려 한다"고 말했다. 또 "손문이 임시대통령에 오르고 채악(蔡鍔)이 원세개를 반대했던 것과, 장개석과 계계(桂系; 李宗仁, 白崇禧 계열의 군벌)와의 싸움, 장개석, 풍옥상(馬玉祥), 염석산(閻石山)의 싸움 등을 모두 써넣을 것"이라고 하였다. 그러나 마오쩌동은 일생 동안 너무 바쁘게 지내다보니 시간을 내어 역사서를 쓰려던 자신의 염원을 이루지는 못했다. 마오쩌동은 역사 못지않게 자연과학도 즐겨하였다. 1951년 4월 중순 어느 날, 마오쩌동은 주세교(周世釗)와 장죽여(蔣竹如)에게 말했다. "나는 이삼 년간 휴가를 얻어 자연과학을 배우고 싶다. 애석하게도 나에게 이렇게 긴 휴가를 주는 것이 허락되지는 않을 것이다." 그러나 그는 비록 휴가를 얻어 자연과학을 전념하여 공부할 수는 없었지만, 마오쩌동은 스스로 공부하고자 힘썼고 많은 책을 사서 보았으며, 중학교의 물리와 화학실험 기구들을 사와 침실에 벌려놓고 연구하였으며, 많은 화학분자식을 쓸 수가 있었다.

두려움을 모르는 성격의 소유자 마오쩌동

1964년 8월 24일, 마오쩌동은 주배원(周培源)과 우광원(于光遠)에게 중국혁명에 대한 자신의 인식과 그 인식이 어떻게 발전해 왔는지에 대해서 말했다. 즉 "내가 정치를 한 것도 조금씩 해 온 것이다. 나는 공자의 책을 6년 동안 읽었고 7년 동안 학당을 다녔으며, 후에는 초등학교 교사가 되고자 했다.[104] 그 당시에 나는 무엇이 마르크스주의인지 아예 알지도 못했다. 마르크스, 엥겔스의 이름은 들어본 적도 없었고, 나폴레옹과 워싱턴만 알고 있었다. 내가 군사업무를 할 때는 더욱 그러하였다. 나는 국민당 중앙 대리선전부장을 한 적이 있고, 농민강습소에서도 싸움의 중요성을 말한 적이 있다. 그러나 한 번도 나 자신이 군사를 이끌고 싸우게 되리라고는 생각지도 못했다. 후에 사람들을 데리고 싸우면서 정강산(井岡山)에 올랐던 것이다. 정강산에서 먼저 작은 전투를 하였는데 승전하였다. 이어서 한두 번의 전투에서는 크게 패배하였다. 그리하여 유격전을 해야 하는 경험을 얻을 수 있었다. 이 유격전이란 바로 적이 공격하면 나는 퇴각하고, 적이 주둔하면 나는 교란시키고, 적이 피로해지면 나는 싸우고, 적이 퇴각하면 나는 뒤를 쫓는 싸움이 그것이다. 장개석 위원장이 나에게 그렇게 싸우라고 가르쳐준 것에 대해 나는 감사하게 생각한다. 또한 당내의 일부 사람들에게도 감사하게 생각한다. 그들은 내가 마르크스주의를 전혀 모른다고 말했으며, 자신들은 백 퍼센트 볼셰비키라고 했는데, 그러나 백 퍼센트의 볼셰비키들이 백색구역에서 자신들의 역량을 백 퍼센트나 잃어버렸고, 소비에트 구역에서는 자신들의 역량을 90퍼센트나 잃어버렸다"고 했다. 마오쩌동의 개성 중 가장 특징적인 것은 "나쁜 것을 두려워하지 않는다"는 것이었다. 그는 장강을 헤엄쳐 건넌 후 감개무량해하며 "장강을 다른 사람들은 크다고 하지만 사실 큰 것은 두려운 것이 아니다. 미 제국주

---

104) "동지들에게 마오쩌동은 무서운 사람이 아니라고 알려주어야 한다. 나는 내가 공산당의 주석이 되리라고는 생각지도 못했다. 나는 원래 교사가 되려고 했는데 교사가 되는 것도 쉬운 일은 아니다." 李銀橋, 《在毛澤東身邊十五年》河北人民出版社, 1991.

의는 크지 않는가? 그러나 미 제국주의와 싸워보았지만 그렇게 대단하다고 느끼지 못했다. 그러므로 세계의 어떤 것들도 기실 두려운 것이란 없는 것이다"라고 말했다. 다른 연설에서 "큰 풍랑은 두렵지 않다. 인류사회는 바로 큰 풍랑 속에서 발전하기 때문이다"라고 말한 것과 일맥상통하는 말이다.

1950년대 말에서 60년대 초에 마오쩌동은 중국공산당을 영도하여 소련의 압력을 이겨낸 후 "소련사람들은 중국 사람들을 깔본다. 또 많은 국가의 인민들에 대해서도 무시하고 있다. 그들은 그들이 한 마디만 해도 모두들 순종하리라고 생각한다. 그들은 말을 듣지 않는 사람이 있다는 것을 믿지 않는데, 그들의 말을 듣지 않는 사람들 중의 한 명이 바로 나이다"라며 두려움에 대한 강인한 태도를 견지했음을 당당하게 말했던 것이다.

마오쩌동의 세 가지 포부

마오쩌동은 큰 뜻을 품었고 수많은 포부가 있었다. 그의 포부는 대체로 두 가지 부류로 나누어졌는데, 하나는 중국의 혁명과 건설의 전도와 긴밀히 연관된 것이었고, 다른 하나는 개인적 색채가 농후한 포부와 생각이었다. 만년으로 갈수록 그는 자신의 포부에 대해 흥미를 갖고 말하기 시작했다. 1961년 8월 어느 날 여산에서 마오쩌동이 그의 경호원 장선붕(張仙鵬)과 한담을 하면서 그의 포부를 말했다. 즉 "나에게는 세 가지 포부가 있는데, 하나는 아래로 내려가서 1년간 농사를 짓고, 반년 간 장사를 하면서 조사연구를 많이 하고 지금의 상황을 알아보고자 하는 것이다. 그렇게 해야만 내가 관료주의에 물들지 않으며, 전국의 간부들을 영도할 수 있는 역할을 할 수 있기 때문이다. 두 번째는 말을 타고 황하와 장강 두 양안을 달리며 실지를 고찰하는 것이다. 나는 지질학 면에서는 지식이 모자라기 때문에 지질학자 한 분을 청하고, 또 역사학자와 문학가도 청해 함께 동행 할 것이다. 세 번째는 마지막에 나의 일생을 기록하는 책을 한 권 쓰는 것이다. 나의 결점과 잘못을 다 써넣어서 전 세계 인민들에게 내가 좋은 사람인지 나쁜 사람인지를 평하게 하는 것이다"라고 말했던 것이다.

착오를 범하지 않는 인간은 없다

마오쩌동은 한 사람이 일을 하게 되면 착오를 범하지 않는 사람이 없다고 여겼다. 즉 "마르크스, 엥겔스, 레닌, 스탈린도 모두 착오를 범한 적이 있다고 했다. 만일 착오를 범하지 않으면 그들이 원고를 왜 고치고 또 고쳤겠는가? 고치고 또 고쳤다는 것은 바로 원래의 어떤 관점들이 반드시 정확한 것이 아니고 그다지 완벽하고 정확하지 않았기 때문이다"라고 보았다. 그러면서 그는 여러 차례 자신도 착오를 범한 적이 있다고 자백했다. 1962년 1월 그는 "7천명 대회"에서 "중앙에서 범한 착오는 직접적으로는 나의 책임이고, 간접적으로도 내 몫은 있다. 왜냐하면 나는 중앙의 주석이기 때문이다. 나는 다른 사람들에게 책임을 떠밀려고 하지는 않는다. 물론 다른 일부 동지들에게도 책임은 있다. 그러나 첫 번째로 책임을 져야 할 사람은 바로 나이다"라고 했다. 그리고 또 "만약 누군가가, 혹은 어떤 동지가, 예를 들어 중앙의 어떤 동지 혹은 내가 중국혁명의 법칙에 대해 처음부터 완전히 알았다고 말한다면 그것은 허풍이다. 그런 말을 여러분들은 절대 믿지 말아야 한다. 그런 일은 결코 있을 수가 없다"라고 말했다.

1959년 9월 마오쩌동은 또 한 회의에서 이렇게 말했다. 사람은 성현이 아니므로 과오가 없을 수가 없다. 물론 나도 매우 부족한 사람이다. 그래서 나도 나 자신을 싫어할 때가 많다.[105] 마르크스주의 각 부문의 학문을 제대로 배우지 못했고, 외국어에 정통하지 못하며, 경제를 이제 막 배우기 시작하였다. 그러나 나는 죽을 때까지 배우기로 결심하였다. 이런 것들에 대해 나는 고치려 하고 있고 진취적인 일이라 생각하고 있다. 그때 가서 마르크스를 만난다면 나의 마음은 훨씬 더 후련해질 것이다. 1961년 마오쩌동은 그의 경호원인 장선풍과 담화할 때 한탄하면서 이렇게 말했다. "나는 장점이 70퍼센트이고, 단점이 30퍼센트인 사람이라고 평가를 받는다면 매우 만족할 것이다. 나는 나 스스로의 관점을 속이지 않으려고 노력하는 사람이지 결코 성인은 아니다."[106]

"잘못한 일 30%, 잘한 일 70%"의 마오쩌동의 일생

1976년 마오쩌동이 인간세상을 떠나기 몇 개월 전, 그는 자신의 인생에 대해 침중한 어투로 종합하였는데, 즉 "인생칠십고래희라 했는데, 나는 이미 80이 넘었다. 사람은 늙으면 늘 후사를 생각하게 된다. 그러나 중국에는 관 뚜껑을 덮은 다음에 자신이 생각하는 바를 밝히게 하라는 말이 있다. 나는 아직 나의 관 뚜껑을 덮지는 않았지만 이제 얼마 남지

105) "내 몸에는 호랑이의 기질이 있다. 이것은 주된 것이다. 또한 원숭이의 기질도 있다. 이것은 두 번째로 주된 것이다." 王年一, 《大動亂的年代》, 河南人民出版社, 1988.
106) "나도 착오를 범한 적이 있다고 작년에 말한 적이 있다. 당신들도 내가 착오를 범하는 것을 허용하고 내가 착오를 바로잡을 수 있도록 허용해야 하며, 이를 고치면 환영해 주어야 한다. 작년에 나는 '사람에 대해서는 분석을 해야 하며, 사람은 착오를 범하지 않을 수 없다고 말한 바 있다. 이른바 성인이라는 것은 결함이 없다는 것인데, 이것은 형이상학적인 관점이며 마르크스주의 변증유물론적 관점은 아니다." 胡哲峰, 孫彦編, 《毛澤東談毛澤東》, 中共中央黨校出版社, 1993.

않았으므로 나의 생각을 종합하여 말할 수 있다고 본다. 나는 일생 동안 두 가지 일을 했는데, 하나는 장개석과 몇 십 년을 싸워 그 일당은 몇 개의 섬으로 쫓아버렸고, 일본제국주의자들과 8년 동안 싸운 끝에 그들을 자신의 고향으로 돌려보냈다. 이런 일에 대해서 이의를 제기하는 사람은 많지 않을 것이다. 다만 몇 사람만이 내 신변에서 떠들어 대고 있는데 그것은 내가 그 몇 개의 섬을 일찌감치 거두어들이지 않았다는 불평들이다. 다른 또 하나 한 일은 '문화대혁명'을 발동케 한 것인데, 이 일에 대해 옹호하는 사람은 적고 반대하는 사람은 많다. 따라서 이 두 가지 일은 모두 끝나지 않았으며 이 유산은 다음 세대에 넘겨주고자 한다"는 말이었다. 마오쩌둥은 실사구시 적으로 일을 했고, 그러한 일을 한 자신에 대해 잘 알고 있었다. 그렇기 때문에 그는 자기를 완벽한 사람이나 성인이라고 생각지 않았고, 또 무원칙하게 행동했고, 과분하게 처리했으며, 겸손해 하지도 않았다. 그는 후세사람들이 그에게 "잘못한 일 30%, 잘한 일 70%"로 평가해 주기를 기대했고, 이렇게만 해준다면 만족할 것이라고 말했다. 이러한 마오쩌둥 일생의 공과시비에 대해 어떻게 평가하는 것이 과학적이고 정확한 것인지는 아직 미지수로 남아 있다. 다만 등소평 주석이 그의 말대로 평가해야 한다고 말했기에 현재는 "잘못한 일 30%, 잘한 일 70%"설이 유지되고 있을 뿐이다. 그러나 그는 위대한 마르크스주의자였고, 위대한 무산계급혁명가였으며, 전략가이자 이론가로서 중국인들에게 존경을 받고 있다. 그가 비록 '문화대혁명'에서 엄청난 잘못을 범하기는 했지만, 그의 일생 전체를 보았을 때 그의 중국혁명에 대한 공적은 확실히 과오보다 훨씬 크다고 할 수 있을 것이다.

그런 점에서 마오쩌둥 자신이 자신에게 평가한 말이 있다.

"사람들로 하여금 3000년 동안 황제를 맹신했던 전통습관을 벗어던지게 하는 것은 어려운 일이다. 이른바 내게 말해지는 '4개의 위대함'(마오쩌둥 본인에 대한 형용사로 '위대한 지도자(導師)', '위대한 영수', '위대한 통수', '위대한 조타수')은 언젠가는 미움을 받아 전부 버려질 것이고 'Teacher 마오쩌둥'라는 단어만 남게 될 것이다."[107]

자신을 가장 잘 평가한 말이 아닐까?

---

107) 胡哲峰, 孫彦編, 《毛澤東談毛澤東》, 中共中央黨校出版社, 1993.